Cem anos de *Além do princípio do prazer*

Ana Carolina Soliva Soria
Janaina Namba
(Orgs.)

Cem anos de *Além do princípio do prazer*

alameda

CNPq
Conselho Nacional de Desenvolvimento Científico e Tecnológico

Edição: Haroldo Ceravolo Sereza & Joana Monteleone
Projeto gráfico, diagramação e capa: Ana Júlia Ribeiro
Assistente acadêmica: Tamara Santos
Revisão: Alexandra Colontini
Imagem da capa e contracapa: *Freud com cigarro na Holanda em 1920 (20 Maresfield Gardens: a guide to the Freud Museum London, 1998); Retrato destinado a exposição de Hygiène (Sigmund Freud: lieux, visages, objets*. Paris: Gallimad, 2006).

CIP-BRASIL. CATALOGAÇÃO-NA-FONTE
SINDICATO NACIONAL DOS EDITORES DE LIVROS, RJ

C388

Cem anos de *Além do princípio do prazer* / organização Ana Carolina Soliva Soria , Janaina Namba. - 1. ed. - São Paulo : Alameda, 2023.
342 p. ; 21 cm.

Inclui bibliografia
ISBN 978-65-5966-142-8

1. Freud, Sigmund, 1856-1939. 2. Psicanálise. 3. Princípio do prazer (Psicologia). I. Soria, Ana Carolina Soliva. II. Namba, Janaina.

22-81586 CDD: 150.1952
CDU: 159.964.26

Este livro contou com apoio do CNPq
(Processo 442873/2018-2)

ALAMEDA CASA EDITORIAL
Rua Treze de Maio, 353 – Bela Vista
CEP: 01327-000 – São Paulo – SP
Tel.: (11) 3012-2403
www.alamedaeditorial.com.br

Sumário

Nota Introdutória

Em comemoração ao centenário de *Além do princípio do prazer*, a terceira edição do Colóquio Freud foi programada com o intuito de discutir os diversos aspectos desta obra fundamental para o pensamento freudiano e para os desdobramentos futuros da filosofia da psicanálise. O evento, previsto no quadro de um projeto financiado pelo CNPq, ocorreria no mês de maio de 2020, porém, a situação sanitária desencadeada pela crise pandêmica da Covid-19 nos obrigou a adiar o encontro. A princípio nos programamos para novembro daquele ano, mas em seguida, nos pareceu mais sensato cancelar sua realização presencial. Diante desta impossibilidade e do desafio de trazer a público as reflexões que seriam expostas no evento comemorativo, decidimos refazer o convite aos docentes e pesquisadores participantes, e pedimos para que enviassem suas contribuições para divulgação por escrito para ser publicado em formato de livro. Entendemos que esta seria uma forma de resistir ao cenário de morte que se desenhava no Brasil e no mundo e unir colegas por um vínculo vital: a atividade de pesquisa escrita.

Antes da concretização dessa ideia, em julho de 2021, Luiz Roberto Monzani, nosso amigo e colega de trabalho na

Filosofia da UFSCar, veio a falecer. Monzani é, sem dúvida, referência ímpar nos estudos da Filosofia da Psicanálise brasileira e sua influência marca a realização deste livro e, individualmente, o texto de cada um de seus autores.

Deixamos aqui as palavras (um pouco modificadas) de Miguel de Cervantes pela fala sofrida de Sancho Pança diante da morte de seu amo:

> Ai senhor, não morra! – Ouça o meu conselho: viva muitos anos, porque a maior loucura que um homem pode fazer nesta vida é se deixar morrer assim, sem que ninguém o mate, nem que outras mãos lhe dêem cabo além da melancolia. Vamos não seja preguiçoso, levante-se desta cama e vamos para o campo vestidos de pastores como tínhamos combinado.[1]

Apesar de não termos pressentido que o fim estava próximo pelo afastamento imposto pela pandemia, a tristeza não foi menor que a de Sancho. Parceria privilegiada, sempre contamos com um humor peculiar, o rigor de sua leitura, dedicação e inventividade surpreendentes e estimulantes para com a investigação filosófico-psicanalítica.

Dedicamos este livro à sua memória.

Ana Carolina Soliva Soria
Janaina Namba

1 CERVANTES, Miguel de. *Dom Quixote*. São Paulo: Cia. das Letras, 2012, p. 632. v. 2.

Pulsão ou instinto de morte? Sobre a leitura deleuzeana de *Além do princípio de prazer*

Aline Sanches

I

A partir de uma discussão com o texto freudiano *Além do princípio do prazer* (1920), Deleuze dá início a uma investigação transcendental acerca do funcionamento inconsciente, argumentando que além da pulsão, há o instinto, natureza original e impessoal.[1] O filósofo valoriza a exploração de processos inconscientes indiferentes ao princípio do prazer e regidos pela repetição, tal como foi concebido por Freud, mas dele diverge ao compreender o instinto de morte não somente em relação às tendências agressivas e destrutivas, mas como dotado de uma propriedade positiva e diretamente relacionado à criação e ao devir. O instinto de morte é definido como força de dissolução do Eu, que contraria o princípio do prazer e a conservação da individualidade, e que justamente por isso, impele à criação. Neste artigo, pretende-se apresentar as contribuições de Deleuze ao conceito de instinto de morte em duas de suas obras, *Sacher-Masoch: o frio e o cruel* (1967) e *Diferença e Repetição* (1968), indicando as suas

1 DELEUZE, 1967/2009.

convergências e divergências em relação à teoria freudiana. Melhor dizendo, busca-se demonstrar de que maneira Deleuze impõe torções ao texto freudiano, revelando assim algumas potencialidades teórico-clínicas contidas em *Além do princípio de prazer* (1920).

A respeito da utilização dos vocábulos instinto e pulsão, veremos que para Deleuze não se trata de encontrar a tradução mais adequada ao termo alemão *Todestrieb*, mas de indicar que, com esse conceito, Freud penetra em uma zona de investigação que extrapola os limites do aparelho psíquico humano, este que se organiza a partir dos mecanismos defensivos do Eu. Vários comentadores notaram que com *Todestrieb*, Freud começa a romper com a própria definição de *Trieb* que vinha sendo desenvolvida até então, contradizendo-se em relação aos seus postulados anteriores.[2] Mais do que ruptura e contradição, Deleuze percebe Freud adentrando em um novo e rico domínio, em direção ao princípio dos princípios, o campo transcendental. Este, seria melhor denominarmos de instinto, por referir-se às forças mortíferas e impessoais que incidem sobre a vida orgânica em geral, seja este ser um protozoário, uma planta ou uma pessoa.

Adentraremos em algumas teses centrais de *Além do princípio de prazer* (1920), tendo como guia o filósofo brasileiro Monzani (1989), que produziu um estudo minucioso e rigoroso sobre o impacto da inserção do conceito de *Todestrieb* na teoria psicanalítica. O estudo de Monzani, além de explicitar as contradições, as confusões, os embaraços e

2 MONZANI, 1989, p. 226-227.

as armadilhas deste texto freudiano, nos é particularmente caro por fazer três pequenas referências à Deleuze, que apesar de bastante pontuais, captam exatamente os caminhos para onde o filósofo francês deseja conduzir Freud. Ao evidenciar as hesitações e as diversas linhas de interpretação deixadas em aberto por Freud, Monzani também nos fornece algumas pistas para perseguir o movimento de Deleuze nestas brechas e fendas, criando manobras tanto para alavancar a filosofia quanto para denunciar e resolver alguns pontos críticos da teoria psicanalítica.

Monzani menciona as seguintes manobras de Deleuze sobre o texto freudiano: primeiro, trata-se de situar Freud em uma investigação transcendental, na medida em que não se toma o sujeito como ponto de partida, mas se problematiza o processo impessoal por meio do qual o sujeito se constitui;[3] em seguida, trata-se de conduzir Freud para uma concepção da repetição como um fenômeno sem origem nem finalidade, sendo ela própria originária, assim rompendo com as velhas categorias da ontologia clássica;[4] finalmente, trata-se de indicar que a partir deste encaminhamento dado à teoria, faria muito mais sentido falar em instinto de morte do que em pulsão de morte, já que estaríamos tratando de "uma força cega autodestruidora", sem alvo ou objetivo, além das esferas do psíquico.[5]

3 MONZANI, 1989, p. 180.

4 MONZANI, 1989, p. 186.

5 MONZANI, 1989, p. 227.

Monzani[6] reconhece que essa leitura de Deleuze, ainda que germinal, é brilhante e bastante promissora, mas observa que talvez Deleuze queira ver em Freud algo mais do que foi realmente pensado por ele. De fato, isto seria bem condizente com o *modus operandi* deleuzeano, em que fazer filosofia é como produzir duplos desfigurados dos autores que investiga: "Imagina-se um Hegel filosoficamente barbudo, um Marx filosoficamente imberbe, do mesmo modo que uma Gioconda bigoduda."[7] É pelo movimento de inserir determinado pensamento em outras paragens e cruzamentos, em gestos de deslocamento e condensação, que se descobre e extrai as potencialidades dos gênios, a fim de se resolver problemas nada abstratos ou históricos, mas atuais e bastante concretos. Sua estratégia é fazer o autor voltar-se contra si mesmo, gerando com ele novos descendentes híbridos e monstruosos: "eu me imaginava chegando pelas costas de um autor e lhe fazendo um filho, que seria seu, e no entanto monstruoso. Que fosse seu era muito importante, porque o autor precisava efetivamente ter dito tudo aquilo que eu lhe fazia dizer".[8] É exatamente isso que Deleuze faz com Freud, assim produzindo novos devires na teoria psicanalítica.

Interessa-nos aqui explicitar a leitura deleuzeana de *Além do princípio de prazer*,[9] adquirindo ferramentas para, em outros artigos e ocasiões, discutir sobre as possi-

6 MONZANI, 1989, p. 186.

7 DELEUZE, 1968/2006, p. 18.

8 DELEUZE, 1973/1992, p. 14

9 FREUD, 1920.

bilidades e vantagens de encaminhar a teoria psicanalítica nessa direção almejada pelo filósofo, o que implica em fazer a psicanálise passar por transformações profundas, não só em suas teorias, mas em suas práticas e intervenções e até mesmo em sua transmissão.

II

Deleuze[10] considera que em *Além do princípio de prazer* (1920) Freud teria penetrado em um problema até então pouco discutido pela filosofia, que é o problema de entender como o prazer torna-se um princípio organizador da vida. O que faz com que nós busquemos o prazer e evitemos a dor? Sempre considerado como algo pertencente à natureza humana e animal, raramente o princípio do prazer foi questionado, tendo se firmado como ponto de partida na história da filosofia. E é esta questão dos princípios que Freud se vê obrigado a enfrentar em determinada altura de sua obra.

Freud começa a se dar conta da ocorrência de processos psíquicos e manifestações clínicas que aconteciam à revelia do princípio do prazer. Nestes fenômenos, impera uma compulsão à repetição, que ao invés de resolver o desprazer, atua conduzindo a pessoa para um incremento ainda maior de dor e desprazer. Como explicar a repetição inconsciente e estereotipada de experiências angustiantes, que apenas acentuam o sofrimento e não possibilitam saídas do desprazer? O que se pode encontrar além

10 DELEUZE, 1967/2009, p. 109-111.

do princípio de prazer? "De fato, rapidamente se percebe que, por 'além', Freud não compreende absolutamente exceções ao princípio de prazer. Todas as exceções (...) são citadas como aparentes e realmente conciliáveis com o princípio de prazer."[11]

Quando Freud propõe investigar o funcionamento inconsciente além do princípio do prazer, não está se referindo necessariamente às exceções a este princípio, pois deixa a entender que toda repetição guarda em si, ao menos potencialmente, a possibilidade de vir a ser dominada e elaborada, submetendo-se à sua dinâmica. Por "além", Freud refere-se a algo exterior e heterogêneo ao princípio de prazer e que inclusive é sua condição. É por isso que Deleuze nomeia essa reflexão de transcendental, por esta lançar luz ao problema filosófico dos princípios, buscando determinar o que submete a vida psíquica ao domínio do princípio de prazer e explicar como o prazer deixa de atuar como princípio em alguns casos.

A explicação que Freud nos oferece toma como modelo o trauma físico, agora transposto para o plano psíquico: existem algumas situações em que o aparelho psíquico é tomado de assalto, de susto, estando este despreparado para lidar com um grande afluxo de excitações pulsionais invasoras e dispersas. Nesse caso, ativam-se mecanismos defensivos extraordinários e é desencadeada uma ação de contra-investimento, onde todas as energias presentes são convocadas para aprisionar, bloquear ou imobilizar essa "energia invasora".

11 DELEUZE, 1967/2009, p. 110.

> Nesse caso o princípio de prazer é, de início, colocado fora de ação. A inundação do aparelho anímico por grandes quantidades de estímulo não pode mais ser detida; o que ocorre é bem mais o surgimento de outra tarefa, a de dominar o estímulo, de ligar psiquicamente as quantidades de estímulo que irromperam, para levá-las, depois, à liquidação.[12]

Freud nomeia esta função defensiva de "atividade de ligação", já que é preciso integrar as excitações-pulsões numa cadeia associativa de representações, para que posteriormente elas possam ser descarregadas. Logo, entende-se que esta atividade de ligação desempenha um papel fundamental na gênese e na estruturação do aparelho psíquico, sendo condição necessária para que o princípio de prazer possa se instaurar.

> Só depois de uma ligação bem-sucedida é que poderia se estabelecer, sem inibição, o domínio do princípio de prazer (e de sua modificação em princípio de realidade). Mas até lá, é a outra tarefa do aparelho psíquico que teria prioridade, a de dominar ou ligar a excitação, não certamente em oposição ao princípio de prazer, independente dele e, em parte, sem levá-lo em consideração.[13]

Deleuze[14] identifica nesta atividade de ligação uma síntese transcendental, que apesar de sua independência e prioridade em relação ao princípio do prazer, é sua condi-

---

12 FREUD, 1920/2020, p. 113-115.

13 FREUD, 1920/2020, p. 127.

14 DELEUZE, 1968/2006.

ção. Mas o que acontece quando esta atividade falha e a excitação pode agir livre da captura defensiva? Encontra-se aí a compulsão à repetição, ou seja, a excitação não enlaçada passa a ser repetida através de sonhos ou atos que produzem desprazer. Deste modo, a repetição pode ser uma ocasião para se lidar com as excitações livres de forma posterior e gradativa, e consequentemente, de capturá-las em um circuito pulsional. Acontece que o desprazer que acompanha a repetição traumática assim como a dor produzida pela atividade de ligação podem desencadear ainda mais processos defensivos, encerrando o aparelho psíquico em um looping; o perigo deste repetir estereotipado e compulsivo das experiências dolorosas é produzir um curto-circuito inquebrável e ininterrupto. Eis o paradoxo da repetição: "Há, portanto, na repetição, ao mesmo tempo, todo o jogo místico da perdição e da salvação, todo o jogo teatral da morte e da vida, todo o jogo positivo da doença e da saúde."[15]

Freud, ao identificar a compulsão à repetição como um funcionamento primitivo, ainda indomado pelo princípio de prazer e, consequentemente, pelas atividades defensivas do aparelho psíquico, acaba por postular a repetição como característica primordial das pulsões. Como observa Monzani:

> Isso nos faz, assim, dizer que, ao lado dos mecanismos já classicamente conhecidos desses processos (deslocamento, condensação etc.) é necessário agora adicionar outra de suas características: a repetição. A repetição é um dos modos pelos quais

15 DELEUZE, 1968/2006, p. 25-26.

> o inconsciente trabalha seus conteúdos, é um dos operadores do inconsciente, ou melhor, é um dos seus modos de funcionamento.[16]

Uma vez que a repetição é encontrada como "um caráter geral das pulsões e até mesmo de toda a vida orgânica",[17] torna-se evidente a natureza conservadora e regressiva das pulsões: "uma pulsão seria, portanto, uma pressão inerente ao orgânico animado para restabelecer um estado anterior."[18] Em última instância, a pulsão visa retornar ao estado de repouso absoluto e à morte. Freud lança assim a ideia de que, na origem, toda pulsão seria de morte e que somente uma perturbação externa seria capaz de transformar esse estado primitivo inerte e conduzir o organismo para o desenvolvimento e para a mudança, para a vida enfim.

Ao deslocar o conflito pulsional, anteriormente situado entre forças de autoconservação e forças de conservação da espécie, para um conflito entre morte e vida, Freud produz inúmeras reviravoltas teóricas, sobretudo no modo de se conceber a pulsão. Até então, a pulsão possuía uma meta de satisfação, havendo para isso inúmeros caminhos, contanto que ela se articulasse a um objeto e se inscrevesse no registro das representações. Com o conceito de *Todestrieb*, abre-se outra linha de interpretação e surge uma pulsão em estado bruto, que age independente

---

16 MONZANI, 1989, p. 184.

17 FREUD, 1920/2020, p. 131.

18 FREUD, 1920/2020, p. 131.

dos circuitos estabelecidos pelo princípio de prazer e pelas forças defensivas e de coesão do Eu.

Quando a pulsão repete, ela repete o que? Monzani ilustra bem esse embaraço que a repetição produz em relação à concepção de pulsão, quando esta aparece esvaziada da meta de investimento objetal: "a pulsão seria, nesse momento, um puro pulsar indefinido, sem origem nem finalidade, cuja essência estaria não no repetir algo, mas no simples fenômeno da repetição sem original e sem fim?"[19] É nessa direção que Deleuze conduzirá Freud, mesmo que à revelia do próprio Freud.

III

No final dos anos 1960, antes de conhecer Guattari, Deleuze encontrava na psicanálise uma forte aliada para sua filosofia da diferença e para uma concepção complexa da repetição. Na introdução de *Diferença e Repetição*,[20] Deleuze apresenta seus objetivos para dissociar a repetição de uma reprodução do mesmo e, nesta direção, identifica na transferência analítica um instrumento tão poderoso quanto foi a invenção por Nietzsche de novas formas de expressão para a filosofia. Ambos permitem suspender a mediação imposta pela reflexão e comunicar-se diretamente com a sensibilidade.

Segundo Deleuze, a repetição deve ser concebida como novidade e como expressão da vontade de potên-

19 MONZANI, 1989, p. 186.

20 DELEUZE, 1968/2006.

cia; deve ser dissociada de uma compreensão vulgar da natureza, como se esta fosse regida por leis automáticas e imutáveis, em que se confunde o eterno com a repetição monótona de ciclos e estações; deve escapar das leis morais, situando-se além do bem e do mal; finalmente, deve se desvincular das categorias psicológicas da memória e do hábito e ser compreendida como síntese transcendental: "é pela repetição que o Esquecimento se torna uma potência positiva e o inconsciente, um inconsciente superior positivo."[21]

Deleuze almeja uma filosofia do futuro que seja equivalente ao teatro, capaz de encenar os problemas e dramatizar as ideias, efetuando uma passagem da metafísica ao ato.

> No teatro da repetição, experimentamos forças puras, traçados dinâmicos no espaço que, sem intermediário, agem sobre o espírito, unindo-o diretamente à natureza e à história; experimentamos uma linguagem que fala antes das palavras, gestos que se elaboram antes dos corpos organizados, máscaras antes das faces, espectros e fantasmas antes das personagens – todo o aparelho da repetição como "potência terrível".[22]

Por meio da relação transferencial, a psicanálise cria um dispositivo que permite viver e atuar a repetição muito mais do que representá-la. Na experiência analítica, ocorre uma espécie de encenação teatral onde a tomada de consciência e a rememoração abstrata e intelectualizada

---

21 DELEUZE, 1968/2006, p. 25-27.

22 DELEUZE, 1968/2006, p. 31.

não são suficientes. É preciso atuar, movimentar a sensibilidade e encarnar múltiplas máscaras.

> Freud assinalava, desde o início, que, para deixar de repetir, não basta lembrar-se abstratamente (sem afeto), nem formar um conceito em geral, nem mesmo representar, em toda a sua particularidade, o acontecimento recalcado: é preciso procurar a lembrança onde ela se encontrava, instalar-se de pronto no passado para operar a junção viva entre o saber e a resistência, entre a representação e o bloqueio. Não se cura, pois, por simples anamnese, como tampouco se está doente por amnésia. Neste caso, como em outros, a tomada de consciência é pouca coisa. A operação, bem mais teatral e dramática, pela qual se cura e pela qual também se deixa curar, tem um nome: transferência.[23]

O que a relação transferencial ensina sobre a repetição? A repetição visa repetir cenas idênticas e específicas ou pode ser ela mesma criadora da diferença? É inegável que existe um trabalho inconsciente de repetição do mesmo, de busca ativa pela reconstrução de cenas de satisfação e de cenas traumáticas. Mas aí já não se trataria de um funcionamento secundário e defensivo em curso, uma tentativa de domínio pelo princípio de prazer? Deleuze chama nossa atenção para a relação entre o princípio de prazer e a instauração de um certo modo cíclico de se viver a temporalidade: é o princípio de prazer que institui o quê do passado devo evitar e quais experiências futuras devo reencontrar, é ele que fabrica as memórias e as expectativas. Mas, agindo

---

23 DELEUZE, 1968/2006, p. 43.

independente do princípio de prazer, seria a repetição mera reprodução de algo prévio, de trazer o passado para o presente, ou seria ela própria quem fabrica o tempo?

Deleuze se empenha em conceber o funcionamento inconsciente fora das sínteses ativas e defensivas já mediadas pela organização do Eu e pelo princípio de prazer. A repetição, concebida fora desta temporalidade circular, é pensada à luz de sínteses passivas, sínteses transcendentais do tempo.

> (...) a repetição, tal como Freud a concebe nestes textos geniais, é em si mesma síntese do tempo, síntese "transcendental" do tempo. Ela é simultaneamente repetição do antes, do durante e do depois. Constitui no tempo o passado, o presente e até mesmo o futuro. (...) E, se podemos juntar o futuro ou o depois às duas outras estruturas da repetição – o antes e o durante –, é porque essas duas estruturas correlatas só constituem a síntese do tempo abrindo e tornando possível um futuro nesse tempo: à repetição que liga e constitui o presente, à repetição que apaga e constitui o passado, junta-se, a partir das suas combinações, uma repetição que salva... ou que não salva (daí o papel decisivo da transferência como repetição progressiva, que libera e salva, ou fracassa).[24]

Tais sínteses passivas – que posteriormente, no trabalho com Guattari, receberão outros nomes, como fluxos esquizofrênicos ou máquinas desejantes – operam por repetição diferencial, por meio da insistência de elementos que não são nem (re)presentações nem (re)apresentações, mas

---

24 DELEUZE, 1967/2009, p. 113.

que se presentificam em uma experiência constantemente renovada. Isto se daria graças ao trabalho de desligamento do instinto de morte. Logo, entende-se o tratamento analítico como "uma viagem ao fundo da repetição"[25] e a transferência, longe de instaurar uma cena com o analista para se representar papéis previamente estabelecidos na infância, insere variantes, multiplica personagens e figurinos. Trata-se de um jogo erótico de "autenticar papéis e selecionar máscaras", "jogo seletivo de nossa doença *e* de nossa saúde, de nossa perdição *e* de nossa salvação".[26]

Nesse jogo, o princípio de prazer encontra-se subjugado por uma lei superior, a lei do instinto de morte, lei capaz de destituir o poder de todas as outras leis: "o domínio das leis deve ser compreendido, mas sempre a partir de uma Natureza e de um Espírito superiores a suas próprias leis, e que tecem suas repetições antes de tudo nas profundezas da terra e do coração, onde as leis ainda não existem".[27]

Deleuze visa abordar uma camada da experiência, sobre a qual o tempo incide em sua forma pura. Em um presente puro, por exemplo, as sínteses entre os objetos, considerados sempre em seus aspectos parciais, se estabelecem sem a ação de um passado e de um futuro, sem origem nem finalidade predeterminada. Os sonhos e a esquizofrenia são as maiores provas da existência deste funcionamento, que Freud identificou com os processos

25 DELEUZE, 1968/2006, p. 43.

26 DELEUZE, 1968/2006, p. 43.

27 DELEUZE, 1968/2006, p. 51.

psíquicos primários. Nas palavras de Monzani,[28] "essas propriedades espantosas de deslocamentos múltiplos, condensações maciças, a mostrar que algo circula incessantemente mais ou menos livremente, numa espécie de 'trotroir' desenfreado". Ora, tal domínio de sínteses só pode ser transcendental, pois embora seja constitutivo da experiência, sabemos que qualquer organismo que funcionasse inteiramente de acordo com esse princípio, de livre e total fluxo de energia desligada, sem inibição e sem processos ativos e reativos, seria inviável e não sobreviveria. Mas é justamente nesse funcionamento primário essencialmente passivo, atravessado pelo instinto de morte e indiferente ao princípio de prazer, que Deleuze situa a potencialidade criativa do inconsciente.

Vemos que Deleuze diverge bastante dos rumos que o conceito de *Todestrieb* foi adquirindo na teoria psicanalítica. Para Freud, a pulsão de morte sempre aparece relacionada a um processo de fixidez e imutabilidade dos processos psíquicos. No contexto clínico da compulsão a repetição e do trauma, a pulsão de morte é responsável pela incapacidade de criar e de se transformar a partir das novas experiências, assim como é responsável por tudo aquilo que consideramos doentio, ruim e indesejável. Apesar de Freud ressaltar que "as moções pulsionais não são em si nem boas nem más",[29] a pulsão de morte acaba revestida de um caráter essencialmente negativo, tida como cruel, prejudicial e nefasta, a ponto da segunda dualidade

28 MONZANI, 1989, p. 202.

29 FREUD, 1915/2020, p. 107.

pulsional as vezes se assemelhar a uma luta entre o Bem e o Mal. O próprio Freud alimenta essa moralização das pulsões, quando, por exemplo, finaliza seu texto *O mal-estar na cultura* com um cenário combativo, trágico e épico.

> A questão do destino da espécie humana parece-me ser a de saber se, e em que medida, o seu desenvolvimento cultural será bem-sucedido em dominar a perturbação trazida à sua vida em comum através da pulsão humana de agressão e de autodestruição. (...) E agora é preciso esperar que o outro dos dois "poderes celestiais", o eterno Eros, faça um esforço para se afirmar na luta contra seu adversário também imortal. Mas quem pode prever o êxito e o desfecho?[30]

Deleuze critica a psicanálise por ainda sustentar uma concepção demasiado simplista da morte, apenas como retorno do vivente ao inanimado. Ao reduzir a morte ao modelo objetivo de uma matéria inerte e indiferenciada, a psicanálise deixa de reconhecer a morte como vivência subjetiva.[31] Enquanto Freud recusou dotar a morte de qualquer representação no inconsciente – embora o tenha feito no caso do nascimento e da castração – Deleuze nela encontra um modelo para designar as forças de criação do inconsciente, que necessariamente envolvem uma experiência de dissolução do Eu. Logo, o instinto de morte não age de forma global, conduzindo alguém à inexistência, mas...

30 FREUD, 1930/2020, p. 405.

31 DELEUZE, 1968/2006, p. 166.

> (...) designa o estado das diferenças livres quando elas já não estão submetidas à forma que lhe davam um *Eu* (Je), um eu (moi), quando elas se desenvolvem numa figura que exclui *minha* própria coerência da mesma maneira que a de uma identidade qualquer. Há sempre um "morre-se" mais profundo do que o "eu morro", e não são só os deuses que morrem sem cessar e de múltiplas maneiras; como se surgissem mundos em que o individual já não é aprisionado na forma pessoal do *Eu* e do eu, nem mesmo o singular é aprisionado nos limites do indivíduo (...).[32]

Deleuze compreende que os processos de dessubjetivação e despersonalização promovidos pelas forças de desligamento do instinto de morte são um trabalho a favor da vida. Se por um lado, existem forças de autoconservação e coesão em todo organismo, relacionada à própria instância psíquica do Eu; por outro, a criação exige contrariar esta tendência, não para retornar ao inorganizado ou inorgânico, mas para possibilitar a emergência do novo, em organizações mais fluídas.

Neste caso, entre o instinto de morte e Eros, não há nem complementaridade nem antagonismo; tratam-se de sínteses do tempo totalmente distintas, na medida em que Eros tende a refluir sobre o Eu e a capturar as ligações em sistemas cada vez maiores e submissos ao princípio de prazer. A esfera do Eu, marcada por sínteses ativas essencialmente narcísicas e defensivas, pauta-se por ideais de completude que tolera muito mal as diferenças. Depreende-se disso que a compulsão a repetição, tomada em seu

32 DELEUZE, 1968/2006, p. 167.

sentido mais clínico e sintomático, não remete diretamente à ação do instinto de morte, mas à captura erótica deste em circuitos sadomasoquistas nada inertes ou desvitalizados, mas bem vivos e fortes. O instinto de morte aparece então como "potência interna que libera os elementos individuantes da forma do *Eu* (Moi) ou da matéria do *eu* (je) que os aprisionam".[33]

Sendo assim, existem formações, reais ou ideais, concretas ou psíquicas, que precisam morrer se se quer continuar vivendo. Para funcionar, a vida precisa de algo não orgânico, qualquer coisa que produza desligamento ou desconexão. Tratar-se-ia, de fato, do próprio desejo, que emperrado e não podendo fluir livremente, destrói o que o impede de circular.

Mesmo sem ser possível extrair as consequências clínicas e existenciais desta concepção positiva do instinto de morte neste momento, parece-nos que quando se compreende o instinto de morte como princípio transcendental e criativo, torna-se mais difícil para a psicanálise, tanto em suas teorias quanto em suas práticas, recair em reducionismos morais. Como este que reduz morte e vida a um conflito entre forças do mal e forças do bem; ou este em que se justifica a repressão da cultura por meio de uma suposta natureza perversa e egoísta; ou ainda, este que repudia a conotação de instinto em nome de uma suposta superioridade humana.

33 DELEUZE, 1968/2006, p. 362.

Referências

DELEUZE, Gilles. (1967). *Sacher-Masoch:* o frio e o cruel. Rio de Janeiro: Jorge Zahar, 2009.

DELEUZE, Gilles. (1968). *Diferença e Repetição.* Tr. L. B. L. Orlandi e R. Machado. Rio de Janeiro: Graal, 2006.

DELEUZE, Gilles. (1973). Cartas a um crítico severo. In: DELEUZE, Gilles. *Conversações.* Rio de Janeiro: Ed. 34, 1992.

FREUD, Sigmund. (1915). Considerações contemporâneas sobre a guerra e a morte. In: FREUD, Sigmund. *Cultura, sociedade, religião*: O mal-estar na cultura e outros escritos. Belo Horizonte: Autêntica, 2020.

FREUD, Sigmund. (1920). *Além do princípio de prazer.* Belo Horizonte: Autêntica, 2020.

FREUD, Sigmund. (1930). O mal-estar na cultura. In: FREUD, Sigmund. *Cultura, sociedade, religião*: O mal-estar na cultura e outros escritos. Belo Horizonte: Autêntica, 2020.

MONZANI, Luiz Roberto. *Freud o movimento de um pensamento.* 2°ed. Campinas: Unicamp, 1989.

Verdade e plasticidade na composição argumentativa de *Além do princípio do prazer*[1]

Ana Carolina Soliva Soria

A Luiz Roberto Monzani (in memoriam)

Ao estudarmos o *Além do princípio do prazer*, enfrentamos uma obra que apresenta como resultado um dos mais controversos, e, possivelmente, indesejados (*unerwünschte*)[2] objetos da doutrina freudiana, a saber: as pulsões de vida e de morte. As divergências não se reduzem apenas a consequências clínicas, mas também ao que se denominou caráter altamente especulativo, de cunho filosófico-metafísico, e à sua impossibilidade de comprovação científica.[3] Além disso, a própria forma argumentativa de Freud foi criticada: tomada como ziguezagueante, de difícil compreensão, que une elementos que não poderiam ser colocados juntos e dos quais sacaria hipóteses especulativas de alcance muito maior do que as premissas poderiam permitir. A obra foi vista por alguns autores como uma ruptura radical em relação às ex-

---

1 Uma versão preliminar do presente estudo foi apresentada no Colóquio organizado pelo GT Filosofia e Psicanálise da Anpof, em homenagem ao prof. Monzani, realizado no final de 2021.

2 FREUD, 1933(1932)/1999, p. 110.

3 ALEXANDER, 1976, p. 57; FONSECA, 2020; FULGÊNCIO, 2003.

posições anteriores.[4] Arriscou-se até mesmo uma interpretação que reduziria a construção freudiana a dificuldades pessoais do autor, tais como: a proximidade com a primeira guerra mundial, o ambiente de extremo pessimismo da época, a morte de sua filha Sophie, vítima repentina da gripe espanhola,[5] e de seu amigo Anton von Freund, ambos no início de 1920, e alguns comentadores citam até mesmo a morte de seu irmão Julius, em 1858.[6]

Um importante estudo sobre o texto freudiano em questão, e que serve como ponto de partida e de sustentação para a nossa exposição, encontra-se no terceiro capítulo de *Freud: o movimento de um pensamento*, de Luiz Roberto Monzani. O autor ressalta que além de se evocar questões pessoais vividas por Freud para interpretar o aparecimento da dualidade pulsão de morte – pulsão de vida na obra de 1920, alguns interpretes frisam o reaparecimento de temas e personagens há muito desaparecidos dos textos do autor (tais como as referências a hipóteses desenvolvidas no *Projeto*, de 1895; a distinção estabelecida por Breuer, nos *Estudos sobre histeria*, entre energia livre e ligada; a referência a ideias de Fechner e à periodicidade dos fenômenos orgânicos, anteriormente proposta por Fliess). Mas, questiona Monzani, haveria um "afastamento" que justifique esse re-

4 MEZAN, 2001, p. 252. Vale lembrar aqui o uso muito difundido da expressão *tournant* de 1920, cujo termo, "empregado por vários comentadores, contém três ideias complementares: a de *guinada*, a de *reviravolta* e a de *giro sobre si mesmo*." (MEZAN, 2001, p. 154, n. 2)

5 ROBERT, 1991, p. 271.

6 RAZINSKY, 2013, p. 148.

gresso?[7] Tendo Freud insistido em seus textos que nada na vida anímica é destituída de causa, seria possível explicar o aparecimento da nova dualidade pulsional por uma necessidade teórica que não se reduza diretamente ao confronto com a vida privada do autor?

O retorno ao texto freudiano e uma análise de sua construção argumentativa se fazem necessários aqui. Nossa intenção no presente estudo é ressaltar o arranjo interno dos elementos textuais da obra de 1920, de tal modo que a natureza repetitiva das pulsões se apresente como uma necessidade interna ao próprio argumento freudiano, e não fundamentada em elementos externos. Para isso, seguimos a via metodológica de estudo apresentada nos segundo e terceiro tipos de abordagem da Psicanálise, expostos tão claramente em *O que é filosofia da psicanálise?*, a saber: o da leitura interna ao próprio texto para a determinação do encadeamento das teses, postulados, consequências[8] e, a partir disso, o do que o pesquisador qualifica como o mais interessante (pois nos faz repensar os nossos pressupostos mais enraizados): a determinação da *especificidade do modo de produção discursiva* e dos *critérios próprios e específicos de validação da psicanálise.*[9]

O trabalho minucioso de análise das ideias de Freud por essa via metodológica só seria possível pelo retorno constante aos textos do autor e pela interrogação da eco-

7 MONZANI, 1989, p. 154.

8 MONZANI, 2008, p. 15.

9 MONZANI, 2008, p. 16.

nomia interna a eles. Trabalho de "leitura de Freud",[10] afirma Monzani, que reconstrói "o movimento de seu pensamento, (...) que procuraria explicitar as articulações que comandam a estrutura da obra, (...) que guiam o movimento de pensamento da obra de Freud".[11]

Esse posicionamento lhe permite não apenas pôr sob suspeita termos tão usualmente encontrados nos intérpretes de Freud, como *evolução* e *desenvolvimento* teóricos, evitando que se caia em impasses como o da ruptura total com ideias anteriores ou como o da sustentação monolítica de blocos de ideias – mas não só isso. Evita-se também compartilhar de modo irrefletido soluções encontradas por intérpretes clássicos. A investigação interna, a análise da construção conceitual lhe permite desmascarar o uso de certos rótulos. Neste sentido, o que significaria dizer que *Além do princípio do prazer* é uma *ruptura*, *continuidade* ou *mudança* no modo de teorizar freudiano? O que são esses conceitos, senão palavras vazias, quando seus conteúdos não são bem delimitados?

> Talvez, e é essa a hipótese que nos servirá de guia no decorrer deste trabalho, o que ocorre na obra de Freud seja algo mais sutil e mais complexo. Isso nos levará, possivelmente, a questionar essa alternativa (monolitismo/ruptura) pelo menos nos termos em que ela nos é frequentemente apresentada. É possível, de fato, que o estatuto do discurso freudiano seja regido por princípios que estão aquém ou além dessa dicotomia.[12]

---

10 MONZANI, 1989, p. 21.

11 MONZANI, 1989, p. 22.

12 MONZANI, 1989, p. 17-18.

Ao se deslocar o cerne da questão para fora da dicotomia apontada, a complexidade e sutileza da escrita teórica de Freud pode ser trazida para primeiro plano. Isso porque optar pelo monolitismo ou pela ruptura é dar ao saber construído por Freud um caráter fechado, que não pode admitir a multiplicidade de pontos de vista que recaem sobre seu objeto de investigação e que pretende chegar ao "umbigo" desse saber. Esta posição crítica em relação ao próprio conhecimento que produz, já delineada na conferência sobre a *Visão de mundo*,[13] lança luz sobre o fato de a construção discursiva de Freud ser fruto de escolhas – relevantes, porém que não esgotam os temas sobre os quais se debruça.[14]

Composição e verdade nas construções do inconsciente

É dentro do quadro acima descrito que examinaremos a estranheza provocada no leitor pela sequência argumentativa inicial de *Além do princípio do prazer*. Ora, Monzani discute o sentido do conceito de pulsão de morte no interior o texto de 1920 e investiga se, de fato, Freud teria introduzido um ponto de virada em seu pensamento. Qualquer leitor que conheça minimamente este estudo de Monzani sabe que ele não opta nem pelo polo da ruptura (por um Freud que abandona tudo o que fez até então para repensar sua teoria a partir de novos pressupostos), nem pelo da continuidade ininterrupta (que apenas repete a mesma coisa de diferentes formas), mas pelo movimen-

13 FREUD, 1933(1932)/1999, p. 170 e segs.

14 MONZANI, 2008.

to pendular (que enfatiza um ponto de vista da questão e depois outro) e ao mesmo tempo espiralado, que dá ao movimento uma riqueza de relevo, pois retoma pontos "esquecidos" a partir de novas interações conceituais.

Tal como entendemos, o movimento pendular-espiralado exposto por Monzani não desconsidera – apesar de não expor com esse termo – o caráter plástico das ideias de Freud. E para os fins do presente estudo, pensamos ser necessário dar um passo em direção a uma melhor compreensão dessa plasticidade. O que queremos dizer com isso é que a rearticulação conceitual e reorganização de dados clínicos não podem estar dissociados de um trabalho permanente de pôr em conjunto ou composição (*Dichtung*[15])[16] de inúmeros fatores presentes e temporariamente

15 *Dichtung* é comumente traduzida por *poesia* ou *poema*, contudo, nos valemos aqui de outras possibilidades, a saber: composição; ficção, compactação (donde condensação (*Verdichtung*)). E o verbo *dichten*: compactar, condensar, calafetar, juntar, fazer as juntas; poetar, poetizar, fazer versos, cultivar a poesia, meditar, pensar em alguma coisa, inventar, fingir, forjar (Cf. MICHAELIS, s/d, verbetes *Dichtung* e *dichten*).

16 Outros termos são indicados por Certeau: "Para falar do seu discurso, o próprio Freud diz: *Darstellung* (apresentação), *Konstruktion* ou *Rekonstruktion*, *Aufbau* (edifício), *Aufstellung* (tese). Para designar a lenda religiosa, ele emprega *Sage*, *Mythus* (mito), *Tradition*, *Dichtung* ou *fromme Dichtung* (poesia ou poesia piedosa), *Erfindung* (invenção), *Phantastisches* (fantasista), mas também *Darstellung* ou *Konstruktion*, quer dizer, as palavras que qualificam sua produção. Outros termos valem igualmente para seu 'romance histórico' e para a tradição judaica: *Bericht* (relato), *Geschichte* (história), *Erzählung* (narrativa); eles dizem respeito à narratividade, tipo de discurso ambivalente que pode funcionar como 'teoria' ou como 'desmentido'." (1982, p. 338, n. 3)

abandonados, que são medidos uns em relação aos outros e, deste confronto interno das próprias ideias, ser possível delinear os contornos da verdade (*Wahrheit*) de sua proposição.[17] Chamamos a atenção para os termos *Dichtung* e *Wahrheit* não por acaso – anos antes da publicação de *A interpretação dos sonhos* Freud já havia afirmado que "no inconsciente não existe um signo de realidade (*ein Realitätszeichen*), de modo que não se pode distinguir a verdade (*Wahrheit*) da ficção investida com afeto (*mit Affekt besetzte Fiktion*)."[18] Ao contrário do que poderíamos esperar das formações da consciência, para o inconsciente a ficção é tão verdadeira quanto a realidade do mundo exterior, e uma fantasia investida com afeto é tomada como real. "Não deveríamos procurar já nas crianças os primeiros traços da atividade compositiva (*dichterischer Betätigung*)?", pergunta Freud em *O poeta e o fantasiar*. "Toda criança que brinca (*spielen*) se comporta como um poeta (*benimmt sich wie ein Dichter*), pois cria para si um mundo próprio ou, melhor dito, *insere as coisas de seu mundo em uma nova ordem que lhe agrada*."[19] O jogo da fantasia está na disposição dos elementos que a compõem, no seu arranjo interno, e no investimento afetivo que recebe. No inconsciente, os

---

17 Nossa interpretação sobre a relação entre Dichtung e Wahrheit é tributária do exame da reconstrução das recordações de infância exposto em *Uma lembrança infantil em "Dichtung und Wahrheit"* (FREUD, 1917, p. 15 e segs.) e da qual já expusemos nossa leitura em SORIA, 2010, p. 63 e segs.

18 Trata-se da carta 139, datada de Viena, 21 de setembro de 1897, endereçada a Wilhelm Fließ. FREUD, 1887-1904/1999, p. 284.

19 FREUD, 1908 (1907)/1999, p. 214, grifo nosso.

mesmos elementos que estariam dispostos muito diversamente na consciência, ganham nova organização, mais fluida, plástica, segundo o princípio do prazer.

Ora, mas o sentido dessas construções inconscientes não está à disposição da consciência. Sua verdade lhe é velada: é pela análise da composição, da invenção, do poetizar que chegamos à verdade do que é criado. Não uma verdade existente em si mesma, independente daquele que compõe, mas impulsionada por seus desejos mais arcaicos. Melhor dito: é apenas por um trabalho de interpretação que podemos ir do manifesto na consciência ao que está encoberto, latente. A *dichten* deve ser novamente retomada e o método interpretativo, tão habilmente invocado por Freud a partir do modo como Schiller cria seus poemas, nos parece exemplar para essa compreensão:

> Não parece bom, e ainda é prejudicial para a obra criadora da alma, que o entendimento examine com demasiado rigor as ideias que lhe afloram, e o faça nas portas mesmas, por assim dizer. Se se considera uma ideia isoladamente, pode parecer muito insignificante e ousada, mas talvez, em certa união com outras, que acaso pareçam também desdenháveis, pode entregar-nos a um elo seguro se a retemos por tempo bastante para contemplá-la em sua união com outras ideias. Em uma mente criadora, me parece, o entendimento retirou sua guarda das portas; assim as ideias se precipitam por elas *pêle-mêle*, e então – só então – pode aquele dominar com a vista o grande acúmulo e modelá-lo.[20]

20 FREUD, 1900 (1899)/1999, p. 107-108.

Se estendermos esse exercício para a investigação psicanalítica, não poderíamos dizer que Freud toma ideias que, isoladamente, poderiam ser consideradas extravagantes, disparatadas, e, ao uni-las com outras ou pô-las em conjunto (com/pô-las), apresenta-as em sua exata medida? É o que nos parece fazer Freud em seus textos e, com especial maestria, em *Além do princípio do prazer*.

O par funcional – disfuncional e a construção da série

Voltemos para a interpretação de Monzani, exposta no terceiro capítulo de *Freud*, intitulado "Nos confins do prazer". Depois de examinar os intérpretes acerca do problema da ruptura ou continuidade monolítica no pensamento freudiano, expõe, na quarta parte deste capítulo, os dados da questão que o psicanalista trabalha: neurose traumática e seus sonhos; brincar infantil; repetição na transferência analítica, na vida normal e nas neuroses de destino. As ideias parecem se precipitar desordenadamente no texto. Como dominá-las e modelá-las em uma unidade conceitual?

> Nenhum dos fenômenos tomado isoladamente permite que se extraia a conclusão de que haveria um "além do princípio do prazer". No entanto, no final do capítulo III, Freud reúne forças para concluir que, de fato, parece existir na mente uma "compulsão à repetição" e que esta não parece estar subordinada ao domínio do princípio do prazer. É uma conclusão estranha, enigmática, já que não se percebe bem o que dá direito a Freud para efetuar esse último passo.[21]

21 MONZANI, 1989, p. 154.

Estranha, enigmática, pois parece contrariar os pressupostos da psicanálise desde *A interpretação dos sonhos*. O modo de conduzir a argumentação, contudo, não é raro nos textos de Freud. Monzani continua:

> O recurso utilizado por Freud em *Além do princípio de prazer* não é incomum em sua obra. Na *Introdução ao narcisismo*, por exemplo, só depois de considerá-la sob vários ângulos, Freud se sente justificado para colocar a noção. Considera toda uma série (pacientes neuróticos, sobretudo homossexuais, parafrênicos, certas características da psicologia infantil normal, certas crenças dos povos primitivos) e só então passa a sustentar o conceito de narcisismo. Em outros termos, a estratégia de Freud parece ser a de que o argumento singular, por si só, nada prova, só adquirindo valor quando se insere numa *série*. É a série, enquanto tal, que tem valor probatório. Em si mesmas, as neuroses traumáticas e suas consequências nada provam. Nem as brincadeiras e os jogos infantis. Nem essas estranhas características do neurótico, que, no processo de análise, insiste em, no lugar de rememorar, repetir situações. Nem as pessoas acometidas pela neurose de destino, se consideradas isoladamente, provam coisa alguma. Nenhum desses fatos, tomados isoladamente, leva a ponto algum. Mas a relação, ou melhor, o arranjo, não deixa de ser ilustrativo.[22]

Segundo Monzani, a força expositiva de Freud não está nos elementos pontuais, isolados, díspares que compõe a sua argumentação, mas na costura que dá unida-

---

22 MONZANI, 1989, p. 155.

de a eles, ou ainda, para usarmos sua expressão, "em um resíduo inexplicável que *persiste nessa série*"[23]. Não se trata de uma somatória mecânica das partes, mas de uma unidade que excede os fragmentos isolados, que deve ser alcançada ao se olhar para o todo da composição.

Não é sem razão que Freud tenha, além da criação poética, invocado também o trabalho do arqueólogo consciencioso[24] como modelo para a compreensão de como constrói sua argumentação. Assim como na arqueologia, a psicanálise traz à luz os fragmentos, colossais ou ínfimos, há muito tempo soterrados. Mas os vestígios são lacunares; na reconstrução de uma peça escavada, muitas vezes há vazios que somos incapazes de preencher com os fragmentos originais encontrados. O investigador completa o trecho faltante,[25] e o faz a partir da relação recíproca entre os vestígios. Da visão de conjunto dos fragmentos, determina então o lugar ou a posição que cada elemento deve ocupar no todo. Aqui a atividade de posição e composição não podem ser desconsideradas e se dão em intersecção com a ficção e a criação de modelos que servem como pon-

23 MONZANI, 1989, p. 156, grifo nosso.

24 A comparação com o trabalho arqueológico aparece já em FREUD, 1896, p. 426-27.

25 "Em vista da incompletude de meus resultados analíticos, não me resta senão seguir o exemplo daqueles pesquisadores que têm a felicidade de trazer à luz, após longas escavações, os inestimáveis, ainda que mutilados, restos da antiguidade. Completei o incompleto com os melhores modelos que me eram conhecidos de outras análises, mas, tal como um arqueólogo consciencioso, não deixei de declarar em nenhum caso onde minha construção se aplica ao autêntico." (FREUD, 1905 (1901)/1999, p. 169-170).

to de comparação e de complementação entre os fragmentos mais distintos.

E como identificar o material que permite a junção dos resíduos que compõem o conjunto? Gostaríamos de destacar um par conceitual que talvez nos ajude nessa compreensão, a saber, *funcional-disfuncional*, cuja centralidade para o argumento de Freud é colocada desde o primeiro capítulo do texto de 1920: "(...) se o trabalho do aparelho psíquico se dirige para manter baixa a quantidade de excitação, tudo o que tem a propriedade de aumentá-la será percebido como *disfuncional*".[26] Neste momento inicial da exposição (estamos no quinto parágrafo do texto) disfuncional é entendido em seu fator quantitativo, como aumento da excitação psíquica, e qualitativo, como desprazeroso. Funcional, por sua vez, coloca-se como um conceito oposto a este.

A questão encerrada no termo funcional não é nova nos textos do Freud. Em *A interpretação dos sonhos*, o sonho tem como função realizar um desejo,[27] e o cumprimento do desejo relaciona-se, por um lado, com o fator quantitativo da excitação psíquica, a sua diminuição, e, por outro, com o qualitativo, o prazer. Mas é em *Pulsões e seus destinos* que encontramos uma informação relevante para o nosso argumento. Freud afirma que para se guiar no trabalho com a pulsão, conceito fundamental porém bastante obscuro em psicanálise, toma de empréstimo um conceito de natureza biológica, a saber, a função atribuí-

26 FREUD, 1920/2010, p. 164, grifo nosso.

27 FREUD, 1900/1999, p. 129.

da ao sistema nervoso de "afastar os estímulos que o atingem, reduzi-los ao mais baixo nível ou, se fosse possível, manter-se completamente livre de qualquer estímulo".[28] Essa função, se cabe muito bem a uma fonte estimuladora externa, sofre uma modificação significativa quando do aparecimento do estímulo pulsional:

> Os estímulos externos impõem apenas uma tarefa: a de subtrair-se deles; o que ocorre pelos movimentos musculares, dos quais um alcança sua meta e, sendo o apropriado, torna-se uma disposição hereditária. Os estímulos pulsionais que surgem no interior do organismo não podem ser desfeitos por esse mecanismo. Eles colocam, portanto, exigências muito mais elevadas ao sistema nervoso, induzem-no a atividades complicadas e intricadas entre si, as quais modificam sobremaneira o mundo externo, que oferece a satisfação à fonte interna estimuladora e, sobretudo, obrigam o sistema nervoso a abdicar de sua intenção ideal de conservar afastados os estímulos distantes, pois mantêm um inevitável e contínuo afluxo de estímulos.[29]

Os estímulos pulsionais, cuja fonte é interna ao corpo, impõe uma modificação à tendência primária do sistema nervoso. Primeiramente este tinha a função de, por meio de uma ação muscular, livrar-se completamente das excitações externas; em um segundo momento, entretanto, passa a ter como função manter os estímulos internos ao sistema em um nível baixo e constante. Essa diferença, que

28 FREUD, 1915/2021, p. 21.

29 FREUD, 1915/2021, p. 21-23.

implica em se tolerar uma quantidade de excitação no interior do sistema, tem como justificativa, segundo Freud, a origem da fonte de estímulos: no primeiro, a fonte é externa, sendo-lhe possível, por uma ação de fuga, livrar-se do contato com a fonte de estimulação; no segundo, a fonte é interna ao próprio corpo, o que impõe ao sistema um nível de tolerância em relação à quantidade de excitação em seu interior. Em analogia com esse funcionamento está o aparelho psíquico, para o qual todo aumento da quantidade de excitação no interior do aparelho psíquico é sentido, como afirmamos acima, como disfuncional e deve ser rebaixado. O princípio do prazer corresponde a essa função.

Do par disfuncional-funcional ao par ligação-repetição

Ao que nos parece, Monzani identifica bem essa questão e a traz para primeiro plano ao tratar da série argumentativa construída por Freud: neurose traumática e seus sonhos, brincar infantil e repetição na transferência analítica, na vida normal e nas neuroses de destino parecem contrariar a função elementar do psiquismo, pois forçam a repetição de situações altamente desprazerosas ou disfuncionais (não um desprazer de percepção, isto é, desprazeroso para a consciência e prazeroso para o inconsciente, mas situações que não poderiam trazer prazer para nenhuma das instâncias psíquicas). Tomemos os sonhos nas neuroses traumáticas. Escreve Freud: "Para que os sonhos dos neuróticos traumáticos não nos façam duvidar da tendência realizadora de desejos do sonho, resta-nos a saída de que nesse estado a *função* do sonho (...) também é abalada ou desviada de seus propósitos."[30] O mesmo nas situações abaixo descritas, revividas na transferência:

> O primeiro florescimento da vida sexual infantil estava fadado ao declínio graças à incompatibilidade entre os seus desejos e a realidade e à insuficiência do estágio infantil de desenvolvimento. Ele terminou em circunstâncias penosas e com sensações profundamente dolorosas. (...) O laço amoroso, geralmente com o genitor do sexo oposto, sucumbiu à desilusão, à inútil espera por satisfação, ao ciúme quando nasceu mais uma criança, algo que demonstrou inequivocamente a infidelidade do(a) amado(a); sua própria tentativa de fazer um filho, empreendida com trágica seriedade, fracassou vergonhosamente; a diminuição do afeto que lhe mostravam, a maior exigência da educação, palavras sérias e um eventual castigo lhe revelaram enfim todo o *desdém* de que era alvo.[31]

As peças que compõem a série argumentativa apontam para uma compulsão a repetir situações disfuncionais. Mas estaria esta compulsão relacionada a um além do princípio do prazer? Para isso, a repetição expressa na série deve possibilitar dar um passo além desse princípio, e permitir a intelecção de uma outra função, ainda mais fundamental, do psiquismo. Voltemos mais uma vez ao texto de Freud:

> (...) se houver na psique uma tal compulsão à repetição, então gostaríamos de saber algo sobre ela, a qual

30 FREUD, 1920/2010, p. 170, grifo nosso.

31 FREUD, 1920/2010, p. 179-180.

> *função* corresponde, em que condições pode evidenciar-se, e que relação tem com o princípio de prazer, ao qual até agora, afinal, confiamos o domínio sobre o curso dos processos de excitação na vida mental.[32]

A questão da prevalência do equilíbrio energético apresentada a partir do princípio do prazer é aqui recolocada à luz do fracasso de uma função tida como a mais elementar. O que a composição dos elementos em uma série argumentativa nos apresenta é o fracasso do exercício funcional do psiquismo. Temos então não mais a prevalência da urgência da descarga energética, do colocar para fora do órgão anímico o acúmulo de excitação, mas a *contenção* do avanço da excitação livremente móvel no interior desse órgão. Avanço que é traumático, que rompe o escuto protetor, cuja "violação mostra o quanto esses dispositivos montados (o da paraexcitação) possuem um limiar a partir do qual passam a ser não funcionais"[33] – limiar que é relativo, que depende de um equilíbrio, ou desequilíbrio, da relação entre intensidade de excitação e capacidade de defesa contra essa excitação. Mais uma vez, Monzani nos esclarece: "Além de um certo ponto, não há defesa possível, nem material (o escudo protetor) nem funcional (mobilização de anticatexias) e o organismo naufraga".[34] Para evitar o naufrágio da vida psíquica, supõe-se, ele diz: "Uma colocação entre parênteses do domínio do princípio de prazer. Primeiro a vinculação dessas quantidades inva-

32 FREUD, 1920/2010, p. 184, grifo nosso.

33 MONZANI, 1989, p. 160.

34 MONZANI, 1989, p. 163,

soras e, depois, o trabalho de desvencilhar-se delas".[35] Podemos dizer então que a ligação da excitação hiperintensa (a *Bindung*) prepara o psiquismo para o princípio do prazer. Por traz de uma função que se acreditava primária, delineia-se outra:

> (...) notemos que há, portanto, em Freud uma *função originária de ligação* que é operada através de uma unificação no tempo e que é a condição de possibilidade de evitação da dor e busca do prazer, assim como é condição da constituição do aparelho mental e, por conseguinte, da ligação das representações (pois só o fator econômico em ação pode explicar esse trabalho) da qual o 'cogito' será o último resultado... Há uma função, um processo unificador (talvez não fosse exagero dizer: sintetizador) através do qual brota o sujeito e o cogito.[36]

Pois bem, falávamos há pouco de pares conceituais. Se para o prazer temos sua contraparte disfuncional, o desprazer, qual o par disfuncional da ligação? A resposta é clara: "a operação central que nos levará ainda mais além não está na consideração da *Bindung*, mas na sua *falha*, isto é, quando essa operação fracassa em seus propósitos, pois é nesse vazio da *Bindung*, nessa fresta, que aparece a compulsão à repetição".[37] É naquilo que escapa à função ori-

35 MONZANI, 1989, p. 163.

36 MONZANI, 1989, p. 180, grifo nosso. Ligação, vinculação, dominação da energia livre: eis o princípio originário do psiquismo (possivelmente transcendental, afirma Monzani retomando Deleuze – mas não sem ressalvas).

37 MONZANI, 1989, p. 180-181.

ginal de ligação que se abre a possibilidade de pensar um fazer psíquico independente do princípio do prazer – de um verdadeiro além deste princípio – e daí caminhamos então para o caráter mais pulsional da pulsão, e, em seguida, para a dualidade pulsões de vida – pulsões de morte. Não cabe aqui retomar esse percurso, mas apenas indicá-lo.

Para finalizar: verdade e plasticidade da composição textual

Para concluirmos, gostaríamos de voltar à questão da composição dos elementos em uma série que aponta para uma unidade conceitual. A repetição transferencial, por exemplo, não é um fator novo na teoria psicanalítica, assim como o brincar infantil e o trauma; a novidade está em colocá-los juntos. Isso permite a Freud ultrapassar os pontos particulares e, a partir daí, formar, em seu olhar, a visão da "natureza universal desses inesperados fenômenos"[38]; visão que recoloca as pulsões agora diante do problema da vida e da morte. Isto não seria possível, tal como nos parece, sem a plasticidade dos elementos combinados. Fruto de especulação – às vezes extremada, afirma Freud no início do capítulo 4 de *Além do princípio do prazer*, mas que aponta para algo que extrapola a mera junção mecânica dos fenômenos da experiência e que chega, por uma outra via que não a do poeta, à descrição de personagens míticas, como Eros e Tânatos. Novidade metodológica? Certamente, não. Freud, acompanhando Schiller, já haviam apresentado a Fome e o Amor como as

38 FREUD, 1914/1999, p. 49.

duas grandes potências que estão em disputa no interior de cada indivíduo. Míticas, porém não menos verdadeiras. Verdade que está no arranjo do conjunto, que se furta à visão direta, e que nunca estamos seguro de ver nitidamente. Ou ainda, verdade que está, tomando novamente de empréstimo a expressão de Monzani, em um "resíduo inexplicável que persiste nessa série".

Referências

ALEXANDER, Franz. (1963). *Fundamentos da psicanálise*. Trad. Waltensir Dutra. Rio de Janeiro: Zahar, 1976.

CERTEAU, Michel de. In: *A escritura da história*. Rio de Janeiro: Forense Universitária, 1982.

FONSECA, Eduardo Ribeiro da. "Além do princípio de prazer": monismo ou dualismo pulsional? *Voluntas*: Revista Internacional de Filosofia, 11(2), 2020, p. 23-40. Disponível em: https://doi.org/10.5902/2179378647911. Acesso em 01 out. 2021.

FREUD, Sigmund. (1896). Zur Ätiologie der Hysterie. In: *Gesammelte Werke*. Frankfurt am Main: Fischer Verlag, 1999. v. I.

FREUD, Sigmund. (1887-1904). *Briefe an Wilhelm Fliess*. Frankfurt am Main: Fischer, 1999.

FREUD, Sigmund. (1899). *Sobre lembranças encobridoras*. Trad. André Carone. 2020. Disponível em: https://filosofia.unifesp.br/images/LEMBRAN%C3%87AS_ENCOBRIDORAS_Trad._A._Carone.pdf. Acesso em 03 dez. 2021.

FREUD, Sigmund. (1900 (1899)). Die Traumdeutung. In: *Gesammelte Werke*. Frankfurt am Main: Fischer Verlag, 1999. v. II/III.

FREUD, Sigmund. (1905 (1901)). Bruchstück einer Hysterie-Analyse. In: *Gesammelte Werke*. Frankfurt am Main: Fischer Verlag, 1999. v. V.

FREUD, Sigmund. (1908 (1907)). Der Dichter und das Phantasieren. In: *Gesammelte Werke*. Frankfurt am Main: Fischer Verlag, 1999. v. VII.

FREUD, Sigmund. (1914). Zur Geschichte der psychoanalytischen Bewegung. In: *Gesammelte Werke*. Frankfurt am Main: Fischer Verlag, 1999, v. X.

FREUD, Sigmund. (1915). As pulsões e seus destinos. In: *Obras incompletas de Sigmund Freud*. Trad. Pedro Heliodoro Tavares. Belo Horizonte: Autêntica, 2021.

FREUD, Sigmund. (1917). Eine Kindheitserinnerung aus „Dichtung und Wahrheit". *Gesammelte Werke*. Frankfurt am Main: Fischer Verlag, 1999, v. XII.

FREUD, Sigmund. (1920). Jenseits des Lustprinzips. In: *Gesammelte Werke*. Frankfurt am Main: Fischer Verlag, 1999, v. XIII.

FREUD, Sigmund. (1920). Além do princípio do prazer. In: *Obras completas, volume 14: História de uma neurose infantil ("O homem dos lobos"), Além do princípio do prazer e outros textos*. Trad. Paulo César de Souza. São Paulo: Companhia das Letras, 2010.

FREUD, Sigmund. (1933 (1932)). Neue folge der Vorlesungen zur Einführung in die Psychoanalyse. In: *Gesammelte Werke*. Frankfurt am Main: Fischer Verlag, 1999, v. XV.

FULGÊNCIO, Leopoldo. As especulações metapsicológicas de Freud. *Natureza humana*. São Paulo, v. 5, n. 1, p. 129-173, jun. 2003. Disponível em <http://pepsic.bvsalud.org/scielo.php?script=sci_arttext&pi-

d=S1517-24302003000100005&lng=pt&nrm=iso>. Acesso em 01 out. 2021.

MEZAN, Renato. *Freud*: a trama dos conceitos. São Paulo: Perspectiva, 2001.

MICHAELIS, Henriette. *Neues Wörterbuch der deutschen und portugiesischen Sprache*. Zweiter Teil: Deutsch-Portugiesisch. NY: Frederick Ungar Publishing Co., s/d.

MONZANI, Luiz Roberto. *Freud, o movimento de um pensamento*. Campinas: Editora da Unicamp, 1989.

MONZANI, Luiz Roberto. O que é filosofia da psicanálise? In: *Philósophos - Revista De Filosofia*, (S. l.), v. 13, n. 2, p. 11–19, 2008. DOI: 10.5216/phi.v13i2.5735. Disponível em: <https://www.revistas.ufg.br/philosophos/article/view/5735>. Acesso em: 8 nov. 2021.

ROBERT, Marthe. (1964). *A revolução psicanalítica*. Trad. Attílio Cancian, J. Guinsburg e Ricardo W. Neves. São Paulo: Perspectiva, 1991.

RAZINSKY, Liran. *Freud, psychoanalysis and death*. New York: Cambrigde University Press, 2013.

SORIA, Ana Carolina Soliva. *Interpretação, sentido e jogo: um estudo sobre a concepção de fantasia (Phantasie) em Sigmund Freud*. 2010. Tese (Doutorado em Filosofia) - Faculdade de Filosofia, Letras e Ciências Humanas, Universidade de São Paulo, São Paulo, 2011. doi:10.11606/T.8.2011.tde-21092011-153518. Acesso em: 03 dez. 2021.

Do envelhecer, entre Eros e Tanatos
Notas freudianas[1]

Carlota Ibertis

"Há pouco tempo, eu era um menino (...);
há pouco tempo, eu comecei a discutir causas;
há pouco tempo, resolvi não discuti-las mais (...)"
Sêneca

"(...) a silenciosa deusa da morte, o tomará em seus braços."
Sigmund Freud

A depender da perspectiva e do assunto de que se trate, cem anos podem ser considerados uma enormidade, bastantes ou muito poucos. Como Hobsbawm[2] o caracteriza, o "breve século XX" foi palco de acontecimentos não apenas marcantes, mas também rápidos, que modificaram de modo significativo a sociedade ocidental. No caso de Freud, é notável até que ponto as suas ideias, inicialmente escandalosas para a grande maioria dos seus coetâneos europeus, ganharam em pouco tempo presença substantiva em nossa época. As mudanças na maneira de conceber a sexualidade

1 O presente texto desenvolve ideias do artigo "Do transitar: corpo, envelhecimento e morte em chave freudiana", publicado em *Voluntas*, 2020, v. 11, n 2, p. 252 -263.

2 HOBSBAWM, 2009.

e a suspeita de motivações inconscientes do comportamento refletem paradigmaticamente tal impacto.

Dentre as obras freudianas, junto com os *Três ensaios sobre teoria sexual*, *Além do princípio de prazer* parece ter sido a que maior reação provocara no momento de ser publicada. Todavia, como assinalam biógrafos e comentaristas,[3] enquanto o primeiro texto sobre a sexualidade escandalizara a pessoas alheias ao incipiente círculo em torno de Freud, o segundo, acerca da pulsão de morte, parece ter causado maior polêmica entre os psicanalistas.[4] Em todo caso, mais de cem anos depois, muitas das ideias do criador da psicanálise continuam relevantes nas atuais discussões sobre gênero, violência, discriminação etc.

Em especial, a pandemia deflagrada a partir de fins de 2019 traz à tona de maneira premente interrogações concernentes à vida, à morte, à idade, à saúde e à doença. Com estupor o mundo assistiu à situação de agentes de saúde terem que decidir quem teria prioridade no tratamento, quem seria recebido nos hospitais etc. Fazendo abstração de outros fatores socioeconômicos, a escolha consensual, baseada em critérios etários, tem sido favorecer os mais jovens.

Tais decisões, com frequência entre vida e morte, pressupõem concepções e valorações, mesmo que não reconhecidas, nem explicitadas, acerca das diferentes etapas vitais. A esse quadro acrescenta-se o fato de, a partir de 2022, a Organização Mundial da Saúde incluir a velhi-

3 GAY, 1989.

4 FREUD, 2010f, p. 87.

ce na Classificação Estatística Internacional de Doenças e Problemas relacionados com a Saúde, conhecida como CID 11, sob o código MG2A.[5] Ainda não se percebe claramente quais serão as consequências nos diversos âmbitos de impacto como o das políticas públicas voltadas aos idosos. Tampouco são evidentes os pressupostos que estigmatizam o envelhecer como adoecer.

Curiosamente, em nossa tradição cultural defrontamo-nos com representações extremas da velhice: de uma imagem "idealizada, portadora de valores de serenidade e de sabedoria" passa-se a "uma representação aterrorizante e repulsiva". Constatação essa que leva Regina Waintrater a indagar a razão pela qual uma "(...) fase normal e anunciada da vida, permanece um escândalo absoluto para si e para os outros (...)."[6] A resposta vislumbrada vincula essa etapa com a "castração última que é a morte."[7]

Uma abordagem do fenômeno da velhice que se queira minimamente satisfatória requer a convergência de olhares de origens diversas – da biologia às ciências humanas, passando pela filosofia, a literatura e as artes – que permita dar conta da sua complexidade. Embora Freud não se tenha detido de maneira específica sobre o assunto – salvo para desaconselhar a análise de pessoas maiores de cin-

5 CF. no CID-11, capítulo 21, MG2A= velhice, substituindo "senilidade", sob o código R54, usado na CID 10. Essa decisão suscita inúmeras discussões e posicionamentos contrários nos mais diversos âmbitos.

6 WAINTRATER, 2008, p. 24

7 *Idem.*

quenta anos[8] –, é possível encontrar em vários momentos da sua obra e, em geral, na perspectiva decorrente da sua teorização, elementos para a retomada de um debate que se mostra urgente. Da busca incipiente de tais subsídios, surgem as notas a seguir. Nestas, *Além do princípio do prazer* adquire especial destaque.

A atitude perante a morte

Em *Totem e tabu*, a descrição do fenômeno do tabu dos mortos em diversas culturas fornece o ponto de partida para caracterizar a atitude perante a morte. Como todo tipo de tabu, esse implica em rígidas medidas para evitar contato tanto com o morto como com aqueles que guardam luto por ele. Assim, nas regras relativas aos mortos, para além da explicação freudiana acerca da ambivalência de sentimentos e dos mecanismos de projeção constitutivos de todo tabu, é manifesto o horror quase universal que provoca a morte[9].

Apesar das teorizações filosóficas e teológicas que ao longo da história apresentam a morte ora como processo natural, ora como constitutivo da nossa condição, ora como promessa de uma vida em outra dimensão etc., em nossa época, o sentimento de temor e rejeição parece permanecer o mesmo. Acerca disso, Homero põe em boca de Aquiles:

> Não tentes reconciliar-me com a morte, ó glorioso Ulisses.

8 Em *Psicoterapia*, Freud menciona a falta de plasticidade e o acúmulo de vivências como empecilhos para o trabalho de análise em pessoas maiores de 50 anos (2016, p. 342).

9 FREUD, 2012, p. 89-106.

> Eu preferiria estar na terra, como servo de outro,
> até de homem sem terra e sem grande sustento,
> do que reinar aqui sobre todos os mortos.[10]

Esses famosos versos, citados em *Considerações atuais sobre a guerra e a morte*, expressam sem concessões a atitude que enxerga a morte como o pior dos destinos. No mesmo texto, Freud denunciava a atitude pouco franca e convencional perante a morte em períodos de paz. Segundo ele, ao tempo que se declarava incontestável e inevitável o fato de que todos morreremos, procurava-se reduzi-lo ao silêncio pois "no inconsciente cada um de nós está convencido de sua imortalidade."[11] Tal atitude condiz com a desvalorização daquilo que é transitório pelo fato de sê-lo. Como poeticamente expressado em *A transitoriedade*, do ponto de vista freudiano, a limitação temporal das coisas tanto naturais como criadas não deprecia o valor da sua beleza, ao contrário, aumenta a sua preciosidade mais ainda.[12]

A inícios da Primeira Guerra, Freud chega a acreditar que a tomada de consciência da condição de mortais tornaria existencialmente a vida mais interessante e plena.[13] Em vez disso, a experiência abundou em situações traumáticas de perda, evidenciando os dolorosos aspectos do luto. Justamente, na dor provocada pela tensão, subjacente a esse processo, entre o apego aos objetos e seres perdi-

10 *Odisseia*, canto XI, 484-91 apud FREUD, 2010b, p. 227.

11 FREUD, 2010b, p. 230.

12 FREUD, 2010d, p. 250.

13 FREUD, 2010b, p. 233.

dos e a necessidade de renunciar a eles,[14] Freud reconhece a grande dificuldade em valorizar aquilo que é transitório. A descrição de como se cumpre o luto alude ao aspecto doloroso do mesmo. Em palavras de *Luto e melancolia*:

> Mas a solicitação desta (a realidade da perda) não pode ser atendida imediatamente. É cumprida aos poucos, com grande aplicação de tempo e energia de investimento, e enquanto isso a existência do objeto perdido se prolonga na psique. Cada uma das lembranças e expectativas em que a libido se achava ligada ao objeto é enfocada e superinvestida, e em cada uma sucede o desligamento da libido. Não é fácil fundamentar economicamente por que é tão dolorosa essa operação de compromisso em que o mandamento da realidade pouco a pouco se efetiva. É curioso que esse doloroso desprazer nos pareça natural. Mas o fato é que, após a consumação do trabalho do luto, o Eu fica novamente livre e desimpedido.[15]

Mesmo sendo natural em face da perda de um ser querido, resta um abismo entre a explicação teórica e a intensidade dos afetos involucrados no luto até alcançar, sob certas condições às que nos referiremos na seção três, a elaboração completa que devolve ao Eu a possibilidade de novos objetos de investimento.

Todavia, a complexidade na maneira de encarar a morte não se restringe às dificuldades do luto. Do ponto de vista freudiano, caracterizar a atitude exige também considerar as variedades da angústia realista e a da cons-

14 FREUD, 2010d, p. 250.

15 FREUD, 2010c, p. 174.

ciência moral. A despeito de a morte envolver um "conceito abstrato de teor negativo, para o qual não se acha uma correspondência inconsciente",[16] é possível, de início, distinguir a reação quando vinculada a um perigo real e quando originada na relação negativa entre as instâncias psíquicas do Eu e do Super-eu. No entanto, a comparação com a angústia de castração aproxima novamente ambas modalidades. Lemos em *Inibição, sintoma e angústia*:

> (....) mas algo semelhante à morte nunca foi vivenciado nem, como no desmaio, deixou traço demonstrável. Por isso me atenho à conjectura de que o medo da morte deve ser compreendido como algo análogo ao medo de castração, e a situação a que o Eu reage é a de ser abandonado pelo Super-eu protetor – pelas forças do destino –, de modo que não há mais segurança contra todos os perigos.[17]

Examinada à luz do trauma de nascimento, a angústia também se apresenta em um novo tipo, o de angústia de consciência:

> Expresso de maneira mais geral, é a raiva, o castigo do Super-eu, a perda do amor deste, que o Eu avalia como perigo e a que responde com o sinal de angústia. Pareceu-me que a variante final dessa angústia ante o Super-eu é a angústia diante da morte (pela vida), o medo da projeção do Super-eu nos poderes do destino.[18]

16 FREUD, 2011a, p. 72.

17 FREUD, 2014, p. 70.

18 FREUD, 2014, p. 82.

Assim, a angústia da morte aparece sob duas condições, como reação a um perigo externo e como processo interno:

> A angústia da morte, na melancolia, admite apenas uma explicação: o Eu abandona a si mesmo por sentir-se odiado e perseguido pelo Super-eu, em vez de amado. De modo que para o Eu viver significa ser amado, ser amado pelo Super-eu, que também aí surge como representante do Id. O Super-eu desempenha a mesma função protetora e salvadora que tinha o pai, depois a Providência ou o Destino. A mesma conclusão deve tirar o Eu quando se acha ante um imenso perigo real, que não acredita poder superar com suas próprias forças. Vê-se desamparado de todos os poderes protetores e deixa-se morrer. Esta é, aliás, a mesma situação que subjaz ao primeiro grande estado de angústia, o do nascimento, e à angústia infantil da nostalgia, a da separação da mãe protetora.[19]

A angústia da morte e a da consciência moral são apreendidas como elaboração da angústia de castração. Tanto o nascimento como a morte vivenciam-se como ameaçadores. Na velhice, angústia e luto entrelaçam-se na expectativa e realidade da morte.

Pulsões de morte e de vida

Do ponto de vista metapsicológico, a concepção freudiana desde o *Projeto* identifica a tendência primordial do aparelho psíquico a descarregar toda excitação e cancelar todo aumento da mesma. Desde então, o prazer, entendi-

---

19 FREUD, 2011a, p. 73.

do como descarga e, portanto, princípio que rege o aparelho, possui uma significação que, retrospectivamente após a postulação da pulsão de morte, poderá ser caracterizada de mortuária.[20] Contudo, considerar o fenômeno da compulsão à repetição e o desprazer por ela acarretado, leva Freud a desestimar o prazer enquanto princípio determinante de toda a vida psíquica para passar a atribuir-lhe o caráter de tendência a serviço de uma função:

> ...à qual cabe tornar o aparelho psíquico isento de excitação, ou conservar o montante de excitação dentro dele constante ou o menor possível. Ainda não podemos nos decidir por nenhuma dessas concepções, mas notamos que a função assim determinada participaria do universal empenho de todos os viventes: retornar à quietude do mundo inorgânico.[21]

Em outras palavras, no texto de 1920 fica explícito que a tendência primordial à descarga máxima da excitação é a expressão de uma tendência para a morte e que o princípio do prazer, a serviço desta, mesmo que dê conta de uma parcela importante dos fenômenos psíquicos, não explica a totalidade desses.[22]

Embora no círculo psicanalítico o tema da agressividade tenha aparecido com antecedência, Freud não lhe atribui estatuto de pulsão separada senão até que escreve *Além do*

---

20 MONZANI, 2005, p. 164.

21 FREUD, 2010e, p. 236-7.

22 MONZANI, 2005, p. 164.

princípio do prazer.[23] Em todo caso, parece relevante notar que mais de vinte anos depois do *Projeto*, Freud volta a uma perspectiva especulativa, dessa vez de corte biológico, com o objetivo de amarrar os fios soltos da tendência à descarga de excitação, da compulsão à repetição e da agressividade. A eliminação de excitação ganha uma nova dimensão sendo pensada não já para dar conta apenas do psiquismo, mas "como inerente à própria vida como um todo" cuja tendência última é retornar ao estado anterior de ausência total de estimulação, ou seja, ao estado inanimado.[24]

A relação entre o fenômeno da compulsão à repetição e as pulsões é estabelecida pelo caráter conservador destas, entendidas como impulsos presentes em todo organismo vivo, tendente à restauração de um estado anterior que teve que ser abandonado por influências externas.[25] Assim, o objetivo da vida residiria no retorno a esse estado anterior:

> Se é lícito aceitarmos, como experiência que não tem exceção, que todo ser vivo morre por razões *internas*, retorna ao estado inorgânico, então só podemos dizer *que o objetivo de toda vida é a*

---

23 Em nota a esse texto, o próprio Freud menciona elogiosamente o trabalho que Sabina Spielrein publica em 1912 "A Destruição como causa do Vir-a-ser" e a tentativa de Stärcke de identificar a libido com um impulso biológico para a morte (2010e, p. 227). A esse respeito e um pouco maliciosamente, Peter Gay sugere que o fato de Adler e Jung defenderem teses que, de alguma maneira, também antecipariam a ideia de um impulso destrutivo pode ter influenciado na demora freudiana em aceitar o estatuto pulsional da agressividade (1989, p. 364).

24 CAROPRESO & SIMANKE, 2011, p. 183.

25 FREUD, 2010e, p. 202

> *morte*, e, retrospectivamente, que *o inanimado existia antes que o vivente.*[26]

A especulação freudiana depara-se com a necessidade de conciliar os diversos grupos pulsionais com finalidades opostas:

> O postulado de instintos[27] autoconservadores, por nós atribuídos a todo ser vivente, acha-se em curiosa oposição ao pressuposto de que toda vida instintual serve à realização da morte. Vista sob essa luz, diminui consideravelmente a importância teórica dos instintos de autoconservação, de poder e de autoafirmação; são instintos parciais, *destinados a garantir o curso da morte própria do organismo e manter afastadas as possibilidades de retorno ao inorgânico que não sejam imanentes*, mas é descartado o enigmático empenho do organismo em afirmar-se contra tudo e todos, algo que não se ajusta a nenhum contexto. *O que daí resta é que o organismo pretende morrer apenas a seu modo*; tais guardiães da vida também foram, originalmente, guarda-costas da morte. Surge então o paradoxo de que o organismo vivo se rebela fortemente contra influências (perigos) que poderiam ajudá-lo a alcançar sua meta de vida por um caminho curto (mediante curto-circuito, digamos), mas essa conduta caracteriza justamente os esforços apenas instintuais, em oposição aos inteligentes.[28]

---

26 FREUD, 2010e, p. 204, grifos do autor.

27 Paulo César de Souza opta por traduzir *Trieb* por "instinto". Embora nossa opção terminológica seja "pulsão", fazemos as citações literais segundo a versão do tradutor.

28 FREUD, 2010e, p. 205-6, grifos nossos.

Como bem conhecido, a reformulação do dualismo pulsional supõe a imbricação das pulsões de vida, que, sob o nome de Eros, passam a incluir as sexuais e egoicas, e das pulsões de morte. Tal imbricação define o curso vital, entendido como desvio em relação ao estado inorgânico, ponto de partida e de retorno.

Em *O problema econômico do masoquismo*, encontra-se de maneira prístina a formulação da mescla pulsional:

> Não temos nenhuma compreensão fisiológica dos meios e vias pelos quais pode se efetuar esse amansamento do instinto de morte pela libido. No âmbito de ideias da psicanálise, podemos supor apenas que ocorre entre as duas espécies de instintos uma extensa mescla e amálgama, variável em suas proporções, de maneira que não devemos contar com puros instintos de morte e de vida, mas apenas com misturas deles em graus diversos. À agregação dos instintos corresponde, sob determinadas influências, uma desagregação dos mesmos.[29]

De modo que nos diversos fenômenos da vida o que se encontra é essa mescla ou imbricação das pulsões e não estas em estado puro. Ao contrário, a morte será pensada como resultado da separação daquelas. Dada a premissa da vida como desvio entre um ponto de partida inorgânico e o de retorno ao mesmo estado, e sendo a pulsão um conceito fronteiriço entre soma e psique, poder-se-ia pensar o envelhecer, pelo menos na sua fase derradeira, em termos do processo de separação em que progressivamente Ta-

29 FREUD, 2011b, p. 192.

natos vai ganhando preeminência sobre Eros até alcançar a meta final pois "*o objetivo de toda vida* é a morte...",[30] mas, como antes citado, não qualquer morte, pois "(...) o organismo pretende morrer apenas a seu modo (...)".[31]

Em relação a isso, Simanke salienta a relevância teórica da biologia evolucionária para a explicação científica do envelhecimento e da morte, em cujos inícios abreva Freud.[32] Embora com teses posteriormente deixadas de lado, a concepção de Weismann era, na época, referência fundamental sobre o assunto na perspectiva evolucionista e darwinista adotada por Freud.[33] A reelaboração dessas ideias, mas do ponto de vista neodarwinista, efetuada por Peter Medawar, concebe o processo de envelhecimento como "autorreforçador", operando como:

> (...) *uma potência autônoma dentro do organismo*, uma força impelindo o ser vivo para a decrepitude e a morte que não pode ser eliminada por nenhuma variação adaptativa. Essa parece ser uma excelente expressão sintética do sentido biológico daquilo que Freud procurou exprimir com seu conceito de *Todestrieb*.[34]

Sem a pretensão de exaurir a compreensão metapsicológica da pulsão de morte, a contribuição da perspectiva biológica põe de manifesto o que há de inevitável no pro-

30 FREUD, 2010e, p. 204, grifos do autor.

31 FREUD, 2010e, p. 206.

32 FREUD, 2020, p. 427.

33 FREUD, 2020, p. 426.

34 SIMANKE, 2020, p. 428, grifos do autor.

cesso, de fonte de estranheza. Se em 1930, em função das circunstâncias históricas, o interesse de Freud se orientou a pensar as consequências da "*gigantomaquia*" entre Eros e Tanatos no plano da cultura; hoje, pelas circunstâncias de início mencionadas, poder-se-ia pensar que o olhar também precisasse se deter na compreensão e nas implicações da assim chamada senescência.

Envelhecer: entre Eros e Tanatos

Em *O tema da escolha do cofrinho*, Freud faz referência à obra *O Rei Lear*. Acerca da cena em que o ancião carrega em braços o corpo da sua filha Cordélia, Freud comenta:

> Cordélia é a morte. Se invertemos a situação, ela se torna compreensível e familiar. É a deusa da morte que leva do campo de batalha o herói que morreu, como a Valquíria na mitologia alemã. A perene sabedoria, na indumentária de um mito antiquíssimo, aconselha ao homem idoso que renuncie ao amor e escolha a morte, reconciliando-se com a necessidade de morrer.[35]

Como ser humano, Lear carrega a sua própria morte, como ancião é carregado por ela, está destinado a ela. No mesmo texto, Freud acrescenta:

> Pode-se dizer que são representados nele os três laços inevitáveis que o homem tem com a mulher: com a genitora, a companheira e a destruidora; ou as três formas que assume para ele a imagem da

35 FREUD, 2010a, p. 316.

> mãe, no curso da vida: a própria mãe, a amada, por ele escolhida segundo a imagem daquela, e enfim a mãe Terra, que de novo o acolhe em seu seio. Mas é em vão que o velho ambiciona o amor da mulher, tal como primeiramente recebeu da mãe; apenas a terceira das criaturas do Destino, a silenciosa deusa da morte, o tomará em seus braços.[36]

A inversão freudiana do sentido da cena coaduna-se com a predileção literária e mitológica em associar a mulher com os opostos, vida e morte.[37] Lear encarna a velhice, sendo recebido pela morte. Como corolário, os versos finais da tragédia shakespeariana dão ênfase à oposição entre "o mais velho" e "nós jovens". Seria esse um reconhecimento do valor e circunstâncias singulares do ancião rei ou uma maneira de se distanciar do destino inelutável?

A tentativa de negar a velhice torna-se compreensível pela frequência em que a representação dessa é atrelada à ideia do declínio de ordem física e mental seguido da morte. Contudo, o aumento da expectativa não apenas no que diz respeito à idade a ser alcançada, mas também à melhoria das condições de vida, problematiza tal representação, tornando necessário discriminar tanto momentos como processos no seio da etapa.

Em *De Senectute*, Norberto Bobbio descreve a vivência dos efeitos do passo do tempo:

> A verdade é que – ainda que seja difícil para quem é mais jovem – o descenso a parte nenhuma é lon-

36 FREUD, 2010a, p. 316.

37 GREEN, 1988, p. 301.

> go, mais longo do que teria imaginado, e lento, até o ponto de parecer quase imperceptível (não para mim). O descenso é contínuo e, o que é pior, irreversível: tu desces um pequeno degrau cada vez, mas uma vez posto o pé no degrau inferior, sabes que não voltarás ao degrau mais alto. Não sei quantos ficam ainda. Mas não me cabe dúvida de uma coisa: são cada vez menos.[38]

Progressivamente, cumpre-se um processo lento, mas inexorável, de diminuição de capacidades que demanda a elaboração das perdas relativas ao próprio corpo e à juventude que vai passando ou que já passou.

Em uma época de expectativas cada vez mais exigentes de autorrealização e de valorização do desempenho, a velhice envolve não apenas elaborar o luto pelos seres queridos, mas também, de maneira cada vez mais angustiante, pelas "não realizações", pelos "sonhos não atingidos".[39] Acerca das metas não realizadas, Bobbio comenta:

> Direi com uma só palavra que tenho uma velhice melancólica, entendendo a melancolia como a consciência do não alcançado e do já não mais alcançável. Se ajusta bem a isso a imagem da vida como um caminho, no qual a meta se desloca sempre para adiante, e quando acreditas tê-la alcançado não era a que te havias figurado como definitiva. A velhice converte-se então no momento em que tens a plena consciência de que não somente não tens percorrido o caminho,

38 BOBBIO, 1997, p. 48.

39 TOURINHO-PERES, 2011, p. 133.

> senão que já não te resta tempo para percorrê-lo, e deves renunciar a alcançar a última etapa.
> A melancolia está temperada, não entanto, pela constância dos afetos que o tempo não consumiu.[40]

É possível perder um ser ou um objeto querido a qualquer momento da vida; mas envelhecer traz a certeza de perda, seja de pessoas queridas, de capacidades ou de possibilidades, sejam estas físicas ou sociais. Poder-se-ia dizer, então, que há uma necessidade própria do trabalho de luto que é inerente ao processo de envelhecer.

Trabalho esse que envolve sofrimento, renuncia e, finalmente, se bem-sucedido, alívio. A questão, em cada caso, será quanto de energia resta para realizar satisfatoriamente o luto? Acerca da condição de possibilidade, Freud afirma:

> Sabemos que o luto, por mais doloroso que seja, acaba naturalmente. Tendo renunciado a tudo que perdeu, ele terá consumido também a si mesmo, e nossa libido estará novamente livre – e *se ainda somos jovens e vigorosos* – para substituir os objetos perdidos por outros novos, possivelmente tão ou mais preciosos que aqueles.[41]

A juventude é condição da sua boa efetivação. A observação deixa entrever a visão do seu autor sobre a limitação da velhice ou, melhor, da falta de jovialidade – diferente de juventude – para tal finalidade. Visão essa confirmada tra-

40 BOBBIO, 1997, p. 42-3.

41 FREUD, 2010d, p. 251-2, grifos nossos.

gicamente pela experiência pessoal de não poder superar a morte do seu neto Heinz. "Vocês são bastante jovens para superar essa perda, eu não sou mais capaz disso" escreverá Freud a Binswanger em ocasião da morte do filho deste.[42]

Junto a Urania Tourinho-Peres, podemos nos perguntar: "Que teria perdido Freud, quando a criança o deixou?" A psicanalista rastreia a resposta em diversas cartas em que seu autor afirmara ter perdido o sentido e alegria da vida e tudo fazer por necessidade. "Apagou-se o desejo" é a conclusão que se pode extrair.[43] Há perdas que são verdadeiras feridas a sangrar na alma, como sugere o título do seu ensaio. A capacidade de sarar depende de uma certa jovialidade, antes mencionada, que não é definível organicamente, mas de caráter psíquico, associada com a possibilidade de novos investimentos objetais.

A uma visão da velhice centrada no declínio e exacerbada pela cultura da performance, contrapõe-se, em muitos, o sentimento de permanecer os mesmos:

> Sob *invólucro alterável* de seus anos, de suas relações e até mesmo de seus conhecimentos e opiniões, encontra-se, tal como um caranguejo em sua carapaça, o *homem idêntico e real*, totalmente inalterável e sempre igual.[44]

Entre o olhar dos outros e como cada um se sente se estabelece uma tensão quando discrepantes. Assim, em

42 FREUD, 1995, p. 264

43 TOURINHO-PERES, 2011, p. 136.

44 SCHOPENHAUER, 2016, p. 120, § 238, grifos do autor.

quem envelhece nasce uma peculiar estranheza em relação a si e ao mundo, antes vivenciado como familiar. Diferente de experiências anteriores, a autoconfiança adquirida na maturidade perde-se para surgir novamente o sentimento desestabilizador do estranho/infamiliar, dessa vez, perante um corpo que não se reconhece no espelho ou diante de esquecimentos indesejados. Vislumbra-se, então, no horizonte mais uma crise, exigindo novas doses de coragem que podemos qualificar de existencial.

Da perspectiva metapsicológica, e não havendo a definição de uma fase pós-genital, Assoun compreende a velhice como reativação de um certo tipo de escolha de objeto infantil. Com base no anaclítico, estabelecer uma afinidade estrutural entre a criança, tal como descrita em *Três ensaios de uma teoria da sexualidade*, e o idoso sugere uma "homologia fascinante" entre as fases infantil e o envelhecimento.[45] Para o psicanalista, a etapa não pode ser descrita como alguma variante de enfraquecimento da energia. Se por uma parte, as mudanças advindas no envelhecimento alteram progressivamente a fruição genital, demandando o correspondente trabalho de luto; por outra, o retorno sobre posições narcísicas parece liberar uma potencialidade criativa e lúdica contraposta à "seriedade" exigida pelo investimento objetal.[46]

Do ponto de vista tópico, é possível observar um relaxamento das relações entre Superego e Id em função do menor impacto do conflito edipiano, manifesto na reabili-

45 ASSOUN, p. 1983, p. 174-5.

46 ASSOUN, 1983, p. 176.

tação das imagos parentais nesse período avançado da vida. Por sua vez, o trabalho de luto pelo objeto perdido, seja do corpo juvenil, seja das possibilidades não realizadas etc. desemboca em um redimensionamento do Eu e suas ilusões perdidas.[47] Ao se ver defrontado com a possibilidade da própria extinção, à semelhança da extinção do objeto perdido, o Eu movido pela "soma das satisfações narcísicas por estar vivo" é levado a romper o vínculo com esse.[48]

Em síntese, por uma parte, é possível caracterizar o envelhecer, em termos de regressão a formas de organização centradas no interesse do corpo próprio; pelo relaxamento do rigor das interdições superegoicas; e com base em alterações na estrutura conflitiva das pulsões, em direção a uma progressiva desunião. Por outra parte, envelhecer confronta cada um com seu desejo, com o tempo e com a morte mediante um trabalho psíquico, consciente e inconsciente. Dir-se-ia que ele coloca à prova o narcisismo na medida em que demanda diversos lutos.[49] Poder-se-ia pensar o envelhecer como o processo de ganhar uma perspectiva privilegiada para ressignificar a história narrada por si.

A modo de considerações finais

Embora atualmente sejam perceptíveis movimentos em contrário, a visão mais comum da velhice ainda permanece monolítica, sem nuances, uniformizante e patologizante. Caracterizada essencialmente pelo declínio físico

---

47 ASSOUN, 1983, p. 177.

48 FREUD, 2010c, p. 189.

49 POLARD, 2013.

e mental, a maneira de conceber essa etapa restringe a existência ao ponto de vista da eficiência orgânicista. Todavia, enquanto acerca da noção de doença tem se avançado na direção de superar considerações unilaterais a favor de uma abordagem multifatorial, a decisão da O.M.S. de incorporar a velhice no CID parece ir na direção contrária equiparando-a com adoecimento.

A essa visão é possível contrapor outra, mais nuançada, em cujo seio se discernem etapas e processos variados, em que se reconhecem diversidades e singularidades na maneira de viver. Considerar o envelhecimento da ótica freudiana evidencia a sua variada processualidade, combatendo a tendência a abordar o fenômeno "como se se falasse juntamente da adolescência e da maturidade, do masculino e do feminino, confundindo-os em um mesmo magma temporal e conceitual".[50] Contra tal reducionismo, acreditamos que o olhar psicanalítico tenha ainda muito a dizer.

Nesse sentido, resulta fundamental enxergar no envelhecimento, além do declinar de forças, o que há nele de investimento de energia, de desafio, de culminação de um percurso. Dito de outra maneira, uma concepção que reconheça o idoso como indivíduo singular, quem, com sua história pessoal, atravessa por um processo que faz parte da vida, que é especial por preceder à morte.

Por fim, uma observação acerca da linguagem. A palavra *velhice* acentua a nuança de estado ou condição estáticos e fixos, ao contrário, o verbo *envelhecer* denota o aspecto processual, múltiplo e variado do fenômeno em

50 WAINTRATER, 2008, p. 23.

questão. Talvez, superar o "etarismo" ainda vigente em cada um implique em deixar de nos entender a nós mesmos como *envelhecidos* ou *envelhecidas*, em voz passiva, para ressignificar essa etapa da nossa história como a de *pessoas que encaram o desafio de envelhecer*.

Referências

ASSOUN, Paul-Laurent. Le vieillissement saisi par la psychanalyse. *Communications,* 37, 1983. Disponível em: <https://www.persee.fr/doc/comm_0588-8018_1983_num_37_1_1559>. Acesso em 10 maio 2020.

BOBBIO, Norberto. *De Senectute y otros escritos autobiográficos*, tradução Esther Benítez, Madrid: Taurus, 1997.

CAROPRESO, Fátima. & SIMANKE, Richard Theisen. *Entre o corpo e a consciência*. São Carlos: EdUFSCar, 2011.

FREUD, Sigmund. Psicoterapia. In: *Obras Completas*. Tradução e notas Paulo César de Souza. São Paulo: Companhia das Letras, 2016, v. 6.

FREUD, Sigmund. O tema da escolha do cofrinho. In: *Obras Completas*. Tradução e notas Paulo César de Souza. São Paulo: Companhia das Letras, 2010a, v. 10.

FREUD, Sigmund. Totem e tabu. In: *Obras Completas*. Tradução e notas Paulo César de Souza. São Paulo: Companhia das Letras, 2012, v. 11.

FREUD, Sigmund. Considerações atuais sobre a guerra e a morte. In: *Obras Completas*. Tradução e notas Paulo César de Souza. São Paulo: Companhia das Letras, 2010b, v. 12.

FREUD, Sigmund. Luto e melancolia. In: *Obras Completas*. Tradução e notas Paulo César de Souza. São Paulo: Companhia das Letras, 2010c, v. 12.

FREUD, Sigmund. A transitoriedade. In: *Obras Completas*. Tradução e notas Paulo César de Souza. São Paulo: Companhia das Letras, 2010d, v. 12.

FREUD, Sigmund. Além do princípio do prazer. In: *Obras Completas*. Tradução e notas Paulo César de Souza. São Paulo: Companhia das Letras, 2010e, v. 14.

FREUD, Sigmund. O Eu e o Id. In: *Obras Completas*. Tradução e notas Paulo César de Souza. São Paulo: Companhia das Letras, 2011a, v. 16.

FREUD, Sigmund. O problema econômico do masoquismo. In: *Obras Completas*. Tradução e notas Paulo César de Souza. São Paulo: Companhia das Letras, 2011b, v. 16.

FREUD, Sigmund. Inibição, sintoma e angústia. In: *Obras Completas*. Tradução e notas Paulo César de Souza. São Paulo: Companhia das Letras, 2014, v. 17.

FREUD, Sigmund. Mal-estar na civilização. In: *Obras Completas*. Tradução e notas Paulo César de Souza. São Paulo: Companhia das Letras, 2010f, v. 18.

FREUD, Sigmund; BINSWNGER, Ludwig. *Correspondance, 1908 - 1938*. Gerhard Fichtner (ed.) Paris: Calman-Lévy, 1995.

GAY, Peter. *Freud:* uma vida para nosso tempo. Tradução Denise Bottman. São Paulo: Companhia das Letras, 1989.

GREEN, André. *Narcisismo de vida, narcisismo de morte*. Tradução Cláudia Berliner. São Paulo: Escuta, 1988.

HOBSBAWM, Eric. *O novo século*. Entrevista a Antonio Polito. Tradução Cláudio Marcondes. São Paulo: Companhia das Letras, 2009.

MONZANI, Luiz Roberto. O paradoxo do prazer em Freud in: FULGENCIO, L. e SIMANKE, R.T, (orgs.) *Freud na filosofia brasileira*. São Paulo: Escuta, 2005.

POLARD, José. Vieillissement. In: *Dictionnaire international de la psychanalyse.* Dir. Alain de Mijolla. Paris: Fayard, 2013. (Edition Pluriel) Disponível em: <http://psychologies- polard.fr/vieillissement/>. Acesso em 23 abril 2020.

SCHOPENHAUER, Arthur. *A arte de envelhecer.* Tradução Karina Jannini. São Paulo: WMF Martins Fontes, 2016.

SHAKESPEARE, William. *O Rei Lear.* Tradução Millôr Fernandes. Porto Alegre: L&PM, 2012.

SIMANKE, Richard Theisen. Fontes científicas: "um reino de possibilidades ilimitadas". In: FREUD, Sigmund. *Obras incompletas, Além do princípio de prazer.* Edição crítica bilíngue. Tradução e notas Maria Rita Salzano Moraes. Belo Horizonte: Autêntica, 2020.

TOURINHO-PERES, Urania. Uma ferida a sangrar-lhe a alma (Posfácio). In: FREUD, Sigmund. *Luto e melancolia.* Tradução introdução e notas Marilene Carone. São Paulo: Cosac Naify, 2011.

WAINTRATER, Régine. Le Corps de la vieillesse dans la culture contemporaine. In: *Latin-American Journal of Fundamental Psychopathology. Online.* São Paulo, v. 5, n. 1, p. 19-31, 2008.

Freud e a diáspora pulsional. Nunca um lugar para descansar (Sublimação e Pulsão de Morte em *Além do Princípio de Prazer*)

Eduardo Ribeiro da Fonseca

Introdução

O objetivo deste texto é debater o impacto de *Além do princípio de prazer* (*Jenseits des Lustprinzips*) no que concerne ao conceito de sublimação (*Subliemierung*). O conceito vinha sendo desenvolvido por Freud desde as cartas a Fliess, mas com a mudança proporcionada pela introdução dos conceitos de compulsão à repetição e de pulsão de morte, há necessariamente um profundo rearranjo e recomposição da Metapsicologia freudiana em outras bases.

Nesse sentido, pretendo mostrar a evolução dessa noção desde seus primórdios na carta 52 e analisar alguns problemas concernentes a ela, tanto em sua face positiva, no sentido de uma possibilidade de criação de alternativas existenciais que superem as resistências psíquicas, como em sua face negativa, a saber, do ponto de vista sintomático ligado a uma exigência pulsional colocada pelos patamares elevados da sublimação na cultura, que reaparecem como mal-estar, como culpabilidade e destrutividade no âmbito do indivíduo.

Tal como na situação da clínica da psicanálise na qual a exigência de sublimação por parte do psicanalista em relação ao paciente não é recomendável, a situação da sublimação na vida comum também vai fazer com que nos deparemos com nossos limites, dados na espontaneidade do sublimar dos afetos e paixões em contraste com as exigências culturais, pelo que Freud sugere que cada um de nós guarda dentro de si um criador de novos laços e possibilidades existenciais e em alguma medida também um inimigo da civilização, devido justamente à exigência de sublimação que a cultura impõe às pulsões. Essa dupla face da sublimação é o bífido efeito da fisiologia pulsional e de sua exigência psíquica no contexto da experiência que nos coloca sob o imperativo categórico da *Abfuhr* (tanto em seu sentido de "descarga" como no de "condução") a partir dos motivos existentes na efetividade, os quais se tornam meios para a satisfação direta e nos possibilitam, todavia, a criação de alvos alternativos do ponto de vista dos objetos de satisfação.

Além do Princípio de prazer nos coloca a questão de como podemos pensar a sublimação frente à agressividade, à repetição e à noção de retorno ao inorgânico. Se as formas pulsionais se libertam na cultura das disposições do simples instinto e se tornam errantes pelo mundo, vivendo em diáspora permanente do ponto de vista do objeto, em parte é porque o mecanismo fisiopsicológico do *Trieb* é autônomo em relação às possibilidades de satisfação. Trata-se, permitam-me a analogia, de um bumbo que marca o compasso da vida ainda que nenhum dançarino de fato acompanhe direito o ritmo que se impõe simplesmente pela repetição de seu mecanismo interior, que jamais cessa de produzir, acumular e descarregar estímulos, mas que, paradoxalmente, não pode nunca alcançar a terra prometida da satisfação pulsional, simplesmente porque esses sacerdotes dançantes da vida que buscam através dos motivos da efetividade as possibilidades de satisfação e a alegria que lhes correspondem, ao final simplesmente se incorporam ao séquito da morte. Isto é, não importam quais as promessas de felicidade que a vida ofereça, há ao fundo de tudo isso não apenas uma morte ao final, mas também essa morte como tendência profunda marca o ritmo de cada realização pulsional, pois, no oco de seu mecanismo interior ressoam as monótonas engrenagens da compulsão à repetição e do retorno ao inorgânico, algo que está não apenas além, mas também *ao fundo* do princípio de prazer. Em 1920, a vida aparece diante do psicanalista vienense ao par e em consequência de suas relações com a morte, da qual parte e para a qual retorna de sua aparente errância tal como uma ave migratória que após percorrer inúmeros caminhos retorna ao seu local de origem para morrer. E tal estado de coisas implica em repensar: o destino da vida pulsional individual e das realizações humanas significativas; o destino dessa mesma vida individual do ponto de vista do ciclo de vida e de morte do qual participa para além de si mesma; o destino da vida como um todo a partir de uma noção declinista na qual esse ciclo vital se encaminharia para o seu ocaso e resfriamento últimos e, finalmente, mas não menos importante para nós, cem anos depois, reavaliar a possibilidade de que não haja nada disso e não seja efetivamente possível decidir acerca de um possível ocaso universal da vida, pois passados cem anos da publicação de *Além do Princípio de Prazer*, a observação cósmica parece sugerir que a vida seja um fenômeno bem mais profundo, abrangente e complexo do que se percebia então e que as condições para a existência da vida possam ser bem mais variadas do que aquelas encontradas na Terra. A vida seria bem mais adaptável a condições extremas do que foi para a ciência do tempo de Freud. Além disso, as próprias noções de fim e começo utilizadas para pensar o Universo talvez sejam insuficientes para descrever o fenômeno de sua existência. Portanto, a noção de sublimação pode alcançar, frente a essa possibilidade que se apresenta para nós, um novo relevo e quem sabe encontrar um solo fértil para ser pensada além do Além, isto é, ao fundo do que aparece ao fundo, e se colocar no lugar daquelas forças de caráter inimaginável que teriam feito brotar a vida tal como a conhecemos em circunstâncias para nós desconhecidas.

Começos: O *Trieb* como potência errante

Através do conceito de *Trieb* a metapsicologia de Freud formula modelos de funcionamento psíquico e, além disso, procura estabelecer as bases fisiológicas do psiquismo, situando os fatores biológicos de nosso comportamento. No contexto da obra de Freud, a definição do conceito deve satisfazer às exigências da psicanálise, encontrando um termo intermediário entre elas e as definições puramente biológicas. Ressalte-se que isso não é propriamente uma novidade, mesmo no que concerne à própria biologia, pois a noção de *instinct* de Darwin já introduzia a questão das modificações impostas às respostas fisiopsicológicas humanas pelo advento da cultura, especialmente no que concerne à sazonalidade das respostas instintuais, bem como, em contraste a isso, à linguagem e à ampliação dos alvos se comparados ao que se observa no contexto da natureza mais ampla, ainda que os animais não sejam exatamente tão fiéis assim aos seus supostos instintos. Também na filosofia há antecedentes importantes, dentre os quais os mais evidentes e destacados são, pela ordem, Schopenhauer e Nietzsche, tal como exponho ao longo de meu livro *Psiquismo e Vida: Sobre a noção de Trieb nas obras de Freud, Schopenhauer e Nietzsche.*[1]

O aspecto essencial do *Trieb* é o seu ímpeto, *Drang,*[2] como fator motor, ou seja, a sua capacidade para *pressionar* o organismo ao movimento a partir da percepção de uma premente necessidade interna ao próprio mecanismo que aparece diante de nós e de nossa consciência, como diz Schopenhauer, como um mecanismo que funciona sem saber a ordem de razões pela qual atua. É o acúmulo de tensão psíquica que o faz surgir como urgência ou ânsia, estando, portanto, entre a necessidade fisiológica e o querer, no sentido de se desejar um objeto. Assim, o acúmulo de estímulos provoca um tipo de pressão que é percebido psiquicamente como ímpeto no sentido de uma meta, a satisfação, e de um alvo, um objeto de interesse obscuro e evanescente. A percepção é acionada em busca de objetos e são executadas ações motoras que propiciem descarga da excitação e consequente satisfação.

---

1 FONSECA, 2012/2016.

2 A palavra "*Drang*" admite traduções como impulso, ímpeto ou pressão, conforme o sentido da sentença.

O *Trieb* se apresenta para o psiquismo como um aguilhão que visa a satisfação imediata, ainda que de forma complexa, de qualquer ímpeto fisiopsicológico através de um objeto não necessário, mas, especialmente determinado, pelo qual a meta de satisfação pulsional é atingida. Uma das peculiaridades mais fortes da vida pulsional é a sexualização da relação com esses objetos dados para a consciência. A finalidade de conservação do organismo impõe um grau de interesse menor do que aquele correspondente à sexualidade (mesmo sob disfarces e máscaras), que aparece como o mais forte motor pulsional, mesmo no que concerne aos objetos que garantem a sobrevivência e a conservação do organismo (também eles rearranjados em função de nossa abordagem fortemente sexualizada da experiência vital). A relação sexualizada com os objetos pulsionais é constante, ininterrupta, enquanto a relação com os objetos ligados à conservação depende de fatores tais como um regime de necessidades efetivas (fome, sede etc.) e uma adequação a hábitos e parâmetros ligados à aprovação ou desaprovação dos objetos do ponto de vista de uma sutil erótica dos modos e costumes cotidianos.

A escolha do alvo pode muito bem recair sobre um objeto que não envolva satisfação direta, mas apenas indireta, sendo este um dos modos possíveis do *Trieb* encontrar seu alvo não necessário. Tal libido, orientada a uma satisfação indireta pode ser descrita como energia sublimada, pois ainda reteria a finalidade principal da pulsão sexual — a de unir e ligar — na medida em que auxilia no sentido de estabelecer a unidade, ou tendência à unidade, que é particularmente característica do Eu coerente. Além disso, reflete a negociação e o compromisso do psiquismo humano com o princípio de realidade, que não implica na supressão do princípio de prazer, mas apenas numa viabilização deste. Mesmo a satisfação alucinatória precisa dos objetos reais, ainda que num arranjo diferente.

Os processos de pensamento também são incluídos por Freud entre esses deslocamentos de objeto, o que mostra a atividade de pensar como sublimação de forças motivadoras eróticas. Nesse sentido, a hipótese mais tardia do psicanalista vienense é a de que a sublimação pode efetuar-se regular e espontaneamente através da mediação do Eu. Este tende a reverter as cargas objetais do Isso para si próprio, ligando-as à alteração produzida por meio da identificação primária[3] com os pais, na situação do complexo de Édipo. Isso significa simplesmente que o Eu toma a própria atividade de pensar como objeto. Assim, a consciência e o intelecto aparecem erotizados na obra de Freud: "A pulsão ao conhecimento não pode ser incluída entre os componentes elementares da pulsão, nem se colocar exclusivamente sob o domínio da sexualidade".[4]

Por um lado, a atividade dessa pulsão ou impulso corresponde a uma apreensão sublimada do objeto, e por outro, utiliza a energia do prazer de contemplação, prazer escópico. Tal curiosidade intelectual levará a criança às questões relativas à diferença sexual, ao surgimento dos bebês e ao complexo de castração (hipóteses sobre a pre-

3 Segundo Freud (1921), trata-se da mais originária forma de laço afetivo com um objeto.

4 SA, V, p. 100.

sença do pênis em ambos os sexos, teoria sobre a perda e possibilidade da perda, que especificam os valores relacionados à sexualidade na criança de ambos os sexos) que determinam a situação edípica.

A transformação de libido erótica em libido do Eu faz parte do amadurecimento sexual engendrado pela situação edípica, no qual os objetos primários de amor e identificação deverão ser substituídos por identificações secundárias: a história de *Eros* se dá pela substituição de objetos e destinos associados às pulsões. Isto envolve, em certa medida, um abandono dos objetivos sexuais da libido, o que corresponde em certo sentido a uma dessexualização (ainda que apenas aparente). É o que explica a fase de latência em que supostamente a criança esquece sua vida sexual, dedicando-se à experiência e ao conhecimento, que fornecem a imagem típica da infância como fase dessexualizada, o que nos interroga sobre o destino pulsional em relação à satisfação sob essas condições.

O desenvolvimento do conceito de sublimação em Freud

Na seção anterior fizemos um sobrevoo um tanto vertiginoso sobre as importantes questões relacionadas à noção de sublimação. Devemos agora descer ao chão da experiência freudiana e percorrer mais lentamente as estações de seu desenvolvimento, como se estivéssemos não em um avião, mas em um trem.

O que se descreve como impulso sexual mostra ser de uma natureza altamente complexa e sujeita a decompor-se novamente em seus impulsos componentes. Cada impulso amalgamado dessa forma é "inalteravelmente caracterizado por sua fonte",[5] isto é, pela região ou zona do corpo da qual suas linhas de força se derivam. Tais linhas de força caracterizam o ímpeto das pulsões. Cada uma delas possui, ademais, como aspectos distinguíveis, um objeto e uma meta. A meta ou objetivo da pulsão é sempre a descarga acompanhada pela satisfação, mas é capaz de ser convertida da atividade para a passividade.

O objeto acha-se menos estreitamente ligado ao ímpeto do que se supôs a princípio em psicanálise; é facilmente trocado por outro e, além disso, uma pulsão que possuía um objeto externo pode se voltar ao próprio Eu do sujeito. As pulsões separadas podem permanecer independentes ou — de um modo que Freud considera inexplicável — combinarem-se e fundirem-se umas com as outras, para realizarem um trabalho em comum. Podem também se substituírem mutuamente e transferirem seu investimento libidinal de umas para as outras, de forma que a satisfação de uma determinada pulsão pode assumir o lugar da satisfação de outras. "A vicissitude mais importante que uma pulsão pode experimentar parece ser a sublimação (*Sublimierung*)".[6] Nesse caso, "tanto o objeto quanto o objetivo (*Ziel*) são modificados". [7]Assim, o que originalmente era uma pulsão sexual encontra satisfação em alguma realização "que não é mais sexual, mas de uma

5 SA, V, p. 262.

6 ESB, XVIII, p. 272.

7 *Idem*.

valoração social ou ética superior."[8] Desse modo, através da sublimação, as atividades que não têm aparentemente nenhuma relação com a sexualidade encontram seu lugar como destinos da pulsão sexual.

O verbo sublimar (*sublimieren*) empregado por Freud, tem origem no latim *sublimare*, que significa "elevar" (tal como o termo "*Erhabenen*"); remonta à idade média e aos primórdios da química, e foi empregado por vários predecessores de Freud no ambiente filosófico, dentre eles Nietzsche, Schopenhauer e Novalis. Novalis, por exemplo, no fragmento 77 de Pólen (1798) opõe o "filisteu rústico" ao "sublimado", e no fragmento 96 diz que "se o mundo é como que um precipitado da natureza, o mundo dos deuses é uma sublimação dela."[9]

A metáfora química da sublimação é útil a Freud porque ela opõe o mundo puramente físico ao mundo cultural humano, que tende em casos especiais a uma espécie de sublimação da natureza. Em termos de metapsicologia, refere-se à capacidade de deslocamento dos alvos e objetos de pulsão, que não é, porém, esclarecida em detalhes. Em nenhum momento Freud sustenta entrever a inteligibilidade integral dessa característica sublimatória própria e espontânea da pulsão, de tal modo que mesmo em sua época os diferentes aspectos do problema ainda não se combinavam para "formar um quadro integral."[10] A característica mais importante do processo é o deslocamento

8 *Idem.*

9 NOVALIS, 2001, p. 81 e 91.

10 LAPLANCHE; PONTALIS, 1988, p. 638.

inerente à própria pulsão, semelhante ao que ocorre em relação aos sintomas neuróticos. Porém, qual a diferença entre o recalque e a sublimação? Esta é apenas uma das formas de retorno do recalcado? Se acompanharmos passo a passo a teoria de Freud, veremos que a dificuldade é constante. Portanto, quando se fala em sublimação na teoria freudiana, fala-se de um conceito relativamente incerto e inconcluso.

O termo surge pela primeira vez no "Manuscrito L", incorporado à correspondência de 2 de maio de 1897, endereçada ao amigo Fliess. Ali não há uma definição técnica do termo, mas ele aparece duas vezes, já vinculado à noção de sexualidade e, especificamente, às fantasias histéricas. Freud escreve que as fantasias estão para as coisas ouvidas como os sonhos para as coisas vistas e elas servem à tendência de refinar as lembranças, de sublimá-las.[11] Tal referência, apesar de restrita a um simples comentário, mostra que Freud pensa a sublimação tanto como um processo espontâneo e regular do psiquismo como também associado ao retorno do recalcado, o que acentua a influência restritiva da cultura e da moral. As fantasias seriam as sublimações entendidas como descorporificação dos fatos para atender a finalidades protetoras, ou a proteção seria uma consequência do refinamento que afirma e transforma o desejo em qualquer coisa mais sutil e adaptada aos fins de realização?

Ambas as interpretações se confrontam quando o termo surge pela primeira vez na obra publicada, nos *Três en-*

11 BN, III, p. 3566.

saios para a teoria da sexualidade, de 1905. Neste texto, ao analisar o sentido sexualizado do olhar humano, Freud escreve que o ocultamento do corpo pelas roupas desperta a curiosidade, que busca completar o objeto sexual, revelando as suas partes ocultas, podendo, no entanto, "ser desviada ('sublimada') para a arte", se o seu interesse puder ser deslocado dos órgãos genitais "para a imagem do corpo como um todo."[12] Mais adiante, Freud esclarece que se trata do desvio das forças das pulsões das metas sexuais (*sexuellen Zielen*) e sua concomitante orientação para novos objetivos: "processo que merece o nome de sublimação."[13] Freud acrescenta que esse processo, aqui en-

12 SA, V, p. 66.

13 SA, V, p. 85. *Sexualziel*, de acordo com os *Três ensaios* (SA, V, p. 47; BN, II, p. 1172), tem o sentido de uma ação (*Handlung*) para a qual a pulsão dirige seu ímpeto (*Drang*). A dessexualização, nesse caso, é referente a essa ação específica em direção à qual o ímpeto pulsional direciona a consciência e não à meta geral de satisfação, que é mantida. Esta meta de satisfação não é diretamente considerada por Freud, o que implica em possibilidade de confusão para os intérpretes. Isto é importante porque é só no texto de 1915, *Pulsões e destinos de pulsão* (SA, III, p. 86), que a meta será definida explicitamente como satisfação (*Befriedigung*). No entanto, já em 1905 é possível que uma ação de caráter dessexualizado permaneça vinculada à satisfação sexual, isto é, proporcione prazer de alívio pela remoção do estímulo representado pela exigência de trabalho das pulsões sexuais, desde que a ação apareça à consciência como desvinculada desse propósito. Isso é corroborado pelo prólogo à quarta edição, de 1920, no qual Freud elogia Schopenhauer. Tal elogio se refere à célebre página da *Metafísica do amor sexual* em que o filósofo alude à presença da sexualidade nos mínimos fatos da vida. Em geral, no entanto, esta interpretação não prevalece entre os intérpretes. Diz-se precisamente o contrário. Por exemplo, em CASTIEL (2007, p. 12). Em seu livro sobre a sublimação, a autora

tendido como retorno do recalcado, inicia-se no "período de latência sexual da infância".

Apesar de Freud, nesse texto, falar especialmente da arte e não da fantasia, parece pressuposto um vínculo entre o fantasiar espontâneo e o conceito de arte. Seria a arte uma fantasia revestida de técnicas que possibilitam a sua comunicação a outras pessoas? Certamente a arte tem em comum com a fantasia o fato de ser descrita como um desvio do impulso de uma meta sexual para alvos não sexuais. Nesse sentido, o belo é tudo o que um dia foi sexualmente estimulante. Considere-se também que a meta não sexual da pulsão sublimada é relacionada não apenas à arte, mas vinculada também às realizações culturais em geral. Além disso, a localização do início do processo de sublimação propriamente dito no período de latência, não elimina o caráter espontâneo da variação dos alvos vinculado ao caráter perverso das pulsões parciais, outro caminho possí-

sustenta que nesse momento da obra de Freud "os objetivos passariam de sexuais para não sexuais", o que justificaria falar em dessexualização. Portanto, é um ponto da teoria em que a interpretação é especialmente controversa. Uma das chaves para a compreensão do sentido das palavras de Freud em 1905 é facilmente encontrado nas referências do próprio autor a Schopenhauer citadas anteriormente. Inclusive a necessidade de mencionar essa antecipação no prólogo é sintomática, assim como a enorme quantidade de acréscimos, especialmente em notas, escritas ao longo de quinze anos, com o sentido de elaborar e completar os ensaios, cuja importância maior é definir o sentido ampliado da sexualidade na obra de Freud, especialmente a maleabilidade dos alvos e objetos dos impulsos parciais e de sua organização não necessária em torno da sexualidade genital adulta.

vel para compreender o mecanismo do processo de fantasiar descrito no “Manuscrito L”.

No manuscrito de 1897 não existem elementos suficientes que definam o processo pelo qual o deslocamento de representações aconteça, a não ser pelo fato de que as fantasias precedem os sintomas e parecem ter a função, em vista disso, de bloquear as recordações temidas, isolando e depois metabolizando o material psíquico implicado no processo neurótico. Como tal tentativa se mostra insuficiente, advêm os sintomas histéricos. Isso reforça a noção de sublimação como defesa apoiada, porém, numa tendência originária e satisfatória da pulsão, isto é, a capacidade de alterar significativamente seus alvos e objetos. É importante insistir nesse ponto para que possamos resgatar a sublimação como processo psíquico espontâneo de realização das metas pulsionais e não como simples reatividade defensiva.

Uma indicação esclarecedora da independência relativa da sublimação em relação ao recalque ocorre quando Freud menciona que o sonho se refere a um processo regressivo e a fantasia a um progressivo, uma menção enigmática e contextualizada mais tarde, em 1908, no texto “O poeta e a fantasia”. Nesse momento da obra, a fantasia é comparada ao sonho e ao jogo. Assemelha-se ao processo onírico pelo fato de que se refere a um desejo infantil que é realizado na fantasia de modo alucinatório, o que nos remete ao processo primário. Tem em comum com o jogo e a brincadeira infantis a característica de preparação e antecipação de experiências futuras que representam a possibilidade de realização dos desejos enraizados na infância, o que se relaciona ao processo secundário. A face ativa e a face reativa da sublimação aparecem então como fenômenos que se complementam e possibilitam a afirmação do desejo mesmo em circunstâncias desfavoráveis.

Também em 1908 é publicado o segundo texto no qual a sublimação é tratada propriamente como um conceito psicanalítico ligado à noção de impulso. Trata-se de *Moral sexual civilizada e doença nervosa moderna*, no qual a sublimação é definida como a forma pela qual ocorre a vinculação da pulsão sexual à cultura, através da dessexualização da meta (supõe-se que Freud ainda fale da ação determinada ou, por outro lado, da justificativa consciente da ação) do pulsão, mas com a manutenção do mesmo objeto.

Diga-se de passagem, que o deslocamento proposto é coerente com a estrutura metapsicológica daquele momento da obra, que sugere o vínculo da libido com a pulsão sexual (que pode ser decomposto nas pulsões parciais que a formam) considerado oposto a outra pulsão fundamental, a de conservação (supostamente vinculada a uma energia de caráter neutro, dessexualizado). A energia inespecífica estaria ligada à produção de linguagem e cultura pelo propósito de conservação. Além de uma oposição de tendências, a relação entre as pulsões pressupõe também o apoio mútuo no âmbito das grandes realizações humanas, impulsionada pela superação da periodicidade que caracteriza a sexualidade animal em geral e coloca em jogo uma força constante em busca de objetos de satisfação.[14] Isso expõe o modo como a sexualidade se preserva sob o propósito de conservação, numa solução de compro-

14 SA, IX, p. 18; BN, II, p. 1252.

misso: "A pulsão sexual põe à disposição do trabalho cultural quantidades de força extraordinariamente grandes, e isto graças à particularidade, especialmente acentuada nela, de poder deslocar o seu alvo (*Ziel*) sem perder, quanto ao essencial, a sua intensidade."[15] Nessa relação, existe uma afinidade relativa entre a meta sexual originária (*urprünglich sexuelle Ziel*) e a sublimada, o que justifica o deslocamento entre representações, e possibilita interpretar o sentido da sublimação do mesmo modo que se chega ao sentido de um sintoma.

É devido a essas características determinadas pela função de apoio que Freud sugere que assim como as pulsões sexuais e as de conservação atuam de forma conjunta, também haveria a atração das forças libidinais para alvos dessexualizados, o que resultaria em sublimação. Apenas ocorre que a dessexualização diz respeito à ação que leva à satisfação e não à satisfação em si mesma, pois o alvo alternativo das pulsões é valorizado socialmente.[16]

Esse modelo teórico pressupõe certo impasse na fundamentação do conceito de sublimação, pois muitos autores, como Birman,[17] sugerem que Freud fale em termos de uma renúncia erótica, delineada por Freud como a condi-

---

15 *Idem ibidem.*

16 Já nos *Três ensaios*, no capítulo *As vias de influência recíproca*, Freud sugere que a sublimação utiliza as mesmas vias pelas quais as "perturbações sexuais" se propagam para as outras funções do corpo. Tais vias se prestam, na saúde, à sublimação. A função de apoio expõe a *reversibilidade* do funcionamento do sistema psíquico.

17 BIRMAN *apud* CASTIEL, 2007, p. 37.

ção de possibilidade da neurose. Na verdade, o esforço de Freud é mostrar justamente o contrário, isto é, que a pulsão reprimida encontra na sublimação um caminho satisfatório de descarga. Isso pressupõe o triunfo do desejo através do princípio de realidade, concebido por Freud como um viabilizador do princípio de prazer. Como ainda não fica clara nessa primeira fase da teorização a singularidade do mecanismo da sublimação, autores como Castiel[18] supõem que Freud quer apenas mostrar que a sublimação está na origem das realizações culturais humanas e não definir a sublimação em si mesma. Mas, apesar de dar certa margem para confusão sobre o sentido da dessexualização,[19] lembramos que ela não se confunde realmente com o recalque, pois a renúncia está apenas no contexto da ação e não na meta geral de satisfação e essa é a razão pela qual a sublimação não produz angústia, ao contrário do recalque.[20]

Isso fica mais evidente na sequência do texto, pois Freud contrasta a capacidade de deslocamento psíquico com a fixação da pulsão, contexto que o torna incapaz de sublimação. Em qualquer caso, há a proporção entre essas duas tendências dependentes de uma capacidade fisiopsicológica inata do organismo e da influência suplementar e antagônica das forças mobilizadas no ambiente sociocultural. Essa capacidade dita inata é a força originária das

18 CASTIEL, 2007, p. 12.

19 *Idem*, p. 22.

20 Essa situação que dificulta a interpretação nos parece que se dá no mesmo âmbito da confusão entre a origem da pulsão sexual e da sexualidade analisada no capítulo sobre Freud.

pulsões sexuais (*urprüngliche Stärke des Sexualtriebes*) que buscam caminhos de satisfação.[21]

Se o ambiente cultural não é suficientemente flexível e a força mobilizada pelas pulsões sexuais for muito intensa, isso produzirá um conflito defensivo de certa magnitude que prejudicará a capacidade de deslocamento e a maleabilidade das pulsões em relação aos alvos e objetos. Parece-nos então que a sublimação, nesse texto de Freud, adquire contornos que a separam e a opõem às resistências que levam à interrupção do livre desenvolvimento das forças sexuais e à inibição psíquica inconsciente. O funcionamento proposto baseia-se num mecanismo de fundo biológico que, por um lado, regula a medida de capacidade constitucional de satisfação mediante os deslocamentos das pulsões, e, por outro, também exige a necessidade de expressão direta da sexualidade.

Segundo Laplanche & Pontalis,[22] a hipótese da dessexualização das metas mencionada acima é também intrínseca ao estudo de Freud sobre Leonardo da Vinci,[23] publicado em 1910 e centrado no tema da atividade intelectual e artística em sua relação com a sexualidade. Nessa obra, o psicanalista vienense explicita a natureza da sublimação a partir de uma especificidade de mecanismo que não é diretamente visível nos textos anteriores e que confirma os comentários que fizemos a partir do texto de 1908: "A libido escapa ao destino do recalcamento sendo sublima-

21 SA, IX, p. 18; BN, II, p. 1252.

22 LAPLANCHE; PONTALIS, 1988, p. 639.

23 SA, X, p. 87; ESB, XI, p. 67.

da desde o começo em curiosidade e ligando-se à poderosa pulsão de pesquisa como forma de se fortalecer."[24]

Na sublimação não haveria o recalque das pulsões sexuais, mas sim a descarga direta dessas pulsões parciais na atividade de produção do objeto sublime e na ânsia de saber. Nesse caso, fica claro que a meta se manteria sexual, de um modo geral, mas o objetivo específico seria dessexualizado.[25] Enquanto a produção do sintoma neurótico mostraria a sua insuficiência no mal-estar e na imobilidade das defesas necessárias para a manutenção do recalque, na sublimação, pelo contrário, haveria alívio e fruição, ainda que mais sutis do que os proporcionados pela satisfação direta. Essa nova abordagem, ainda que incipiente, mais tarde se revelaria produtiva para o método, para a teoria e para a clínica. Nela a superação do recalque ocorre dentro dos limites aceitáveis pela cultura e permite a superação do impasse entre natureza e civilização, através da ampliação do campo simbólico e das possibilidades e caminhos de satisfação das pulsões.[26]

Interessa-nos saber também que, nesse momento, a intensidade do gênio artístico e científico pode levar a uma

---

24 *Idem*, p. 18; BN, II, p. 1616.

25 Esse é um argumento que em essência corresponde às análises de Schopenhauer na metafísica do amor sexual e às teses de Nietzsche sobre a sublimação como refinamento dos alvos pulsionais.

26 Por exemplo, cometer incesto ou assassinar alguém no contexto de uma peça de teatro não implica em desrespeito às leis e tabus. No entanto, como nos sonhos, os afetos das pessoas envolvidas no contexto teatral podem circular livremente, liberando parcialmente o psiquismo das cargas sob recalque e permitindo a elaboração e a sutilização das representações vinculadas às pulsões.

quase completa supressão da sexualidade propriamente dita, a qual fica praticamente anulada sob os deslocamentos. Essa leitura de Freud acerca do "caso" Leonardo em parte corresponde à visão do gênio artístico da *Metafísica do belo*, de Schopenhauer. A leitura da sublimação como quietivo permanece, e quanto maior o gênio, maior a capacidade de sublimação. Por outro lado, a *Metafísica do amor sexual* de Schopenhauer também se faz presente no texto freudiano. Isto se dá através da maneira como Freud explica a dessexualização vinculada apenas ao Eu consciente. Em si ela não ocorre, pois está conectada apenas à percepção camuflada da pulsão sexual devido aos deslocamentos de alvos (o que corresponde também ao ponto de vista de Nietzsche a respeito da dessexualização na *Genealogia da moral*).

Na conclusão do texto, Freud esclarece que o modo como o recalque da sexualidade se estabelece em Leonardo o leva a "sublimar sua libido na ânsia de saber" e estabelece a "inatividade sexual para o resto de sua vida". A peculiaridade do recalque e do estilo de sublimação que no caso do gênio da renascença tiveram como resultado a obra extraordinária que foi legada à humanidade, em outros casos poderia resultar em inibição da capacidade intelectual ou em uma disposição incoercível para a neurose obsessiva, fatos que para Freud estão ligados à disposição biológica do caráter: "As pulsões e suas transformações constituem o limite do que a psicanálise pode discernir; daí em diante cede lugar à investigação da biologia."[27] Logo, a pulsão se-

27 BN, II, p. 1619.

xual permanece ativa na "dessexualização", pois o que está em jogo na transformação é somente a forma da atividade sexual, ou seja, as suas "transformações".

É nesse ponto da obra que o conceito de pulsão adquire maior clareza de exposição do ponto de vista da representação psíquica. Se a fonte determina os investimentos libidinais, estes são extremamente flexíveis do ponto de vista das suas fixações e possibilidades, fatos que já estavam anunciados em desenvolvimentos anteriores, mas que amadurecem do ponto de vista da sua visibilidade. A hipótese da dessexualização passa a ser descrita precisamente como uma forma da própria sexualidade que em certas condições culturais, necessita uma linguagem dessexualizada de expressão. Nesse sentido, o próprio desenvolvimento da teoria leva Freud a uma análise mais pormenorizada da unidade de consciência, que cada vez mais passa a ser tratada como uma consequência da vida das pulsões, de tal forma que o próprio intelecto e sua linguagem comunicativa e racional podem ser interpretados como um refinamento progressivo da linguagem libidinal, porém passível de muitas variações.

Em *Totem e tabu*, de 1913, a forma típica de atuação das pulsões em relação aos objetos é explicitada. No processo primário as pulsões componentes agem umas sobre as outras, pois ainda não há conexão com um objeto externo. Essa atividade engendra a possibilidade de uma unidade psíquica rudimentar, pois, nesse caso, a forma de satisfação originária das pulsões se encontra no próprio corpo do sujeito, o que permite acesso constante ao "objeto": "Os componentes pulsionais separados da sexualidade atuam independentemente umas das outras, a fim de obter prazer e encontrar satisfação no próprio corpo do sujeito. Essa fase é conhecida como autoerotismo, sendo sucedida por outra, na qual um objeto é escolhido."[28]

O autoerotismo poderia ser comparado a um "circuito fechado" de satisfação que, por um lado, é alucinatória, e por outro acontece de fato, a partir de investimentos libidinais exteriores, que captarão o psiquismo para a experiência de relação objetal.

Para Freud, torna-se então conveniente pensar a condição de possibilidade da relação de objeto e para isso ele utiliza o mesmo caminho que o levou ao conceito de sublimação. Assim, as pulsões autoeróticas, que são objetos uns dos outros (primeira fase do autoerotismo), finalmente se organizam e passam a se apoiar mutuamente em torno de um único objeto (segunda fase do autoerotismo). Esse objeto é o Eu, representação da identidade do próprio psiquismo e baseado na imagem corporal:

> Nessa fase intermediária, cuja importância a pesquisa tem evidenciado cada vez mais, as pulsões sexuais até então isoladas já se reuniram num todo único e encontraram também um objeto. Esse objeto, porém, não é um objeto externo, estranho ao sujeito, mas se trata de seu próprio Eu, que se constituiu aproximadamente nessa mesma época.[29]

28 ESB, XIII, p. 99.

29 *Idem ibidem.*

O narcisismo que advém dessa situação pode ser descrito como uma transformação sublimatória do processo primário, relacionada ao progressivo aprimoramento da organização interna ao próprio psiquismo (fator biológico) e à incidência do amor e do cuidado dos pais sobre o bebê (fator cultural). O Eu incipiente vive então para si mesmo, o que é denominado narcisismo: "O sujeito comporta-se como se estivesse amoroso de si próprio",[30] isto é, os desejos libidinais e o egoísmo não são distinguíveis.

Disso se conclui que os investimentos de objeto seguem uma lógica correlata à teoria da representação de Schopenhauer (a representação reúne simultaneamente sujeito e objeto). O primeiro fato da consciência é a representação rudimentar da divisão entre sujeito e objeto como efeito da relação narcísica originária. Nesse caso, o objeto de desdobra a partir do próprio bebê que é descrito simultaneamente como fonte e destino de investimentos narcísicos. O que dá clareza de ser um objeto em meio aos outros é o investimento materno, que tende a ser inconstante. A possível ausência de satisfação expõe a natureza intermitente do investimento dos outros indivíduos. A onipotente exigência de satisfação determina a força do narcisismo e também que dificilmente o autoerotismo será abandonado: "Essa organização narcisista nunca é totalmente abandonada."[31] Essa é a origem tanto do conflito entre sexualidade e cultura, objeto do texto de Freud, como também o embrião da teoria estrutural que vai se

30 *Idem ibidem.*

31 *Idem ibidem.*

delineando na obra. Há uma variável constante, a pulsão, e outra inconstante, o objeto de satisfação. O saldo dessa equação é a estrutura do próprio sujeito e os destinos das pulsões a ele vinculados. Resulta desse encaminhamento que o processo secundário é já uma sublimação do processo primário, o que expõe a maleabilidade e a tendência das pulsões à organização em torno de alvos e objetos.

A consideração de que o narcisismo é estrutural, no sentido de que ele sustenta a unidade de consciência deverá, necessariamente, a partir desse ponto da teoria, implicar na reestruturação do conceito metapsicológico de pulsão: "Uma unidade comparável ao Eu não pode existir no indivíduo desde o começo; o Eu precisa ser desenvolvido. As pulsões autoeróticas, contudo, ali se encontram desde o início."[32] Mas, como uma ação psíquica qualquer pode transformar esse funcionamento inconscientemente autoerótico em narcisismo, ou seja, como é possível incluir a distinção sujeito-objeto nessa equação?

No texto de 1914, *Sobre o narcisismo: Uma introdução*, Freud já trabalha claramente com o conceito de uma estruturação narcísica do sujeito, pois o Eu torna-se o ponto de transição do psiquismo para a ordem objetal. Ele não é apenas resultado da estruturação do psiquismo como sistema fechado (objeto autoerótico inconsciente), mas é também meio que possibilita a consideração do outro e do mundo exterior ao sujeito (narcisismo e objetos de satisfação em geral). Fica evidente a correlação com Schopenhauer e Nietzsche desse ponto de vista. O Eu é eminente-

32 *Idem*. ESB, XIV, p. 93.

mente prático, funcional. Não tem realidade independente do psiquismo inconsciente. Ele é visto como produto secundário de uma ordem maior que o antecede e determina. É uma sentinela entre dois mundos, duas ordens, e em grande medida é também uma peça de ficção que resulta das sublimações das pulsões em função das referências que se impõem à organização primária do psiquismo em torno dos fatores quantitativo-dinâmicos. Por um lado, intensidade, por outro, vias de expressão, facilitações, restrições e encaminhamentos de modos de satisfação. Dito de outro modo, o narcisismo torna-se uma estrutura que determina a unidade de consciência em torno das relações de objeto possíveis (o próprio Eu corporal incluído entre eles como objeto originário). O resultado é uma unidade precária que tanto sexualiza os objetos como, paradoxalmente, por influência externa, teme a sexualidade.

Desse modo, quando Freud fala de narcisismo, no texto de 1914, já considera claramente a circulação da libido entre o Eu e os objetos. Como já citamos no capítulo sobre Freud, o Eu passa a ser descrito como o "grande reservatório da libido", de onde partem os investimentos nos objetos. A relação entre o narcisismo e a sublimação é determinada pela necessidade psíquica de ultrapassar os limites do autoerotismo e se ligar aos objetos fugidios que já se impuseram (como o seio materno) como meios de satisfação. A atividade sublimatória permite a simbolização que resulta de uma reação psíquica à ausência do objeto de desejo, que gradativamente se mostra irremediavelmente separado do próprio corpo orgânico e de suas necessidades imperiosas. A mãe pode se atrasar para amamentar, e, no extremo dessa relação, o aleitamento acaba, pelo que são introduzidas novas formas de alimentação, e, com isto, transformam-se também os vínculos objetais. Todo esse processo pode resultar em algo lúdico e interessante, ou em algo problemático e desconfortável para o sujeito (em alguma proporção). Isso expõe, no mínimo, o quanto a nossa consciência está ligada desde o início ao afeto e suas transformações.

A sexualização da relação entre o Eu e os objetos pode resultar, de acordo com as possibilidades do psiquismo, em idealização ou em sublimação. Se na idealização o objeto é excessivamente valorizado e produz fixação, na segunda o objeto é apenas algo a que a pulsão se liga como a um caminho ou via de satisfação momentânea. A pulsão sublimada encontra sua satisfação em um contexto diferente do original, enquanto na idealização há supressão de parte da sexualidade mantida sob recalque, o que implica em rigidez e dependência dos objetos idealizados. Nesse caso a perda ou inacessibilidade desses objetos pode resultar em grandes prejuízos psíquicos. A tendência à idealização implica em fixação da libido, recalcamento de moções das pulsões sexuais e dificuldade em sublimar o narcisismo, o que fecha os caminhos de satisfação. O ideal desmedido não pode ser alcançado e o destino da pulsão correlata é o recalcamento. Quando, por outro lado, a onipotência de pensamento é menor, o Eu ideal se refina em ideal do Eu, simplesmente normativo, e, assim, há a possibilidade de satisfação pulsional através de sublimações. Nesse caso, existe recalque porque há limite e castração, mas há também uma fluidez proporcionada e condicionada pela compreensão do valor perspectivo do objeto faltante. Em contrapartida, a idealização do objeto imobiliza o sujeito e aumenta consideravelmente o grau de sofrimento psíquico, tanto pelo represamento das pulsões incompatíveis, quanto pela distância que se estabelece entre o sujeito e seus alvos.

Se, por um lado, a sublimação é uma capacidade pulsional originária, por outro, ela depende também do modo como o processo de diferenciação entre sujeito e objeto será encaminhado na prática social, facilitando ou dificultando as mudanças (por exemplo, a percepção da mudança como sofrimento ou encaminhamento de possibilidades). Desse modo, as experiências de sublimação adquirem um fundamento estrutural. Se, num primeiro momento, a estruturação narcísica é protetora (já resultando da sublimação do processo primário), num segundo momento a ordem de satisfação libidinal exige alternativas de descarga das pulsões, que, se não existirem ou existirem apenas de modo precário e conflituoso, produzirão sofrimento psíquico. Por outro lado, a própria falta e o sofrimento são formas de encaminhamento das transformações. O recalque, a falta e a frustração são, por conseguinte, meios psíquicos que modificam a posição do sujeito: primeiro autoerotismo e inconsciência, depois narcisismo e relação de objeto.[33] Os investimentos afetivos dos pais garantem que

33 Mais tarde (em 1923), Freud vai sugerir que o narcisismo primário é anterior ao ego. Seu modelo, a partir daí, torna-se a vida intrauterina que não é considerada em 1914. Tal problema teórico expõe o viés schopenhaueriano de Freud na descrição dos processos primário e secundário. A entrada no mundo é uma desorganização do circuito do desejo relacionado à vida fetal autossuficiente. O nas-

a diferença entre a demanda e a satisfação real não seja vivida de modo excessivamente intenso, de tal maneira que seja possibilitada a sublimação, isto é, a transformação da falta em diferença assimilável e até buscada, o que explica a característica "progressiva" da sublimação introduzida no "Manuscrito L". Esse aspecto lúdico da experiência das pulsões é uma capacidade psíquica e uma relação com investimentos amorosos provenientes de outras pessoas.

As consequências desse novo modo de pensar serão mais claramente percebidas e dimensionadas em *Pulsões e destinos de Pulsão*, de 1915. Neste texto, a diferença entre o processo vinculado ao recalque e o processo ligado à sublimação é explicitada, pois esta aparece vinculada ao retorno do recalcado como a última das transformações sofridas pelas pulsões. A meta pulsional é sempre a satisfação, mas o deslocamento do interesse para a representação ligada a um objeto anteriormente dessexualizado permite a superação não angustiosa do recalque e, com isso, torna-se possível usufruir a experiência de uma ale-

cimento exige resposta do psiquismo que é impelido adiante pelo sofrimento e tende à organização para superar a falta e a precariedade do processo primário, pois a satisfação não é mais imediata. Quanto mais clareza em relação aos objetos, mais satisfação e, simultaneamente, melhor definida será a distinção entre o Eu e a realidade. O problema da satisfação se torna dramático na relação de objeto e, por isso, quando a sublimação faz parte desse processo, reconduz o desejo ao campo das possibilidades de satisfação. Esse triunfo do desejo na sublimação é o viés nietzschiano do psicanalista vienense. O processo inteiro vivido pelo psiquismo individual mostra a importância crucial do conceito de sublimação na teoria das pulsões do ponto de vista do enriquecimento da experiência do desejo.

gria serena e aparentemente desinteressada, sem que essa alegria se desvincule do orgânico e do processo de satisfação das pulsões.

Para possibilitar essa visão, é preciso acompanhar a sequência dos argumentos de Freud, como nos lembra Hanns: "Se por um lado o *Trieb* emana da natureza, precipita-se historicamente nas espécies, ancora-se no somático e invade a vida psíquica como imperativo", por outro lado, no âmbito do psiquismo e da linguagem, "embora continue a carregar essas dimensões anteriores, ele as ultrapassa e as ressignifica, alterando-se profundamente", sem, contudo, "jamais desligar-se do corpo".[34] Sob as transformações ou vicissitudes existe a fisiologia da pulsão (o *Drang*) operando normalmente, como no caso da histérica, que aparentemente dessexualizada, sucumbe à neurose justamente pela sua constituição fortemente sexualizada. A diferença é que a histérica, como o obsessivo, não consegue sublimar significativamente as pulsões sexuais, restando-lhe apenas a via do sintoma neurótico. Isto é, ao invés de renunciar a uma parte do desejo para potencializar a experiência do próprio desejo, o neurótico tende à restrição angustiosa e à satisfação através do sintoma.[35]

---

34 Trata-se dos *Comentários do editor brasileiro*. *In*: *Op.cit.* I, p. 143.

35 A sublimação é uma possibilidade de saída do impasse colocado entre sexualidade e civilização. É injusto atribuir ao primeiro Freud, como fazem Castiel, Birman, Laplanche e Marcuse a ideia de que a sublimação é somente a possibilidade que resta diante da renúncia sexual, o que resultaria em subjetividades empobrecidas simbolicamente. Toda a confusão, nesse sentido, se baseia no fato citado anteriormente de que a meta é inicialmente definida pela ação e não pela satisfação. Isso dissolve implicitamente a contra-

Do mesmo modo que o recalque e as resistências determinam o infantilismo das pulsões (fixação e rigidez produtora de angústia) e a neurose, a sublimação, em contrapartida, permite o desligamento dos objetos originários e a renovação da existência individual em novas bases. Decorre dessas modificações dos conceitos que a regulação do princípio de realidade e a possibilidade da sublimação não apenas permitem, mas também exigem uma abordagem reformulada do princípio de prazer, que passa da hipótese da descarga total e da ausência de excitação (tudo ou nada) para a ideia mais realista de que ele visa o mínimo de excitação possível. Isso encaminha a transformação dos conceitos e serve de preparação para as formulações observadas anos mais tarde na segunda teoria pulsional (1920). O que se acentua no texto de 1915 é que a sexualidade e a conservação do sujeito não são duas coisas distintas, especialmente porque a sublimação adquire o estatuto de destino privilegiado que evita a angústia e o consequente reinvestimento no recalque da sexualidade. Isto confere utilidade clínica ao conceito de sublimação, já que ela corporifica o processo de progressivo distanciamento do narcisismo iniciado com o próprio recalcamento e transforma a experiência psíquica da sexualidade num

---

dição observada pelos autores entre sexualidade polimorfa e dessexualização do impulso. Embora não seja explicitado, mesmo nos primórdios da teoria a sublimação permite que o sujeito possa renunciar à satisfação plena da sexualidade, sem prejuízo da satisfação da pulsão sexual.

campo de possibilidades alternativas de satisfação independentes das formas anteriormente fixadas.[36]

A diferença formulada anteriormente entre a meta de satisfação e a ação que a possibilita é finalmente explicitada por Freud, nos seguintes termos: "Embora a meta final de toda pulsão seja sempre a mesma, são diversos os caminhos que podem conduzir a essa meta."[37] A satisfação é a meta geral e implica na supressão da estimulação. Os "caminhos" são aquelas "ações" citadas como metas nos *Três ensaios*, e todo o impasse percebido na interpretação da dessexualização dos alvos finalmente se dissolve.

No entanto, em 1915, resta a Freud qualificar melhor a posição do psiquismo originário e do Eu frente à sublimação, problema que surge claramente com a nova dualidade pulsional de 1920 (com a introdução dos conceitos de compulsão à repetição e de pulsão de morte), e com a nova tópica estrutural de 1923 (a divisão tópica entre Isso, Eu e Supereu). A partir da reestruturação da teoria, os problemas levantados anteriormente alcançam novas propostas de solução e encaminhamento, o que leva Freud a novos problemas. Nesse momento maduro da obra freudiana a origem da sublimação passa a seguir a mesma gênese do Eu consciente, seguindo os textos preparatórios anteriores, o que finalmente exige uma reestruturação da teoria como um todo.

Com a introdução da noção de pulsão de morte a partir de 1920, e da nova tópica estrutural de 1924, muitas

36 Segundo CASTIEL (2007, p. 73), a sublimação das pulsões depende de que "tenha ocorrido o luto pela perda do objeto primordial no que concerne à transformação do ego (Ich) ideal em ideal do ego".

37 SA, III, p. 86; *Op.cit.* I, p. 148.

noções anteriores precisaram se rearranjar e a teoria freudiana ganhou novos elementos e contornos. Assim, nesse novo contexto, a pulsão ao conhecimento, *Wißtrieb*, que se avulta na fase de latência, passa a iluminar uma importante função do Eu em sua relação com o Isso. Apoderando-se da libido das cargas de objeto, erigindo-se em objeto amoroso único, e dessexualizando ou sublimando a libido do Isso, o Eu está trabalhando em oposição aos objetivos das pulsões sexuais e se colocando a serviço das pulsões de morte. Considero isso bastante interessante, pois evidencia que a pulsão ao conhecimento não é pura, mas se relaciona à carga objetal total, regulando sua força pelo compromisso com mundo e com o olhar, que só pode propor uma satisfação mais sutil e fisicamente distante das pulsões sexuais, o que já mostra a presença de inibições e modificações das tendências originais e dos destinos pulsionais. Por outro lado, se há a implicação de que, em parte, admite-se que a sublimação seja algo originário, espontâneo e que funcione como elemento facilitador na relação do Eu com os seus objetos, por outro, aparece essa relação com os *Todestriebe*, que se expõe na atenuação da intensidade da satisfação quando ela se dá por intermédio de deslocamentos a esses objetos sublimados, frutos da apreciação e realização artísticas e do trabalho intelectual. Há algo de mortífero nisso.

Tal fenômeno que ecoa uma tendência originária, ocorre, na descrição freudiana, porque inicialmente toda a libido está acumulada no Isso, enquanto o Eu inerme ainda se acha em processo de constituição. O isso envia parte da libido para cargas objetais eróticas, que necessariamente fortalecem o Eu coerente, que surge aqui como mediador frente ao mundo exterior.

Por meio desse processo, o Eu coerente se torna mais forte e tenta apoderar-se da libido objetal, impondo-se ao Isso como objeto amoroso: "O narcisismo do Eu é, assim, um narcisismo secundário, que foi retirado dos objetos (*Der Narzißismus des Ichs ist so ein Sekundär, den Objekten entzogener*)".[38] O Eu sublima um pouco da libido para si próprio e para seus propósitos, e auxilia o Isso em seu trabalho de dominar as tensões geradas pela pulsão sexual, enquanto a pulsão de morte tende a diminuir a tensão rumo ao estado inorgânico.

A sublimação em *Além do Princípio de Prazer* e suas implicações nos textos posteriores de Freud

Em 1920, a ordem regressiva da pulsão aparece associada à noção de compulsão à repetição: "A atividade psíquica inconsciente é dominada por um automatismo ou pulsão à repetição (repetição compulsiva), inerente, que é com toda probabilidade a essência mesma das pulsões, capaz de poderio suficiente para sobrepor-se ao princípio de prazer"[39] — uma compulsão suficientemente forte para prevalecer sobre o princípio de prazer, emprestando a determinados aspectos da mente o seu "caráter demoníaco". Isso leva Freud à conclusão de que a compulsão à repetição é percebida como algo estranho ao psiquismo e não próprio dele e por isso inspira algum temor, grande ou pequeno. No entanto, trata-se apenas do ímpeto fisiológico das pulsões.[40]

---

38 SA, III, p. 313.

39 BN, III, p. 2496.

40 Em *Inibição, sintoma, e angústia*, de 1923, Freud diz que os neuróticos obsessivos se ligam a atividades específicas (que depois seriam levadas a efeito quase *automaticamente*) como "ir dormir,

O aspecto "elástico" da pulsão é o que permitirá distinguir uma nova dualidade frente à característica regressiva universal que parece conduzir a teoria ao monismo da pulsão de morte: "É como se houvesse um ritmo alternante (*Zauderrhythmus*) na vida dos organismos". O grupo das pulsões de morte "precipita-se à frente, a fim de alcançar o mais breve possível o objetivo final da vida (*Endziel des Lebens*)". O grupo das pulsões de vida, após chegar a um determinado ponto de sua trajetória, "apressa-se a voltar para trás, a fim de retomar esse mesmo percurso a partir de um certo ponto e assim prolongar a duração do trajeto."[41] A conclusão de Freud é que, a partir daquele momento originário em que a substância inorgânica adquire essa tensão peculiar à vida, o dualismo tenha se estabelecido e pulsões de vida tenham entrado em ação, "ainda que no início da vida não tenha existido uma sexualidade e tampouco a diferença entre os sexos."[42]

---

lavar-se, vestir-se e andar de um lado para o outro; e também tendem à *repetição* e ao desperdício de tempo". Até aquele momento, não está de modo algum claro para Freud por que isto ocorre dessa maneira, mas pensa que há correlação com a sublimação de pulsões ligadas ao erotismo anal, isto é, uma forma de lidar com as pulsões homossexuais infantis. É também nesse sentido que corre a descrição da análise do "homem dos ratos" (1909), o que evidencia a persistência dessa questão ao longo de 15 anos. Na *Conferência XXXII, Angústia (Angst) e vida pulsional*, de 1933, a geração da angústia é correlata de uma "repetição" de antigas experiências traumáticas.

41 SA, III, p. 250; *Op.cit.* II, p. 164.

42 *Idem*, p. 251; *Op.cit.* II, p. 165.

Em Freud, o corpo é não somente a fonte das pulsões, cuja principal propriedade é a sua força constante, mas é também a origem da tendência regressiva ou conservadora das pulsões que as impele a alcançar um fim antigo por caminhos tanto conhecidos quanto novos. Esse fim último de toda existência orgânica é indicado, essencialmente, como a tendência de retorno ao inorgânico. As pulsões que visam a morte, visíveis na compulsão à repetição e na agressividade, buscam o fim antigo diretamente, enquanto seus derivados mais recentes lidam com o problema da vida, tentando conduzir o organismo ao estado inorgânico apenas após os longos rodeios da existência individual.

Em *Além do princípio de prazer*, Freud mostra-se relativamente cético em relação às possibilidades de sublimação das pulsões: "Talvez seja difícil para muitos de nós renunciar à crença de que o ser humano possua uma pulsão que busca o constante aperfeiçoamento" (*ein Trieb zur Vervollkommung*) e que proporcionou à humanidade o seu atual "nível de produção intelectual e de sublimação ética" (*Höhe geistiger Leistung und ethischer Sublimierung*)[43] e da qual se espera que propicie a transformação do ser humano em um além-do-homem (Übermensch). Seu ponto de vista é comedido: "Não acredito em uma pulsão interna (*inneren Trieb*) dessa espécie e não acho possível preservar essa ilusão consoladora (*wohltuende Illusion*)". Isto porque ele compreende o progresso civilizatório como resultado das restrições au-

43 *Idem*, p. 251; *Op.cit.* II, p. 164. A crítica não parece incidir diretamente sobre a concepção de Nietzsche, mas sim a uma interpretação corrente à época de Freud.

toimpostas pela humanidade: "A incansável necessidade de contínuo aperfeiçoamento que se observa em uma minoria de pessoas pode ser facilmente compreendida como consequência do recalque pulsional (*Triebverdrängung*) sobre o qual está edificado o que há de mais valioso na civilização."[44] Nesse caso, a sublimação não pode nunca ser suficiente para substituir as experiências diretas ou primárias de satisfação e com isso remover a tensão contínua à qual o psiquismo está submetido: "É da diferença entre o prazer efetivo obtido pela satisfação e o prazer esperado que surge o fator impelente (*treibende*) que não vai permitir ao organismo estacionar."[45]

Desse modo, fica evidente que a sublimação é considerada um mecanismo psíquico originário ligado às modificações da substância viva, mas que só adquire sua relevância extraordinária em função das exigências civilizatórias ligadas ao recalque. O texto reafirma a vantagem da sublimação e a flexibilidade de deslocamentos que proporciona o refinamento da experiência e o aperfeiçoamento dos padrões culturais em certas direções, mas sugere, por outro lado, que elevados níveis de sublimação não são uma característica comum. A massa da humanidade está presa à tentativa de satisfação direta das pulsões primitivas, o que entra em choque com a ideia de aperfeiçoamento cultural e resulta em enfermidades psíquicas. É por isso que Freud considera a civilização uma *fina camada* sobre o mundo primitivo das pulsões antigas, o que reforça o caráter biológico da noção de pulsão.

44 *Idem ibidem.*

45 *Idem*, p. 165.

A sublimação decorre do fato de que a vida não nos coloca alternativas senão tomar outra direção quando somos restringidos em nosso caminho, ainda que não haja perspectiva de satisfação final. No entanto, se as condições dinâmicas que permitem a capacidade sublimatória estão presentes em todos nós, apenas em raros casos as condições econômicas favorecem esse fenômeno.

Implicações: resto por concluir

A sublimação é espontânea, porém, cada uma dessas formas adejantes da sublimação impõe um preço ao conjunto da Humanidade. Se, no âmbito individual, a sublimação permite como que uma superação das condições anteriores de existência, a fixação dessa sublimação como um fenômeno cultural sujeito a uma atualização ao longo das gerações logo gera um débito difícil de pagar, algo em si mesmo improdutivo para todo aquele que não puder ceder às exigências sublimatórias presentes no ambiente social. Com a publicação de *Além do Princípio de Prazer* fica perfeitamente visível a discrepância desse aparente ganho do indivíduo capaz de sublimar com a perda muito mais abrangente ligada às exigências sublimatórias do processo civilizatório em termos de mal-estar, destrutividade e autodestrutividade.

A natureza enigmática e aparentemente autocontraditória de uma pulsão que visa ao desprazer é tratada no debate introdutório que inaugura a distinção entre o princípio de nirvana e o princípio de prazer, até então tidos como correlativos. Especialmente, a consideração de um masoquismo originário leva Freud a reformular suas noções anteriores de que o desprazer psíquico deveria necessariamente coincidir com um aumento, e o prazer com uma diminuição da tensão causada pelos estímulos presentes no psiquismo: "Tivemos de nos dar conta de que, no curso do desenvolvimento dos seres vivos, houve uma modificação que transformou o princípio de nirvana, associado à pulsão de morte, no princípio de prazer". Portanto, a partir daquele momento, Freud não mais considera "o princípio de nirvana e o princípio de prazer como uma mesma coisa".[46] A pulsão de vida é percebida como o fator que determina essa modificação ao impor a sua participação à regulação dos processos vitais, lado a lado com pulsão de morte. Trata-se de um arranjo ancestral. Freud explicita então uma curiosa sequência de relações: "O princípio de nirvana expressa a tendência da pulsão de morte; o princípio de prazer representa a sua transformação em reivindicação da libido; e o princípio de realidade, a influência do mundo exterior."[47]

Para Freud, essas três situações básicas do funcionamento pulsional convivem entre si em relativa harmonia, muito embora o conflito seja também inevitável. O que determina isso? O princípio de nirvana "privilegia a redução quantitativa da carga de estímulos", enquanto o princípio de prazer determina as "características qualitativas dessa redução de carga", e o princípio de realidade exige "um adiamento do escoamento dos estímulos acumulados (*Reizabfuhr*)", além de uma "aceitação temporária da tensão gerada pelo desprazer".[48] Desse modo é aberta a via da sublimação das pulsões.

---

46 *Op.cit.* III, p. 106.

47 *Idem ibidem.*

48 *Idem*, p. 107.

Considerando-se a evolução do conceito de sublimação no conjunto da obra de Freud, não há uma definição estável, especialmente no que concerne à medida de participação entre meta e objeto nesta relação, o que amplia as possibilidades de interpretação, mas também dá margem a certos impasses devido à complexidade do conjunto da teoria. O psicanalista vienense nem mesmo chega a dedicar grande atenção a este destino pulsional no texto metapsicológico de 1915, o que possibilitaria uma visão de conjunto da teoria. Há uma vaga notícia de que um texto metapsicológico específico sobre a sublimação tenha sido perdido. Se assim aconteceu, é uma pena, pois teríamos muito a ganhar se o próprio Freud tivesse feito esse trabalho de síntese teórica, em especial se o tivesse feito após a escrita de *Além do Princípio de Prazer* (1920) e de *O Eu e o Isso* (1923).

Apesar das dificuldades e obscuridades referentes ao conhecimento da propriedade sublimatória das pulsões, o que é seguro dizer, a partir dos textos de Freud que vão até *Além do Princípio de Prazer*? Que a capacidade de agir vicariamente uns pelos outros e de mudar prontamente de objetos implica em que as pulsões sejam capazes de funções que se acham muito distantes de suas ações e intenções originais — isto é, que eles sejam capazes de sublimação. As pulsões, sob o efeito sublimatório, estão em constante diáspora, exilados de uma origem no instinto, com seus alvos melhor determinados, e expostos à variabilidade imposta pelo intelecto humano e pelas condições afetivas, sem nunca ter a chance de retroceder, a não ser pela via do sintoma.

Referências

BIRMAN, Joel. A imaginação, a fantasia e o sublime em psicanálise: uma leitura de Eros e civilização. In: *Physis* – Revista de saúde coletiva. Rio de Janeiro: UERJ/IMS, v. 8, n. 1, 1998.

CASTIEL, Sissi Vigil. *Sublimação:* clínica e metapsicologia. São Paulo: Escuta, 2007.

FREUD, Sigmund. *Die Freud-Studienausgabe.* Frankfurt am Main: S. Fischer Verlag, 1980; Munique: DTV/ de Gruyter, 2ª ed., 1999. 11 v. As referências a essa edição são indicadas pelas iniciais *SA*, seguidas do número do volume em algarismo romano e do número da página em número arábico.

FREUD, Sigmund. *Edição Standard Brasileira das Obras Completas de Sigmund Freud*, Rio de Janeiro: Imago, 1987. 23v. As referências a essa edição são indicadas pelas iniciais *ESB*, seguidas do número do volume em algarismo romano e do número da página em número arábico.

FREUD, Sigmund. *Obras Completas de Sigmund Freud.* Madrid: Biblioteca Nueva, 1996. 3 v. (Edição Ballesteros). As referências a essa edição são indicadas pelas iniciais *BN*, seguidas do número do volume em algarismo romano e do número da página em número arábico.

FREUD, Sigmund. *Obras Psicológicas de Sigmund Freud.* Rio de Janeiro: Imago, 2004. 3v. (Edição Luiz Hanns). As referências a essa edição são indicadas pelas iniciais *OP*, seguidas do número do volume em algarismo romano e do número da página em número arábico.

NOVALIS. *Pólen*. Trad. Rubens Rodrigues Torres Filho. São Paulo: Iluminuras, 2001.

LAPLANCHE, Jean; PONTALIS Jean-Bertrand. *Vocabulário da psicanálise*. São Paulo: Martins Fontes, 1988.

Freud e Spielrein: sobre o instinto de morte e o além do princípio do prazer

Fátima Caropreso

No texto *A destruição como causa do devir*,[1] Sabina Spielrein defende que é necessário supor um "instinto de morte" (*Todesinstinkt*) na vida mental. Muitos comentadores do pensamento de Freud e de Spielrein, afirmam que ela antecipou o conceito freudiano de pulsão de morte.[2] No entanto, muito pouco se discute sobre o sentido da hipótese de Spielrein e em que medida é possível dizer que ela antecipou o conceito de pulsão de morte, proposto por Freud em *Além do princípio do prazer* (1920). Alguns autores[3] apontam que há diferenças significativas entre as hipóteses dos dois autores, mas não abordam de forma sistemática essas diferenças. Além disso, uma análise do texto de 1912 de Spielrein revela que outras ideias apresentadas se aproximam de aspectos fundamentais da teoria formulada por Freud a partir de 1920, em especial, a suposição da existência de um funcionamento mental que

1 SPIELREIN, 1912/2014.

2 LOTHANE, 2003, BRITTON, 2003, VAN WANING, 1992; ROBERT, 1966, CAROTENUTO, 1980; PERES, 2012.

3 WITT, 1995, ORELLANA; RUIZ, 2003, RICHEBÄCHER, 2012, COOPER-WHITE, 2015, LAUNER, 2014.

antecede aquele regido pelo princípio do prazer. Esse capítulo tem como objetivo apresentar as hipóteses sobre o instinto de morte e sobre o "além" do princípio do prazer elaboradas em "A destruição como causa do devir" e discutir a relação entre essas hipóteses e aquelas introduzidas por Freud em *Além do princípio do prazer*.

Criação e destruição na esquizofrenia

Em sua tese *Sobre o conteúdo psicológico de um caso de esquizofrenia (Dementia praecox)*, publicada em 1911, Spielrein interpreta e relata o caso de uma paciente, diagnosticada com demência paranoide, tratada por ela no Hospital Burghölzi. Embora a paciente não fosse capaz de responder diretamente às perguntas que lhe eram direcionadas, a psicanalista foi capaz de interpretar o significado latente de suas falas e extrair algumas hipóteses gerais sobre a esquizofrenia e o funcionamento mental. Da análise desse caso ela extrai algumas hipóteses que irão conduzi-la à formulação do conceito de instinto de morte.[4]

Uma das características da esquizofrenia percebida por Spielrein[5] é a presença de componentes positivos e negativos nas mesmas fantasias e expressões. Um exemplo é o uso que a paciente fazia do verbo *catolizar* como equivalente a *entusiasmar-se pelo amor sexual*. Spielrein explica o uso desse termo dizendo que a religião, como elemento espiritual, faz oposição à sexualidade, ou seja, ao elemento físico. Assim, a nomeação dos componentes sexuais pelo

4 CAROPRESO, 2017b.

5 SPIELREIN, 1911/2014.

negativo (pelo espiritual) significava ao mesmo tempo uma rejeição a esses componentes. Spielrein ilustra com vários exemplos a expressão de uma ideia pelo seu negativo, ou pela inversão, na construção simbólica de sua paciente. Com relação a esse aspecto, ela ressalta a importância do conceito de *ambivalência* de Bleuler,[6] assim como do mecanismo da *representação pelo oposto* descrito por Freud em *A significação antitética das palavras primitivas*.[7] Ambas as hipóteses auxiliariam a compreensão do surgimento das imagens na demência, segundo Spielrein.

A autora aponta também como destruição e criação, morte e vida, estavam intimamente conectadas nas construções de sua paciente, mais especificamente como a destruição seria condição para a criação. Uma das fantasias da paciente era de que o útero teria que ser cozido e macerado para ser preparado para a criação de uma nova geração. O organismo vivo teria que ser morto, triturado, diluído para gerar outro organismo. O ato de matar, punir tinha para a paciente significado de salvar, ressuscitar, e o coito era expresso como matar, cozinhar, queimar, esclarece Spielrein.[8]

A presença simultânea de componentes positivos e negativos nos mesmos fenômenos, assim como a relação indissociável entre destruição e criação, está na base da hipótese do instinto de morte que a autora apresenta em seu artigo sobre a destruição, de 1912. Nesse texto, ela re-

6 BLEULER, 1912.

7 FREUD, 1910/1998.

8 SPIELREIN, 1911/2014.

toma as ideias apresentadas em 1911 e formula uma concepção mais abrangente sobre o funcionamento mental.[9]

A introdução da hipótese do "instinto de morte"

Spielrein inicia o texto *A destruição como causa do devir*[10] levantando a questão a respeito de porque a pulsão de reprodução (*Fortpflanzungstrieb*), a mais poderosa das pulsões, pode trazer consigo sentimentos negativos – tais como ansiedade e desgosto – ao lado de sentimentos positivos. O que acontece ao indivíduo na presença da atividade sexual que justifica este estado mental, pergunta-se ela. Uma série de autores que apontaram essa relação e tentaram explicá-la são mencionados. Contudo, ela formula uma hipótese própria para respondê-la: "tais sentimentos negativos correspondem aos componentes destrutivos *(Destruktiven Komponente)* do instinto sexual (*Sexualinstinkte*)" (SPIELREIN, 1912/2014, p. 232). Adiante, Spielrein fala em um "instinto de morte" (*Todesinstinkt*) no "instinto sexual".[11]

Essa conclusão sobre a necessidade de supor um componente destrutivo nos instintos sexuais é enunciada após uma breve reflexão sobre alguns fatos biológicos. Na reprodução, as células unitárias são destruídas dando origem a uma nova vida. Alguns seres inferiores morrem após se reproduzirem.

9 Uma apresentação mais detalhada da teoria elaborada por Spielrein em sua monografia sobre a esquizofrenia pode ser encontrada em Caropreso (2017).

10 SPIELREIN, 1912/2014.

11 SPIELREIN, 1912/2014, p. 259.

No caso dos seres multicelulares, a diferença seria apenas quantitativa: uma parte do organismo (células germinativas), que representa o organismo inteiro, é destruída. Nesse caso, o componente masculino funde-se ao componente feminino, o qual é reorganizado e assume uma nova forma mediada pelo intruso desconhecido. Assim, diz ela:

> (...) destruição e reconstrução, as quais sempre ocorrem mesmo em circunstâncias normais, ocorrem bruscamente. O organismo descarrega os produtos sexuais como qualquer uma de suas excreções. É improvável que o indivíduo não tenha no mínimo uma suspeita, traduzida em afetos correspondentes, sobre a existência desses processos de destruição e reconstrução em seu organismo. Assim como os próprios afetos de bem-estar associados ao devir estão presentes na pulsão de procriação, os afetos de defesa, como angústia e aversão (...) correspondem aos componentes destrutivos do instinto sexual.[12]

Após apresentar a hipótese da existência de um componente destrutivo nos instintos sexuais, Spielrein comenta alguns fenômenos psicológicos que a apoiam e esclarecem.

Além dos sentimentos negativos que acompanham frequentemente a atividade sexual e das características dos sintomas esquizofrênicos, outros fatos psicológicos ilustram a relação necessária entre sexualidade e destrutividade, aponta a autora. Entre eles, a grande incidência de

12 SPIELREIN, 1912/2014, p. 232.

neuroses em tempos de guerra, os fenômenos do sadismo e do masoquismo e os casos de intensa fixação parental.[13]

A autora observa que eventos de tempos de guerra são fortemente associados à irrupção de neuroses e sugere que este fato está relacionado a um desarranjo da vida sexual. Representações destrutivas acompanham a guerra e evocam outras representações associadas ao componente destrutivo da pulsão de reprodução. Em uma pessoa normal, essas representações poderiam perturbar uma vida que é sentida como efêmera e sem sentido, mas, no caso dos neuróticos, elas seriam mais perniciosas, uma vez que estes esperariam símbolos aptos a representarem suas fantasias destrutivas. Nos neuróticos, as representações de guerra passariam a representar tais fantasias. Assim, Spielrein sustenta que, na neurose, o componente destrutivo é predominante e, em cada sintoma, manifesta sua oposição à vida e destino genuíno.

A autora argumenta que, devido ao componente destrutivo inerente aos impulsos sexuais, o homem pode possuir intensamente desejos sádicos, sendo levado a querer destruir o objeto amado. O sadismo resultaria de uma intensificação de tal componente destrutivo, o qual quando dirigido ao ego levaria à autocrítica, à autodestruição, que caracterizam o masoquismo. Assim, os fenômenos do sadismo e do masoquismo ilustrariam, de forma clara, a relação entre sexualidade e destrutividade.

O caso de uma intensa fixação parental também é citado como manifestando de forma evidente a relação entre instinto de morte e instinto sexual. Spielrein defende que,

---

13 CAROPRESO, 2016.

no amado, amamos a semelhança parental e que o acaso determina se uma experiência sexual pré-destinada será ou não ativada. Se as representações fossem ativadas, mas não realizadas, elas permaneceriam na psique como um intenso anseio de retornar às origens, mais especificamente, a um estado de fusão com os pais. Segundo ela, uma forte fixação nos pais impediria a transformação para o mundo externo e a libido insatisfeita poderia se conectar novamente aos pais, resultando em fantasias incestuosas no mundo externo ou em fantasias sintomáticas mais sublimadas, tais como a adoração à natureza ou sintomas religiosos. Ao mesmo tempo, o impulso destrutivo (*Destruktionsdrang)* contido na pulsão de reprodução seria intensificado, produzindo fantasias de morte mais concretas ou mais sublimadas. No entanto, a representação da morte conectada ao desejo incestuoso não se expressaria (estou morrendo porque não posso cometer o pecado). Estar morto significaria, nesse caso, ter alcançado a regressão desejada ao pai. No amor incestuoso levemente diferenciado, diz Spielrein, "o desejo de destruição mais evidente corresponde a um desejo mais intenso de devir".[14]

Com essas hipóteses, a autora indica a existência de uma tendência regressiva no instinto sexual, a qual consistiria especificamente em uma tendência a retornar a um estado de fusão com os pais. Esta tendência seria intensificada devido à ausência de realização dos impulsos sexuais, o que fortaleceria o componente destrutivo deste, podendo suscitar o fenômeno acima descrito, no qual esse anseio de retornar a um estado de fusão com os pais se expressaria como um desejo de autodestruição.

14 SPIELREIN, 1912/2014, p. 259.

O instinto sexual apresentaria, então, dois impulsos antagônicos: um impulso destrutivo e outro reprodutivo. O desequilíbrio entre eles faria com que apenas um fosse percebido, o que explicaria o fato de que negligenciamos o instinto de morte no instinto sexual. Nos fenômenos acima descritos, o componente destrutivo estaria exacerbado, no entanto, não haveria devir sem destruição. Nas palavras da autora: "Sob circunstâncias normais, as representações do devir devem predominar um pouco, mesmo porque o devir é resultado da destruição, é determinado pela destruição. No entanto, é muito mais fácil pensar nos resultados finais do que sempre buscar a causa."[15]

O instinto de morte proposto por Spielrein não visaria à aniquilação do indivíduo como um todo ou da vida enquanto tal, mas sim a destruição do ego, o que é elucidado, principalmente, pelo fenômeno da demência precoce. O instinto sexual, ou a "pulsão de preservação das espécies" (*Arterhaltungstriebe*), se expressaria psicologicamente em uma tendência à dissolução e assimilação da psique do Eu (*Ichpsyche*).[16]

A psique da espécie e a psique do eu

Em *Sobre o conteúdo psicológico de um caso de esquizofrenia*,[17] Spielrein comenta que Freud e Jung já haviam demonstrado a existência de um paralelismo es-

---

15 SPIELREIN, 1912/2014, p. 259.

16 Uma análise mais detalhada da teoria pulsional de Spielrein pode ser encontrada em Caropreso (2016, 2017).

17 SPIELREIN, 1911/2014.

pecial entre os fenômenos neuróticos e oníricos e as manifestações da esquizofrenia. Ela afirma, contudo, que pode complementar as hipóteses desses dois autores, introduzindo uma visão filogenética.

O ser humano, diz ela, possui duas vivências, uma consciente e outra inconsciente, e é esta última a responsável pela criação de uma tonalidade afetiva. É somente com a união do inconsciente à vivência consciente que a última se torna uma vivência real. Se gostamos de um conto de fadas ou de um poema qualquer, exemplifica a autora, isso acontece porque representações carregadas de prazer são incitadas por ele, de forma que o prazer é vivenciado quando o novo conteúdo da representação entra em contato com o antigo. Temos a impressão de que o sentimento de prazer faz parte do conteúdo atual da representação, pois nos alegramos com ele no presente. Contudo, na verdade, nossa alegria pertence às vivências passadas, as quais não dizem respeito apenas às nossas experiências pessoais, mas também às vivências ancestrais dentro de nós. Assim, Spielrein sustenta que "herdamos também a sedimentação das vivências de nossos ancestrais."[18] Modos de pensamento muito antigos influenciam nossa consciência do presente.

Sobre o mecanismo da demência paranoide, Spielrein argumenta que a paciente parte de seus conflitos presentes. Por exemplo, ela repugnava as relações sexuais com seu marido. A reflexão consciente sobre este fato consideraria diversas possibilidades do mundo real que poderiam

18 SPIELREIN, 1911/2014, p. 213.

ajudá-la a se livrar da situação desagradável. No entanto, a esquizofrenia faz justamente o contrário ao substituir o mundo externo real por um mundo interno com valor de realidade. Este fato já havia sido demonstrado por Jung, reconhece Spielrein; no entanto, o material de sua paciente mostra que esse eu profundo que se expressa na doença pertence "a um passado que ultrapassa o âmbito do indivíduo".[19] A paciente insere sua vivência presente nesse passado. Em vez de dizer "eu fui maculada durante o ato sexual", ela diz "a terra foi perfurada". Dessa forma, sua dor é diluída entre as várias representações análogas que abrigamos em nós como herança de nossos ancestrais, de forma que ela fala a língua do pensamento mitológico. A mulher, de maneira geral, foi maculada, e não ela como indivíduo e, nesse processo, as características pessoais são eliminadas. Spielrein comenta que os antigos viam na terra uma mulher poderosa, quase a somatória do conceito de "mulher" com a "*mater genetrix*".

Essas hipóteses apresentadas em 1911 são retomadas e desenvolvidas no texto sobre a destruição. Nesse texto, Spielrein argumenta que um evento adquire tonalidade emocional apenas na medida em que estimula tonalidades emocionais de conteúdos previamente vivenciados, que residiriam ocultos no inconsciente. Por este motivo, nós experimentaríamos muito pouco no presente. Nossas experiências conscientes seriam apenas alegorias de experiências primitivas desconhecidas que buscariam análogos no presente, diz ela. Pensamentos e representações inconscientes acompanha-

19 SPIELREIN, 1911/2014, p. 215.

riam cada representação ou pensamento consciente e transformariam os produtos do pensamento consciente em uma linguagem específica. Ela denomina esse processo de transformação "assimilação" ou "dissolução".

Dessa forma, os conteúdos da consciência se diferenciariam do inconsciente e, neste último, seriam assimilados, o que determinaria a tonalidade emocional de uma experiência. No inconsciente, cada representação diferenciada seria dissolvida, ou seja, transformada em um estado indiferenciado. Spielrein retoma a fala de sua paciente para exemplificar esse processo. A terra representaria a grande mãe ou a representação inconsciente de todas as pessoas. Nessa grande mãe (o inconsciente), a paciente transformaria a si mesma em sua mãe (terra) indiferenciada.

A autora distingue, então, entre uma "psique do eu" e outra mais profunda, denominada "psique da espécie" (*Artpsyche*). O inconsciente não conteria apenas experiências do passado individual, mas também de inúmeras gerações, de forma que a assimilação inconsciente de eventos que tivessem ocorrido em muitas gerações se encaixaria na cadeia de pensamentos do presente, ou seja, transformaria uma experiência egoica em uma experiência da espécie. Quanto mais nos aproximássemos de nossos pensamentos conscientes, mais diferenciadas seriam nossas representações, ao passo que, quanto mais penetrássemos no inconsciente, mais universais e típicas elas seriam.

Spielrein[20] se refere à psique da espécie como um "rígido censor" e levanta a questão sobre por que esse rígido

20 SPIELREIN, 1912/2014.

censor persiste continuamente tentando modificar nossas experiências, de forma que não tenhamos consciência das influências parentais sobre nós. Segundo ela, isso se deveria ao fato de existir, ao lado de nosso desejo por manter nossa condição presente, um desejo pela transformação, que conduz à dissolução do conteúdo egoico naquele da espécie.

Na demência precoce, como consequência da falta de atividade do ego, as representações egoicas seriam transformadas em representações da espécie (*Artvorstellungen*) ou objetivas. Tal patologia poderia ser interpretada como uma batalha entre as duas tendências antagônicas da psique. De acordo com Spielrein, a psique da espécie quer transformar a representação egoica em uma representação típica, impessoal, ao passo que a psique do Eu tenta se opor a essa dissolução. Dessa maneira, duas tendências opostas – uma "tendência à dissolução e assimilação" e uma "tendência à diferenciação" – estariam presentes no psiquismo, as quais seriam expressões psíquicas das pulsões de preservação da espécie (*Arterhaltungstrieb*) e de autoconservação (*Selbsterhaltungstrieb*), respectivamente. Com essas hipóteses, a oposição – sustentada ainda por Freud na época – entre estes dois tipos de pulsões é mantida. O instinto sexual e o instinto de morte a ele associado trabalhariam no sentido da preservação da espécie e dariam origem à tendência à dissolução e assimilação, à qual se oporia a tendência à diferenciação, que seria expressão da pulsão de autoconservação. Enquanto a primeira dessas tendências visaria transformar a experiência egoica em uma experiência da espécie, a segunda visaria manter a inércia da personalidade egoica. Nas palavras da autora:

> A pulsão de autoconservação em nós corresponde à tendência de diferenciação e à capacidade de perseveração de uma partícula do Eu cristalizada externamente ou de toda a personalidade do Eu. A pulsão de conservação da espécie é uma pulsão de procriação, e ela se expressa também psiquicamente na dissolução e na tendência à assimilação (transformação do eu em um nós) com a consequente nova diferenciação a partir da *matéria original. Onde o amor reina, o Eu morre, esse déspota tenebroso.*[21]

Como não haveria devir sem destruição, a preservação das espécies daria origem à tendência à dissolução e assimilação, da qual dependeria a criação de novos seres. A pulsão de autoconservação não daria origem a nada de novo, uma vez que visaria manter a inércia do ego. Assim, Spielrein afirma que:

> A pulsão de autoconservação é uma pulsão simples, composta apenas de um lado positivo, a pulsão de conservação da espécie, que precisa dissolver o antigo para que o novo surja, é composta de um componente positivo e um negativo. A pulsão de conservação da espécie é, por essência, ambivalente; por isso, o estímulo dos componentes positivos provoca, ao mesmo tempo, o estímulo dos componentes negativos, e vice-versa. A pulsão de autoconservação é uma pulsão "estática", na medida em que deve proteger o indivíduo que já existe contra influências

21 SPIELREIN, 1912/2014, p. 260-261

> externas. A pulsão de conservação da espécie é uma pulsão "dinâmica" que anseia pela alteração, pela "ressurreição" do indivíduo em uma nova forma. Nenhuma alteração pode acontecer sem o aniquilamento do estado antigo.[22]

Spielrein argumenta que o processo de dissolução e assimilação pode ser vivido de forma prazerosa ou desprazerosa. Na demência precoce, a transformação das representações egoicas em representações da espécie daria origem inicialmente à ansiedade e depressão severas. Tais sentimentos surgiriam enquanto o paciente se empenhasse em sustentar uma relação egoica. Com a progressão da doença, a indiferença se instalaria. Já, na experiência artística, a transformação do egoico no coletivo seria vivida com regozijo. Ao criar o típico, o artista desfruta seu produto sublimado, argumenta Spielrein. Também no envolvimento com o sexo oposto, a dissolução do ego no amado seria vivida com alegria. No entanto, ela chama atenção para o fato de que podemos sentir um prazer real no desprazer ou na dor, o que conduz à hipótese de que nem todo o funcionamento psíquico é regido pelo princípio do prazer, tal como ainda proposto por Freud.

O além do princípio do prazer

Spielrein afirma que Freud estava certo ao supor que a *causa movens* de nosso ego consciente e inconsciente é a busca pelo prazer e pela supressão do desprazer, contudo, ela argumenta que é necessário nos questionarmos sobre

22 SPIELREIN, 1912/2014, p. 261.

se toda a vida psíquica reside no ego. Nós não possuímos impulsos poderosos que colocam em movimento nossos conteúdos psíquicos sem consideração pela miséria do ego, pergunta-se ela, e sua resposta é a seguinte:

> Decididamente tenho de defender a visão de que a psique do Eu, inclusive a inconsciente, é guiada por moções que se encontram ainda mais profundas e não se ocupam nem um pouco com nossas reações emocionais às demandas impostas por elas. O prazer é simplesmente a reação afirmativa do Eu a essas demandas originárias do âmago e nós podemos ter prazer diretamente a partir do desprazer e prazer pela dor, a qual, tomada em si mesma, é fortemente carregada de desprazer, pois a dor corresponde a um prejuízo do indivíduo, contra o qual o nosso instinto de autoconservação se opõe. Portanto, em nosso âmago, há algo que, por mais paradoxal que isso possa soar *a priori*, busca esse autoprejuízo, uma vez que o Eu reage a ele com prazer. O desejo do autoprejuízo, o regozijo pela dor é, no entanto, completamente incompreensível se considerarmos apenas a vida do Eu, a qual só quer ter prazer.[23]

Assim, a autora defende que a psique da espécie não obedece ao princípio do prazer, tal como proposto por Freud. Tal princípio diria respeito apenas ao funcionamento egoico consciente e inconsciente. Na psique da espécie poderia estar presente um regozijo na dor que prejudicasse a luta pela autoconservação, assim como um desejo de danificar a si mesmo (o ego), o que seria perfei-

---

23 SPIELREIN, 1912/2014, p. 237.

tamente compatível com a hipótese da tendência à dissolução e assimilação do egoico. O desejo de ferir a si mesmo e o regozijo na dor, segundo Spielrein, tornariam necessária a suposição de que nem todos os processos psíquicos trabalham no sentido do princípio do prazer. Em outras palavras, de que existe um funcionamento psíquico mais profundo, para "além" deste último princípio. O instinto de morte, ou o impulso de destruição do ego, seria proveniente dessa psique profunda, cujo funcionamento não obedeceria ao princípio do prazer. Esse instinto seria, portanto, um impulso de aniquilação do ego.

A recepção das ideias de Spielrein por Freud

Spielrein expôs uma parte do artigo *Destruição como causa do devir* na conferência *Sobre a transformação*, proferida na Sociedade Psicanalítica de Viena, em 29 de novembro de 1911. Nesta conferência, a sua hipótese de um instinto de morte foi, pela primeira vez, apresentada publicamente. Freud estava presente na conferência e criticou o uso que Spielrein fez da mitologia, dizendo que apenas material mitológico original deveria ser usado e não seus derivados. Além disso, segundo ele, a psicanálise é que deveria elucidar a mitologia e não o inverso.[24]

Freud comenta a palestra de Spielrein em carta a Jung de 30 de novembro de 1911. Ele afirma: "O que mais me incomoda é que Spielrein quer subordinar o material psicológico a considerações biológicas; tal dependência não é mais aceitável do que uma dependência da filosofia, da

24 NUNBERG; FEDERN, 1963.

fisiologia ou da anatomia cerebral."[25] Jung responde que realmente Spielrein opera demasiadamente com a biologia e esclarece que essa é uma peculiaridade dela. Jung diz acreditar que a psicanálise deve operar dentro de seus limites, mas considera positivo "fazer incursões ocasionais em outros territórios e olhar o nosso objeto através de um par de óculos diferente."[26]

Jung pergunta a Freud, em carta de 10 de março de 1912, se ele já leu a versão preparada para publicação do artigo *A destruição como causa do devir*. Freud lhe responde que conhece apenas o capítulo lido por Spielrein na Sociedade Psicanalítica de Viena e comenta: "Ela é muito brilhante; tudo o que diz tem significado; o seu impulso destrutivo não é muito do meu gosto porque creio ser pessoalmente condicionado."[27] Jung responde, em carta de primeiro de abril de 1912, que Spielrein falha em sua abordagem da mitologia e que, além disso, "o ensaio está sobrecarregado de seus próprios complexos".[28] Dessa forma, os dos dois psicanalistas parecem considerar que o impulso destrutivo proposto por Spielrein tem a ver com sua própria psicologia, com seus próprios complexos, não podendo ser considerado uma característica universal do funcionamento mental.

25 McGUIRE, 1993, p. 476.

26 McGUIRE, 1993, p. 477.

27 McGUIRE, 1993, p. 499.

28 McGUIRE, 1993, p. 503. Uma semana antes, em carta de 25 de março de 1912, Jung havia dito para Sabina que seu artigo sobre a destruição era extraordinariamente inteligente e continha ideias excepcionais.

Em 1920, Freud publica o texto *Além do princípio do prazer*. Nesses oito anos que se passaram, ele parece ter repensado duas de suas objeções a Spielrein mencionadas acima: a busca de apoio na biologia para a teoria das pulsões e a crença de que não é possível universalizar a hipótese de um instinto de morte. Em seu texto de 1920, Freud vai propor a hipótese da pulsão de morte como constitutiva do psiquismo e vai apoiá-la, sobretudo, na biologia. No entanto, a referência ao pensamento de Spielrein é parcimoniosa. No sexto capítulo do texto, ao comentar a hipótese de que o masoquismo pode ser primário em relação ao sadismo, ele insere uma nota dizendo: "Uma porção considerável dessas especulações foi antecipada por Sabina Spielrein (1912) em um artigo instrutivo e interessante, que, contudo, infelizmente não é inteiramente claro a mim. Ela descreve aí os componentes sádicos do instinto sexual como "destrutivos".[29]

Em seu texto "Mal-estar na civilização"[30], Freud diz lembrar-se de sua própria atitude defensiva quando a ideia de um instinto destrutivo apareceu pela primeira vez na literatura psicanalítica e quanto tempo demorou a que ele se tornasse receptivo a ela. Katan[31] aponta que essas considerações de Freud claramente se referem à publicação de Spielrein.

Além do conceito de pulsão de morte, como se sabe, Freud introduz em 1920 a hipótese de que nem todo fun-

---

29 FREUD, 1920/1998, p. 55, nota 1.

30 FREUD, 1930/1998.

31 KATAN, 1966.

cionamento mental é regido pelo princípio do prazer. Em seu texto de 1912, como vimos, Spielrein já havia apontado esse fato. No entanto, há diferenças consideráveis entre as concepções dos dois autores, as quais comentaremos no que se segue.

As diferenças entre as concepções dos dois autores

Como vimos, em *A destruição como causa do devir*, Sabina Spielrein defende que existe um instinto de morte "no" instinto sexual. Em *Além do princípio do prazer* Freud sustenta que a pulsão sexual pertence à classe das pulsões de vida, às quais se oporia outro grupo de pulsões opostas que trabalhariam a serviço da morte do organismo. Assim, Freud não aceita a existência de uma pulsão de morte interna a pulsão sexual, embora reconheça a relação íntima entre sexualidade e destrutividade manifesta, sobretudo, nos fenômenos do sadismo e do masoquismo.[32]

No sexto capítulo de *Além do princípio do prazer*, Freud comenta que, desde os *Três ensaios para uma teoria da sexualidade* (1905), foi reconhecida a existência de um componente sádico na pulsão sexual. Tal componente poderia se tornar autônomo e governar, na qualidade de perversão, a aspiração sexual inteira da pessoa, além de se destacar, como pulsão parcial dominante, em uma das organizações pré-genitais. Ele se pergunta se seria possível derivar a pulsão sádica de Eros, conservador da vida, e responde que não.

32 CAROPRESO, 2017a.

Após a introdução do conceito de pulsão de morte, em seu texto de 1920, Freud passa a considerar o masoquismo como primário em relação ao sadismo, pois, em um estado inicial, a pulsão de morte, ligada pela libido e unida a ela, permaneceria voltada para o indivíduo. O sadismo passa, então, a ser pensado como decorrente do afastamento da pulsão de morte do ego – devido à influência da libido narcisista –, a qual, posteriormente, entraria a serviço da função sexual. No estado da organização oral da libido, o apoderamento amoroso coincidiria com a aniquilação do objeto. Mais tarde, a pulsão sádica se separaria e, enfim, no estágio da primazia genital, para a finalidade da procriação, assumiria a função de subjugar o objeto até o ponto exigido para a realização do ato sexual.

Assim, o que Freud explica a partir da vinculação entre a pulsão de morte e a pulsão sexual – as quais corresponderiam a duas classes de pulsões independentes e opostas –, Spielrein explica a partir de uma intensificação do componente destrutivo do próprio instinto sexual. Como aponta Kerr,[33] para Spielrein, a sexualidade seria inerentemente ambivalente e a morte estaria contida em sua dialética. Já, para Freud, a tendência para a morte seria manifestação primária de um instinto de morte independente da libido.

A aceitação da hipótese de um instinto de morte "no" instinto sexual representaria, para Freud, abandonar a sua concepção dualista, uma vez que a diferenciação entre pulsões sexuais e pulsões de autoconservação já havia se reve-

---

33 KERR, 1988.

lado insustentável. Como se sabe, é, sobretudo, a partir da pulsão sexual que ele tenta defender a existência da classe das pulsões de vida em oposição às pulsões de morte.[34]

Em *Além do princípio do prazer*, após introduzir o conceito de pulsão de morte, Freud argumenta que esta última é plenamente compatível com a atividade das pulsões de autoconservação. No entanto, adiante, no sexto capítulo do texto, ele reconhece que as pulsões de autoconservação têm que ser incluídas na classe das pulsões de vida, pois há tempo o fenômeno do narcisismo havia revelado a natureza libidinal de ao menos parte das pulsões egoicas. Assim, as pulsões de vida abarcariam as pulsões sexuais e as pulsões de autoconservação, às quais se oporiam as pulsões de morte. No entanto, é a atividade da pulsão sexual que parece se opor de forma mais evidente à atividade da pulsão de morte, uma vez que a afinidade da pulsão de autoconservação com esta última classe de pulsões é reconhecida pelo próprio Freud. Assim, se Freud reconhecesse um componente destrutivo inerente à pulsão sexual, a defesa da oposição entre as duas classes de pulsões perderia sua base principal de apoio e conduziria sua teoria na direção de um monismo pulsional. Spielrein, como vimos, continua pressupondo um dualismo, pois mantém a oposição entre pulsões de autoconservação e de conservação da espécie – defendida ainda por Freud no momento da redação do seu texto – inserindo o instinto de morte no interior deste último. Podemos questionar, contudo, se Freud conseguiu sustentar de forma coerente sua hipótese da existência das duas classes

34 CAROPRESO, 2020.

se pulsões (Eros e pulsão de morte). Caropreso & Simanke[35] e Caropreso[36] analisam os impasses na argumentação freudiana a esse respeito e apontam a fragilidade do segundo dualismo pulsional.

Outro ponto importante de distinção entre os dois autores é que justamente por supor um instinto de morte no instinto sexual, Sabina considera o impulso destrutivo indissociável de um impulso reprodutivo, os quais se expressariam na tendência à dissolução e assimilação. Assim, para ela, a destruição impulsionada pelo instinto de morte seria indissociável da criação de algo. Podemos dizer que a destruição seria condição para o surgimento do novo e o traria consigo necessariamente. Por este motivo, ela considerava que a pulsão de preservação das espécies surgiria de componentes positivos e negativos. Já, para Freud, a pulsão de morte visaria, em última instância, o retorno ao inorgânico, à aniquilação da vida, e não teria como consequência necessária, portanto, a criação.

Freud explica a preservação e o desenvolvimento da vida a partir da ação das pulsões de vida, ou seja, a partir de outra classe de pulsões independentes. Assim, a pulsão de morte, por si só, conduziria à aniquilação da vida; ela não traria algo novo como consequência da destruição; ela não seria "criativa". Neste sentido, é que podemos dizer que, para Freud, a pulsão de morte seria puramente negativa, diferentemente do que sustenta Spielrein.

---

35 CAROPRESO; SIMANKE, 2008.

36 CAROPRESO, 2020.

Além de propor que a destruição é indissociável da criação, para Spielrein, o instinto de morte visaria à aniquilação da psique do Eu e sua submissão à psique da espécie. Não se trataria, portanto, da destruição da vida como um todo, mas da destruição do Eu. Este é outro ponto importante que distancia os conceitos dos dois autores. A diferenciação entre psique do Eu e da espécie e a suposição de que a primeira buscaria sobrepor-se a segunda não encontra paralelo na teoria freudiana.

Podemos dizer, portanto, que há diferenças fundamentais entre o instinto de morte, de Spielrein, e a pulsão de morte freudiana. No entanto, outras hipóteses formuladas por ela em seu texto de 1912 se assemelham e parecem, em certo sentido, antecipar ideias apresentadas por Freud em *Além do princípio do prazer* e nos anos seguintes, embora também nesses casos haja diferenças significativas entre os dois autores. A mais importante delas parece ser a hipótese de que nem todo funcionamento psíquico obedece ao princípio do prazer; de que haveria uma atividade psíquica mais fundamental, que não trabalharia no sentido da busca do prazer e da evitação do desprazer.[37]

Spielrein enfatiza que, principalmente, o fato de haver um regozijo na dor que prejudica o ego coloca a necessidade da suposição de que nem toda atividade mental obedece ao princípio do prazer – tal como pensado por Freud na época – e que este último princípio diz respeito apenas ao ego consciente e inconsciente. Com isso, ela parece antecipar a hipótese, introduzida na teoria freudiana em 1920,

37 CAROPRESO, 2017a.

de que haveria um funcionamento psíquico primordial, que antecederia aquele regido pelo princípio do prazer.

Tanto para Freud como para Spielrein esse funcionamento primitivo teria um aspecto regressivo, embora isso não signifique o mesmo para os dois autores. Para Freud, como vimos, essa atividade psíquica consistiria em uma compulsão à repetição, que visaria retornar a um estado anterior ao surgimento da própria vida. Para Spielrein, seria a atividade da psique da espécie que estaria para além do princípio do prazer e essa trabalharia no sentido de reproduzir uma experiência do passado filogenético. Tal diferença entre as hipóteses dos dois autores está na base da diferença que apontamos anteriormente a respeito do aspecto puramente negativo do conceito freudiano de pulsão de morte, o qual não está presente no conceito de instinto de morte de Spielrein. Além disso, para Freud, a compulsão à repetição promoveria a ligação da excitação e, assim, permitiria o surgimento do funcionamento mental governado pelo princípio do prazer. Dessa maneira, a compulsão à repetição trabalharia, ao fim e ao cabo, a favor deste último princípio. Já Spielrein supõe que a atividade da psique da espécie se oporia àquela da psique do Eu, o que se manifestaria na oposição entre a tendência à dissolução e assimilação, da primeira, e a tendência à diferenciação, da segunda.

Há ainda outras hipóteses apresentadas por Spielrein que se aproximam de ideias que viriam a ser defendidas por Freud nos anos subsequentes. Com a hipótese de que uma parte da personalidade possa tomar a outra como objeto, atuando como uma espécie de censor e podendo, inclusive, regozijar-se com a sua dor, Spielrein parece estar antecipando aspectos importantes da hipótese de "superego" apresentada em *O ego e o id*.[38] Ela enfatiza também o fato de que, na neurose, há um predomínio do componente destrutivo. Na parte final de sua obra, em especial em *Análise terminável e interminável*,[39] Freud reconhece o papel desempenhado pela pulsão de morte, não apenas na predisposição à neurose, mas também nos obstáculos enfrentados pela terapia, de forma que o papel desempenhado por um impulso autodestrutivo nas neuroses é enfatizado.

Considerações finais

Podemos dizer que, com seu conceito de instinto de morte, Sabina Spielrein antecipou a hipótese de que existe "um" instinto de morte no psiquismo. No entanto, entre a sua hipótese e o conceito freudiano de pulsão de morte há diferenças fundamentais que distanciam o pensamento dos dois autores. O instinto de morte, para Spielrein, seria indissociável de um impulso reprodutivo e não visaria à aniquilação da vida; não visaria à eliminação total da estimulação, como proposto por Freud em 1920, mas apenas à destruição do ego, à transformação do *Eu* em *Nós*. A hipótese da indissociabilidade entre destruição e criação faz com que, para Spielrein, não haja uma pulsão puramente negativa, como na teoria freudiana. O mesmo pode ser dito sobre a ideia de um funcionamento psíquico mais primitivo do que aquele regido pelo princípio do prazer.

38 FREUD, 1923/1998.

39 FREUD, 1937/1998.

Spielrein parece ter vislumbrado algumas características do psiquismo que se aproximam de ideias formuladas por Freud principalmente a partir de 1920, embora existam diferenças essenciais entre as hipóteses dos dois autores. Richebächer comenta que "quando Sabina Spielrein diz, em seu trabalho sobre a destruição, que há forças impulsivas que põe em movimento nosso aparato psíquico *sem se preocupar com o bem-estar ou o sofrimento do ego*, que obtemos *diretamente prazer da desgraça e da dor*, está expressando uma ideia completamente nova."[40] Para a autora, nessa época, Freud ainda não estava pronto para se dedicar a tais considerações.

Após a publicação de seu texto sobre a destruição, Spielrein publicou muitos textos, mas nunca voltou a escrever sobre o tema do instinto de morte. Ela se correspondeu com Freud até 1923, mas aparentemente eles nunca discutiram esta hipótese.[41] Nos anos que se seguem, ela volta sua atenção para a psicologia infantil e passa a se interessar, sobretudo, para o desenvolvimento do pensamento e da linguagem.

Referências

BLEULER, E. (1910/1911). *The theory of schizophrenic negativism*. New York: The Journal of Nervous and Mental Disease Publishing Company, 1912.

BRITTON, R. *Sex, death and the superego:* experiences in psychoanalysis. London: Karnac Books, 2003.

40 RICHEBÄCHER, 2012, p. 194.

41 SKEA, 2006.

CAROPRESO F.; SIMANKE, R. T. Life and death in Freudian metapsychology: a reappraisal of the second instinctual dualism. *International Journal of Psychoanalysis*. 89, p. 977- 992, 2008.

CAROPRESO, F. The death instinct according to Sabina Spielrein. *Psicologia USP*, 27(3), p. 414-419, 2016.

CAROPRESO, F. The death instinct and the mental dimension beyond the pleasure principle in the works of Spielrein and Freud. *International Journal of Psychoanalysis*, 98, p. 1-22, 2017a.

CAROPRESO, F. O funcionamento mental e as bases ancestrais do psiquismo segundo Sabina Spielrein. *Tempo psicanalítico*, 49, p. 126-151, 2017b.

CAROPRESO, F. Estrutura conceitual e impasses teóricos em "Além do princípio do prazer". *Voluntas: Revista Internacional de Filosofia, 11*(2), p. 41-61, 2020.

CAROTENUTO, A. *A Secret Symmetry, Sabina Spielrein between Jung and Freud*. New York, NY: Pantheon Books, 1980.

COOPER-WHITE, P. The Power that Beautifies and Destroys: Sabina Spielrein and "Destruction as a Cause of Coming into Being". *Pastoral Psychology*, 64(2), p. 259-278, 2015.

FREUD, S. (1910). Sobre o sentido antitético de las palabras primitivas. In: FREUD, S. *Obras completas*, v. 11. Buenos Aires: Amorrortu Editores, 1998.

FREUD, S. (1920). Mas allá del principio de placer. In: FREUD, S. *Obras completas*, v. 18. Buenos Aires: Amorrortu Editores, 1998.

FREUD, S. (1923). El yo y el ello. In: FREUD, S. *Obras completas*, v. 19. Buenos Aires: Amorrortu Editores, 1998.

FREUD, S. (1930). El malestar en la cultura. In: FREUD, S. *Obras completas*, v. 21. Buenos Aires: Amorrortu Editores, 1998.

FREUD, S. (1937). Analysis terminable and interminable. In: FREUD, S. *Obras completas*, v. 23. Buenos Aires: Amorrortu Editores, 1998.

KATAN, M. Precursors of the concept of the death instinct. In: LOEWENSTEIN R. M., NEWMAN L.M.; SCHUR M.; SOLNIT A. J (eds.). *Psychoanalysis - A General Psychology*. New York, NY: International Universities Press, 1966, p. 86-103.

KERR, J. Beyond the pleasure principle and back again: Freud, Jung, and Sabina Spielrein. In: STEPANSKY, P.E. (ed.) *Freud Appraisals and Reappraisals*. Vol 3. Hillsdale, NJ: Analytic Press, 1988, p. 3-79.

LAUNER, J. *Sex versus Survival:* The Life and Ideas of Sabina Spielrein. London: Overlook Press, 2014.

LOTHANE, Z. Tender love and transference: unpublished letters of C. G. Jung and Sabina Spielrein. In: COVINGTON, C.; WHARTON, B. (eds). *Sabina Spielrein:* Forgotten Pioneer of Psychoanalysis. Nova York: Brunner – Routledge, 2003, p. 191-225.

McGUIRE, W. *A Correspondência completa de Sigmund Freud e Carl G. Jung*. Rio de Janeiro: Imago, 1993.

NUNBERG, H.; FEDERN, P. *Minutes of the Vienna Psychoanalytic Society – 1910-1911*. Vol 3. New York: International Universities Press, 1974.

ORELLANA, R. V.; RUIZ, A. S. B. Sabina Spielrein, la primera mujer que enriqueció la teoría psicoanalítica. *Rev Asoc Esp Neuropsiq*, 22(85), p. 107-122, 2003.

PERES, R. S. M. Sabina Spielrein: do que não se pode falar, do que não se pode saber. *Letra Freudiana,* 11(10), p. 58-62, 2012.

RICHEBÄCHER, S. *Sabina Spielrein de Freud a Jung.* Rio de Janeiro: Civilização Brasileira, 2012.

ROBERT, M. *The Psychoanalytic Revolution:* Sigmund Freud life and achievement. New York: Harcourt, Brace & World, 1966.

SKEA, B. R. Sabina Spielrein: out from the shadow of Freud and Jung. *Journal of Analytical Psychology,* 51, p. 527–552, 2006.

SPIELREIN, S. (1911). Sobre o conteúdo psicológico de um caso de esquizofrenia. In: CROMBERG, R. U. (Org.). *Sabina Spielrein:* uma pioneira da psicanálise, v. 1, São Paulo: Livros da Matriz, 2014, p. 127-216.

SPIELREIN, S. (1912). A destruição como origem do devir. In: CROMBERG, R. U. (Org.) *Sabina Spielrein:* uma pioneira da psicanálise, v. 1, São Paulo: Livros da Matriz, 2014, p. 227-277.

VAN WANING, A. The Works of Pioneering Psychoanalyst Sabina Spielrein “Destruction as a Cause of Coming into Being”. *International Review of Psycho-Analysis,*19, p. 399-414, 1992.

WITT, S. K. Introduction to Sabina Spielrein’s “Destruction as Cause of Becoming”. *Psychoanalysis and Contemporary Thought,* 18, p. 75-83, 1995.

Além do princípio do prazer: da compulsão a repetir a vivência de dor àquilo que não se repete, que sobra nas compulsões à repetição

Fernanda Silveira Corrêa

> Somente a maravilhosa mistura e duplicidade dos afetos do entusiasta dionisíaco lembra – como um remédio lembra remédios letais – aquele fenômeno segundo o qual os sofrimentos despertam o prazer.[1]

Introdução

Em *Além do Princípio do Prazer,* Freud fornece os fundamentos para um raciocínio que foi sendo gestado desde *Totem e tabu* e que remete à repetição das vivências de dor e de sofrimento. Nos termos do *Projeto de uma psicologia*, trata-se de um questionamento sobre os destinos das vivências de dor (as facilitações constituídas nas vivências de dor) e das relações com o objeto hostil (as facilitações constituídas ao redor da representação do objeto causador de dor).

A primeira suposição metapsicológica de Freud (do *Projeto de uma psicologia*) baseou-se, grosso modo, em um aparelho psíquico que repetia as situações de prazer e se afastava das vivências de dor. Concomitantemente, no entanto, a ideia de conflito psíquico, encontrado inclusive na clínica, conflito entre a moralidade e a sexualidade ou

1 NIETZSCHE, 1992, p. 34

entre a vontade e contra vontade, o conduziu à suposição de que a defesa, quer dizer, a tendência ao afastamento (a repressão) exercia-se sobre vivências de satisfação. Primeiro a ideia de desejos infantis reprimidos, depois o conceito de barreiras psíquicas que se opunham e transformavam a sexualidade infantil (perversa e polimorfa) e, por fim, a ideia de que o que é prazer para um sistema é desprazer para outro deram acabamento à concepção de que o repúdio, a repressão, incidia sobre as vivências de prazer.

Por outro lado, posteriormente, na teoria, as reflexões de Freud sobre o objeto hostil, geralmente representado pela figura do pai, aos poucos conduziram à ideia de uma atração, uma compulsão pelas vivências de dor: o desejo do menino de ser castrado para copular com o pai (Schreber e o Homem dos Lobos), a obediência adiada ao pai da horda primitiva, a culpa por seu assassinato, a dor e a hipocondria como protótipos do narcisismo, que toma si mesmo como objeto, a volta do ódio, anteriormente dirigido ao objeto, contra si mesmo, na melancolia, apontavam a um desejo pelo objeto que causava dor e, com isso, a uma compulsão (uma tendência) a repetir vivências de dor. A pulsão de morte, por sua vez, deu um estatuto metapsicológico a esse desejo, a essa compulsão.

Neste texto percorreremos esse segundo movimento do pensamento freudiano, da compulsão à repetição da vivência de dor. Passaremos pela ideia da obediência adiada ao pai, em *Totem e tabu*, pelo retorno do ódio contra si mesmo em *Luto e melancolia*, pela constituição da psicologia dos filhos na horda primitiva, em *Visão geral das neuroses de transferência*,[2] para então fazer uma leitura de *Além do princípio do prazer* e compreender não só a compulsão à repetição (da dor) como também o que sobra da compulsão à repetição, tanto da repetição da dor como da do prazer, o que, no psíquico, está além da compulsão à repetição.

A obediência adiada em *Totem e tabu*

Em *Totem e tabu*, a organização social e a cultura, constituídas após o parricídio, tiveram dois fundamentos: um prático, a necessidade de manter o pacto social entre os irmãos, e outro emocional, a obediência adiada ao pai, baseada no sentimento de culpa. Após assassinarem e devorarem o pai, os irmãos instituíram leis para si mesmos, similares as anteriormente instituídas pelo pai: as proibições do incesto e de ocupar o lugar do pai. Do ponto de vista prático, se auto proibiram o acesso às mulheres (incesto), deixando de ser rivais entre si; se auto proibiram de ocupar o lugar do pai, abdicando o uso da força e transformando a lei do mais forte nas leis sociais. Assim, na sociedade, cada indivíduo tem de reprimir seus desejos incestuosos e homicidas, submetendo-se às regras sociais. Essa submissão, por sua vez, tem um complemento sexual: o amor homossexual entre os irmãos, isto é, a identificação com os irmãos que também sofriam a perse-

2 Traduzido pela Imago em 1987 com o nome de *Neuroses de transferência: uma síntese*.

guição paterna, sentimentos fraternos e sociais que garantiram a repressão.[3]

A razão prática, baseada nas satisfações homossexuais, explica a repressão dos impulsos proibidos e a intensificação dos impulsos opostos aos proibidos; o pacto social explica o complexo de Édipo e, retroativamente, a ambivalência emocional analisada por Freud nos primeiros dois ensaios de *Totem e tabu*: por trás do horror ao incesto, há um desejo incestuoso inconsciente, o desejo incestuoso por sua vez intensifica o horror ao incesto; por trás dos cuidados com determinados objetos (mortos, autoridades, inimigos) há o desejo que eles morram, seja o desejo já realizado (no caso do morto) ou a se realizar (no caso da autoridade e do inimigo), os desejos inconscientes de morte contra os objetos hostis se transformam em intensa preocupação e cuidado com eles.

Devemos notar, no entanto, que essa interpretação retroativa dos dois primeiros ensaios, a partir da hipótese levantada no quarto ensaio, não dá conta inteiramente da ambivalência em relação ao objeto hostil, não dá conta da relação com os inimigos, objetos hostis propriamente ditos. Apesar de Freud analisar em primeiro lugar a ambivalência para com os inimigos, aparentemente a iguala à relação com os soberanos e com os mortos, nos quais a hostilidade é reprimida e inconsciente: assim, por trás da

3 "Assim, os irmãos não tiveram alternativa, querendo viver juntos, senão [...] instituir a proibição do incesto [...]. Assim salvaram a organização, que os havia fortalecido e que pode ter se baseado nos sentimentos e atividades homossexuais que teriam surgido entre eles no tempo de expulsão." (FREUD, 2012, p. 220).

veneração e divinização dos soberanos há forte corrente hostil;[4] em oposição à dor consciente do luto, há a satisfação inconsciente com a morte.[5] Em relação aos inimigos, no entanto, por trás dos desejos conscientes de que morram, descobre-se um excessivo cuidado, "expressões de arrependimento, de apreciação do inimigo, de má-consciência por ter-lhe tirado a vida",[6] esses sim inconscientes. A surpresa da relação afetuosa com os inimigos (arrependimento, admiração) poderá, no entanto, ser compreendida, não pela razão prática do pacto social, mas por motivos emocionais: a culpa pelo assassinato do pai e a consequente obediência adiada ao mesmo. Esses motivos não se opõem às razões práticas. Obedecer posteriormente ao pai não atrapalha o pacto social, o ajuda, pois auxilia a submissão à regra, mas revela algo além da exigência do pacto social, algo mais primário que ele, uma exigência de submissão que se satisfaz também no pacto.

O motivo emocional é a consciência de culpa em relação ao crime praticado e a consequente obediência adiada

4 FREUD, 2012, p. 86.

5 FREUD, 2012, p. 104.

6 FREUD, 2012, p. 70. "Se tendemos a atribuir aos povos selvagens e semisselvagens uma crueldade desinibida e implacável ante os inimigos, ficaremos surpresos em saber que entre eles o homicídio obriga a observância de uma série de prescrições, incluídas entre as práticas do tabu" (FREUD, 2012, p. 67) e "O que concluímos de todos esses preceitos é que não apenas impulsos hostis são manifestos na atitude para com os inimigos. Neles também enxergamos expressões de arrependimento, de apreciação [*Wertschätzung*] do inimigo, de má consciência por ter-lhe tirado a vida." (FREUD, 2012, p. 70).

às leis do pai assassinado. Assim, os irmãos não reprimiram seus desejos apenas porque isso era necessário para viver em sociedade, por razões práticas, mas porque se sentiram culpados do crime que cometeram e como uma espécie de punição por algo errado que cometeram se autoproibiram a satisfação de seus desejos, como o pai vivo anteriormente os havia proibido. Mas qual é a origem dessa culpa? Se o parricídio dá origem à organização social e à cultura e, portanto, também às regras jurídicas, como qualificá-lo como uma ação criminosa? a partir de que regra, de que valor? No estado em que impera a lei do mais forte, o inimigo, que causa dor e impede a satisfação, deve ser eliminado, afastado. Se o crime, para Freud, é o pilar da organização social, seria importante compreender como essa ação foi valorizada como criminosa. Ao justificar o sentimento de culpa pelo parricídio Freud parece desenvolver um raciocínio circular: se o sentimento de culpa explica a ambivalência (uma vez, que exige a repressão), a ambivalência, por sua vez, explica o sentimento de culpa.

Assim, se, por um lado, "criaram, a partir da consciência de culpa do filho, os dois tabus fundamentais do totemismo, que justamente por isso tinham de concordar com os dois desejos reprimidos do complexo de Édipo",[7] quer dizer, se a partir do sentimento de culpa se estabeleceu a repressão e, portanto, a ambivalência emocional, por outro lado, o próprio sentimento de culpa foi justificado pela ambivalência para com o pai assassinado:

7 FREUD, 2012, p. 219

> O bando de irmãos rebeldes era dominado, em relação ao pai, pelos mesmos sentimentos contraditórios que podemos discernir no conteúdo do complexo paterno de nossas crianças e nossos neuróticos. Eles odiavam o pai, que constituía forte obstáculo a sua necessidade de poder e suas reivindicações sexuais, mas também o amavam e admiravam.[8]

Por causa dessa ambivalência original, existente no "estado de natureza", o parricídio foi visto como um crime e os filhos se arrependeram do ato homicida:

> Depois que o eliminaram, satisfizeram seu ódio e concretizaram o desejo de identificação com ele [por meio da devoração], os impulsos afetuosos até então subjugados tinham de impor-se. Isso ocorreu em forma de arrependimento, surgiu uma consciência de culpa, que aí equivale ao arrependimento sentido em comum.[9]

Assim, porque o ódio foi satisfeito,[10] o amor se impôs na forma de arrependimento, de culpa, de obediência adiada. Mas Freud também em *Totem e tabu* alude a outra hipótese, baseada na ambivalência, cuja dinâmica do processo é oposta. Freud escreve em nota:

---

8 FREUD, 2012, p. 218.

9 FREUD, 2012, p. 218/9.

10 Nota-se que aqui Freud considera a identificação com o pai como satisfação do ódio (consideração que será modificada em *Luto e* melancolia, como veremos adiante).

> o ato não podia dar plena satisfação a nenhum dos que o realizaram. [...] Nenhum dos filhos pôde concretizar seu desejo original de tomar o posto do pai. E o fracasso, como sabemos, é muito mais propício à reação moral do que a satisfação.[11]

Neste caso foi a falta de satisfação do ódio que determinou a intensificação do amor (do arrependimento, da culpa e da obediência adiada). Portanto, as justificativas de Freud sobre a culpa dos assassinos são opostas: ora é fruto da realização do ódio contra o inimigo, ora da não realização deste ódio. Em ambos os casos, no entanto, a culpa teria o papel de intensificar os laços comuns, o amor fraterno, ela seria uma expressão do ato realizado conjuntamente que reafirma os laços amorosos entre os irmãos e é essa conclusão que importa a Freud em *Totem e tabu*.

Podemos levantar algumas questões que ficam pendentes em *Totem e tabu*: 1º) Qual a diferença entre a ambivalência emocional que os filhos sentem pelo pai/inimigo (ódio e admiração) e a ambivalência presente na organização social (desejo incestuoso e horror ao incesto; ódio à autoridade/morto e excesso de preocupação/luto pelo mesmo), na qual um polo é reprimido e o outro polo se torna consciente e intensificado? 2º) O ódio, no parricídio, afinal, foi satisfeito ou não? e 3º) Qual a relação dos sentimentos pelos iguais (sentimentos homossexuais) com o ódio pelo pai?

Em *Introdução ao Narcisismo*, Freud destrincha a consciência moral que avalia o Eu (que em última ins-

---

11 FREUD, 2012, p. 218.

tância avalia se o Eu agiu de forma criminosa ou não). A disposição narcisista, que faz com que o Eu se coloque no lugar de objeto de amor de si mesmo, no adulto se torna Ideal do Eu, um ideal constituído pelos ideais sociais (da coletividade) e que recebe a libido homossexual. A consciência moral compara o Ideal do Eu com o Eu real e reprime o segundo (essa comparação pode conduzir, em casos mais favoráveis, à sublimação, mas, se não, conduz à repressão, que pode ter sucesso ou não quando, no sintoma, há o retorno do reprimido). Assim como os irmãos, pós-parricídio, se auto proibiram o incesto em nome da fraternidade, a consciência moral condena, por meio da repressão, o Eu real, que busca satisfação, em nome do Ideal do Eu constituído pelos ideais coletivos. Nesse texto ganha força a ideia de que o sentimento de culpa decorre da avaliação provinda dos sentimentos fraternos, homossexuais, que exigem a repressão das pulsões incestuosas e homicidas (a razão prática da repressão em *Totem e tabu*).

O retorno do ódio contra si mesmo em *Luto e melancolia*

Em *Luto e melancolia* Freud destrincha, a partir da análise da melancolia, o mecanismo da culpa, do automartírio e das autoacusações. Mais uma vez, na obra freudiana, o patológico esclarece os mecanismos normais. A melancolia é analisada a partir de sua relação com o processo do luto. O mesmo trabalho que no luto é feito com o objeto externo, na melancolia é feito com parte do Eu. Como no luto, em que o objeto perdido tem de ser abandonado, na melancolia uma parte do Eu tem de abandonar outra parte. Na melancolia tem de ocorrer um processo similar ao processo da fraternidade culpada ou da consciência moral guiada pelo Ideal do Eu que tem de afastar, abandonar uma parte do próprio Eu. A relação da melancolia com o luto se estabelece, no entanto, não só por sua estrutura similar (necessidade de abandono de um objeto: externo ou parte do Eu), mas por uma continuidade: a melancolia se inicia com o luto, com a perda de um objeto que ocasiona a identificação com esse objeto perdido, sendo considerada a identificação a forma mais comum de aceitação da perda do objeto externo (de elaboração do luto), forma que coincide com a fase anterior à melancolia, com a mania. Assim, o início da melancolia é a identificação com o objeto amado, que se caracteriza como mania. Uma vez identificado com o objeto externo amado, o Eu dirige o ódio, antes dirigido para esse objeto (portanto amado e odiado), para essa identificação, para esse objeto internalizado, portanto, para si mesmo. A consciência moral condena não propriamente o Eu real (como em *Introdução ao narcisismo*), mas a parte do Eu que se identifica com o objeto. O amor pelo objeto se converte em identificação (engrandecimento do Eu com as qualidades do objeto) e o ódio em condenação de si mesmo. Cria-se no Eu um objeto similar ao objeto externo e ao mesmo tempo odeia-se este objeto. Portanto, o processo de constituição do sentimento de culpa, visualizado com a lente de aumento da melancolia, corresponde àquilo que sobra do processo de elaboração do luto de um objeto amado, àquilo que sobra da identificação com o objeto. A ambivalência com o objeto é introjetada, em vez de acusar o objeto, então, acusa-se a si mesmo, ou melhor, acusa a parte do Eu que se identifica com esse objeto. Culpa, agora, não é mais arrependimento por um ato, mas o ódio de parte do Eu (da consciência moral) contra outra parte do próprio Eu. O Eu, por sua vez, aceita tal ódio, pois ele é fruto da identificação com um objeto amado.

Se projetamos esse mecanismo da culpa à constituição da organização social (de *Totem e tabu)*, a culpa se desloca do crime para a devoração e identificação com o pai. É porque os filhos se identificam com o pai (quem satisfaz todos seus impulsos) que passam a odiar a si mesmos. Sentem culpa não porque mataram o pai, mas porque se identificaram com ele e se odeiam como antes odiavam o pai. A culpa agora é expressão do ódio pelo pai voltada contra si mesmo e não, como em *Totem e tabu,* expressão do amor por ele. Mas a culpa, expressão do ódio, em *Luto e melancolia,* é precedida por uma manifestação de amor, pela identificação com o objeto. Devemos notar que, se, em *Totem e tabu,* a identificação com o pai (ocorrido na sua devoração) era manifestação do ódio, em *Luto e melancolia,* ela é expressão de amor. Freud, em *Pulsões e seus destinos,* já havia considerado a devoração do outro uma forma de identificação e expressão do amor, amor compatível com a destruição do objeto, com o ódio:

> Estágios preliminares do amor se revelam como metas sexuais provisórias [...]. Como primeiro desses estágios reconhecemos o incorporar em si ou devorar, um tipo de amor compatível com a supressão da existência separada do objeto, e que portanto pode ser designado como ambivalente. No estágio

> mais elevado da organização pré-genital sádico-anal aparece a aspiração pelo objeto, sob a forma de uma pressão para o apoderamento, a qual é indiferente se o objeto é danificado ou aniquilado. Essa forma e fase preliminar do amor mal se distingue do ódio, em seu comportamento para com o objeto.[12]

Vemos então duas alterações importantes em relação à identificação/incorporação e a culpa em *Totem e tabu* e em *Luto e melancolia*. Enquanto em *Totem e tabu,* a identificação/incorporação era expressão do ódio e a culpa do amor, em *Luto e melancolia* a identificação/incorporação é manifestação do amor e a culpa manifestação do ódio, com sua direção modificada. Qual a importância dessas alterações? o fato de Freud incorporar, em sua teoria social, a interpretação de Nietzsche sobre a culpa: o retorno do ódio contra si mesmo, incorporação que acarretou, também, alterações nas suas concepções da massa dos irmãos (culpados) e da psicologia do pai da horda primitiva, anterior ao estabelecimento da culpa.

Reinterpretação do parricídio e da culpa em *Visão geral das neuroses de transferência*

Esses desdobramentos aparecem em seu manuscrito *Visão geral das neuroses de transferência.* Nesse manuscrito Freud propõe dois tipos de psicologias: a psicologia do pai primitivo e a psicologia dos filhos. A psicologia do pai primitivo corresponde à constituição da pulsão sexual como ela é concebida no humano: afastada da função bio-

12 FREUD, 2010c, p. 79.

lógica e passível de ser transformada em angústia (primeira fase), perversa e polimorfa, fragmentada em diversas zonas erógenas e satisfeita na fantasia (segunda fase) e capaz de sublimação e transformação do mundo externo de acordo com os objetos desiderativos, constituídos pela sexualidade perversa e polimorfa (terceira fase). Nessa psicologia, a identificação é expressão do amor, de um amor que, como o amor original da criança, não se diferencia do ódio, não se diferencia da destruição e da incorporação dos objetos externos. Essa parece ser a relação do pai primitivo com o mundo, uma relação mágica. Tudo ele quer incorporar e o faz pela imitação, pelo domínio. Incorporar tanto significa amar, quanto dominar e até destruir o objeto que resiste à incorporação, à dominação. Como Freud afirma em *Psicologia das massas e análise do eu*, a psicologia do pai é a do além do homem nietzschiano que, segundo Freud, não está no futuro, como Nietzsche afirma, mas no passado. Podemos identificá-lo com os primeiros conquistadores, supostos pelo próprio Nietzsche, em *Genealogia da moral:* nobres, fortes que, diferente dos fracos, não levam seus inimigos a sério.

> Mesmo o ressentimento do homem nobre [...] se consome e se exaure numa reação imediata, por isso não envenena: por outro lado, nem sequer aparece, em inúmeros casos que é inevitável nos impotentes e fracos. Não conseguir levar a sério por muito tempo seus inimigos, suas desventuras, seus malfeitos inclusive – eis o indício de naturezas fortes e plenas, em que há um excesso de força plástica, modeladora, regeneradora, propiciadora do esquecimento [...] Um tal homem sacode de si, com um movimen-

> to, muitos vermes que em outros se enterrariam; apenas nesse caso é possível [...] o autêntico 'amor aos inimigos'. Quanta reverência aos inimigos não tem um homem nobre! [..] Ele reclama para si seu inimigo como uma distinção, ele não suporta inimigo que não aquele no qual nada existe a desprezar, e muito a venerar![13]

Ódio e admiração ao que resiste, desejo de incorporação, apoderamento, estes são os sentimentos do pai primitivo. Sua psicologia remete à magia, ao animismo, à onipotência do pensamento, que analisaremos adiante.

A ideia de identificação por meio da incorporação parece também corresponder à identificação dos filhos com o pai primevo, que o devoraram, depois do parricídio, como foi descrito em *Totem e tabu*. Os filhos satisfazem seu ódio adquirindo a força do pai. Mas esse não parece ser o único ódio que determina o parricídio pois há um ódio que não se satisfaz na devoração do pai, ao contrário, que se intensifica, transformando-se em culpa, um ódio contra si mesmo. A psicologia dos filhos corresponde à constituição dos sentimentos sociais. Ela tem também três fases:

13 NIETZSCHE, 1998, p. 31. Isso não quer dizer que o pai primitivo não seja violento, ele o é e, devido a sua força, mais violento do que cada um dos filhos separado. No entanto, podemos supor, ele não se envenena com seu ódio. Ele não se envenena com o ódio justamente porque o satisfaz numa ação agressiva, sacode de si o ódio com um movimento, como sacode de si um verme. O envenenamento pelo ódio implica em uma intensificação do ódio e não em sua descarga e satisfação. Ele é constituído na psicologia dos filhos e condição para o surgimento da sociedade, dos valores coletivos, da volta do ódio contra si mesmo, do sentimento de culpa.

na primeira, os filhos, que viviam na horda primitiva e foram castrados pelo pai, desenvolveram o autoerotismo (correspondente à hipocondria), quer dizer, sexualizaram a ferida da castração; na segunda fase, os irmãos fugiram da horda e desenvolveram o amor homossexual entre eles, o que chamarei de amor pelos iguais, e na terceira fase, os filhos mataram o pai, o devoraram, se identificaram com ele e, como em *Luto e melancolia*, voltaram seu ódio contra si mesmos, desenvolvendo o sentimento de culpa, e portanto, a obediência adiada.

Aqui são resolvidas as questões que consideramos pendentes em *Totem e tabu*. Devemos diferenciar dois tipos de ambivalência: uma anterior e outra posterior ao parricídio; ou melhor uma relacionada com a psicologia do pai primitivo e outra relacionada com a psicologia dos filhos. Na psicologia do pai, há ambivalência entre amor e ódio, porque eles mal se diferenciam: a relação de amor pode culminar na devoração do objeto, assim como a satisfação do ódio, em um ato violento (como se sacudisse um verme), pode culminar na admiração àquilo que resiste, sendo que ambos, tanto a satisfação do ódio como a resistência do objeto, fortalecem o sujeito. Na psicologia dos filhos, ao contrário, há uma oposição entre amor e ódio, por isso um tem de ser consciente enquanto o outro se torna inconsciente. O mesmo objeto não pode ser conscientemente amado e odiado. Se ama um tipo de objeto e se odeia outro tipo. Os irmãos, que fugiram da horda, dirigiram seu amor aos iguais e o ódio ao diferente. Os irmão inventaram um novo tipo de amor, o amor pelo igual e não pelo diferente admirado (como é o amor do pai primevo, o amor dos fortes pelos outros fortes), e um novo tipo de ódio, ressentido, constantemente incrementado, que não busca sua satisfação por meio de uma ação violenta (não busca romper a resistência do objeto que impede a satisfação, incorporá-lo aumentando a própria força), mas que tem de se manter constantemente insatisfeito a fim de manter a identidade com os irmãos igualmente insatisfeitos e fracos. Trata-se, portanto, de um ódio desvinculado da ação que o satisfaz (de uma ação agressiva que o sacode como a um verme). Amor e ódio deixam de ser modalidades de relação com objetos – ora fortalecendo-se devido a resistência do objeto, ora rompendo a resistência – e se tornam, o amor, um sentimento de identificação e cuidado com os igualmente insatisfeitos, cuja condição é a manutenção da insatisfação, e, o ódio, um sentimento intensificado imaginariamente para com o objeto hostil, desvinculado da ação (violenta) e por isso ressentido e não propriamente reativo. O amor pelo igual e o ódio pelo diferente, ambos desvinculados da satisfação, intensificam um ao outro, quanto mais ódio ao diferente mais amor pelo igual, e vice-versa. Por isso a importância do sentimento de perseguição do pai, mesmo fora da horda, pois ele fortalece os sentimentos fraternos.[14]

O incremento do ódio pelo forte faz também com que o ódio pelo igual se torne reprimido, inconsciente, e o amor

14 Assim como, na segunda fase da história filogenética (referente à psicologia do pai), a sexualidade desvinculou-se da ação, e sua satisfação tornou-se imaginária, alucinada, na quinta fase (segunda fase da psicologia dos filhos) o ódio se desvinculou da ação e passou a ser intensificado pela imaginação.

se intensifique. Os irmãos, na filogênese, inventaram um amor que exigia a repressão do ódio recíproco entre eles, da inveja recíproca, amor que, na ontogênese, tem de ser reinventado nos grupos (na massa). Assim Freud descreve a origem dos sentimentos fraternos na *Psicologia das massas e análise do eu:*

> Por muito tempo, então, nada se percebe de um instinto gregário [instinto de rebanho – *Herdeninstinkt*] ou sentimento de massa, na criança. Isso se forma apenas em casas com mais de uma criança, a partir da relação delas com os pais, como reação à inveja inicial com que a criança mais velha recebe a menor. [...] devido à impossibilidade de manter sua atitude hostil sem prejudicar-se, é obrigada a identificar-se com as outras crianças, e assim se forma no bando de crianças um sentimento de massa ou de comunidade, que depois continua a desenvolver-se na escola. A primeira exigência dessa formação reativa é aquela por justiça, tratamento igual para todos. [...] Quando não se pode ser o favorito, então, nenhum dos outros deve ser favorecido.[15]

A condição dos sentimentos fraternos, por sua vez, é que todos renunciem a satisfação, quer dizer, que todos permaneçam insatisfeitos:

> O que depois aparece na sociedade, como espírito comunitário, *esprit des corps*, não desmente sua procedência da inveja original. Ninguém deve querer sobressair, cada qual deve ser e ter o mesmo. Justiça social quer dizer que o indivíduo nega a si mesmo

15 FREUD, 2011a, p. 81.

> muitas coisas, para que também os outros tenham de renunciar a elas ou, o que é o mesmo, não possam pretendê-las. Tal exigência de igualdade é a raiz da consciência social e do sentimento do dever.[16]

O ódio pelo diferente pode ser incrementado imaginariamente por um perseguidor externo ao grupo, na ontogênese, outro time de futebol, outra nacionalidade, outra etnia, outra orientação sexual. O incremento do ódio imaginário faz o sentimento social intensificar-se pois mantem a insatisfação que é a base da identificação amorosa com os iguais. A insatisfação, a incapacidade de satisfazer-se, a fraqueza, em termos de Nietzsche, ganha cidadania, lugar privilegiado no funcionamento psíquico. Não mais se deseja eliminá-la, por meio da violência ao que lhe provoca, nem mais admira-se os satisfeitos: se admira os insatisfeitos e se luta contra os imaginariamente satisfeitos. Assim o amor entre os torcedores do mesmo time de futebol intensifica-se com o ódio aos torcedores de outro time; o amor entre os concidadãos intensifica-se pelo ódio pelos cidadãos vizinhos; o orgulho pela própria etnia, pelo ódio e desprezo pela outra etnia, o amor pelos iguais fortalece-se com todo tipo de preconceito e discriminação dirigidos ao diferente, o que será nomeado por Freud, posteriormente, em *Mal estar na cultura*, de narcisismo das pequenas diferenças. Preconceito e discriminação que podem ocorrer inclusive dirigidos contra os próprios ho-

16 FREUD, 2011a, p. 82.

mossexuais, paradoxo[17] que talvez tenha levado Freud a nomear esse tipo de laço social como sentimentos de massa, de grupo, sociais e não mais como amor homossexual.

Os dois tipos de ambivalência determinaram dois tipos de ódio presentes no parricídio: um ódio nos moldes do pai primitivo, que se satisfez na ação violenta, que fortaleceu cada um dos filhos que devorou o pai assassinado e deu espaço para a admiração; e também um ódio ressentido, que não se satisfez, porque não visava à satisfação mas sim sua intensificação, um ódio que saiu vitorioso na medida em que, ao encontrar um inimigo dentro de si, fez com que a satisfação ou o desejo de satisfação se tornasse motor de sua intensificação. A força, adquirida na identificação, voltou-se agora contra a própria força, cada satisfação desejada passou a provocar mais desaprovação e mais ódio dirigido contra si próprio. Esse ódio fortaleceu a coletividade, fortaleceu o amor pelos iguais e a exigência de que ninguém se satisfizesse, de que todos se sentissem culpados, submissos e obedientes ao pai, agora engrandecido. O pai não precisou mais fazer o papel de perseguidor, perigoso, odiado; o inimigo imaginário não precisou mais estar fora, pois ele passou a estar dentro de cada um, e cada movimento do inimigo converteu-se imediatamente em ódio contra ele. A partir daí, as reprovações morais, conscientes, não só reprimem o desejo como também se fortalecem com as manifestações do desejo. Tiram sua força do próprio desejo que reprimem.

17 O paradoxo é o amor homossexual, pelos iguais, ser fortalecido pelo ódio dirigido aos homossexuais.

Mas se, do ponto de vista do Eu repressor, o retorno do ódio contra si mesmo faz sentido: é o retorno do ódio ressentido contra a identificação com o diferente, com o forte e satisfeito, retorno que Freud destrinchou em *Luto e melancolia;* do ponto de vista do Eu reprimido não basta o amor pelo objeto introjetado, pelo pai primitivo, para se aceitar o ódio ressentido da consciência moral; parece ser necessário, para Freud, um motivo a mais, não apenas a razão prática (os sentimentos pelo igual e, sua contrapartida, o ódio pelo diferente), nem o amor pelo objeto introjetado, mas um motivo emocional que remeta à obediência, à submissão (que servirá então aos ideais da coletividade). A obediência adiada, além do ódio contra si mesmo, exige à aceitação desse ódio. A disposição que corresponde a aceitação do ódio sobre si foi em *Visão geral das neuroses de transferência* constituída na primeira fase da psicologia dos filhos. A obediência necessária para receber o próprio ódio vem da posição passiva-masoquista, da hipocondria, base econômica (quantitativa) das neuroses narcisistas. Se a disposição hipocondríaca parece corresponder à transformação do sexual em dor (como na angústia), a relação dela com a dor e com as neuroses narcisistas (como é apresentada em *Introdução ao narcisismo*) aponta para uma sexualidade que tem a dor como modelo: algo de fora que se instala no interior, algo que tem a ver com o Eu tomado como objeto, algo que, como ensina as autocastrações na esquizofrenia, tem a ver com a sexualização da incidência de dor. Na horda primitiva, os filhos se submeteram à castração realizada pelo pai, de forma similar à hipocondria de Schreber, que correspondia à submissão ao desejo de Deus de transformá-lo em mulher, e ao desejo que iniciou a neurose do homem dos lobos: de ficar na posição da mãe na relação sexual com o pai, implicando tal posição na castração. Trata-se do que Freud vai chamar de uma posição passiva-masoquista, podemos dizer, um desejo da castração, um desejo da dor. Essa submissão, essa obediência, parece ganhar importância na organização social: o ódio a si mesmo, possibilitado pela identificação com o objeto externo admirado, precisa do complemento masoquista que o aceite, precisa do desejo de se submeter e obedecer. Essa tendência passiva-masoquista será fundamentada por sua vez em *Além do princípio do prazer.*

Compulsão à repetição da vivência de dor em *Além do princípio do prazer*

Se a repetição das vivências de prazer foi um tema recorrente na teoria freudiana, desde o *Projeto de uma psicologia,* e retomado no primeiro capítulo de *Além do princípio do prazer* (que passarei a chamar de *APP),* no segundo e terceiro capítulos desse texto, Freud analisa situações em que são repetidas vivências que nunca foram prazerosas, que foram vivências de dor: sonhos que repetem situações traumáticas, nas neuroses traumáticas e de guerra; o jogo em que a criança repete a vivência de separação da mãe ou de sua ida ao médico; pacientes que repetem na transferência a vivência de seu complexo de Édipo, não o amor pela mãe, mas a interdição deste amor, e fazem de tudo para repetir com o analista a mesma interdição; e pessoas que repetem em seu destino situações dolorosas, por exemplo, o abandono de benfeitores ou a morte dos maridos. Nesses exemplos aparentemente a vivência dolorosa se repete (no sonho, no jogo, na transferência na análise ou no decorrer da vida) para ser ligada, elaborada. Na neurose traumática, o trauma que gerou terror é revivido para que o sujeito se defenda dele por meio da preparação para o perigo pela angústia. A criança repete uma situação em que foi passiva, sendo agora ativa ou vingando-se do objeto que causou dor; o paciente, estimulado pela sugestão do analista, repete a situação, também traumática, para na análise ab-reagi-la. O indivíduo sofre o mesmo destino, podemos supor, talvez na esperança de elaborá-lo, buscando outro desfecho. A repetição parece uma exigência do Eu para integrar todas as suas vivências,[18] para integrar aquelas vivências ainda não integradas.

Os sonhos dos neuróticos de acidente que repetem o acidente também podem repeti-los com a intenção de elaboração da vivência, mas neles haveria uma contradição com a teoria dos sonhos, com a "tendência à realização de desejo do sonho". Neste caso ou se repensa a função do sonho ou, Freud completa na edição de 1921, "teríamos, necessariamente, de nos lembrar das enigmáticas tendências masoquistas do Eu".[19] O texto parece indicar que Freud opta por alterar a função original do sonho: antes de realizar o desejo existe uma função de ligação da excitação, mas acreditamos que Freud desenvolve as duas condições: a função de ligação e a enigmática tendência

18 Como foi suposta a tarefa do Eu, no *Projeto de uma psicologia*.

19 FREUD, 2020, p. 75.

masoquista do Eu, sendo a última a mais antiga, mas ainda não a primeira.

Se consideramos inicialmente que a ligação é um trabalho do Eu que visa dominar a excitação, as reflexões seguintes de Freud sobre o Eu tomam outro rumo. Há uma repetição do trabalho do Eu que coincide com a resistência. Na análise, por exemplo, se repete em vez de recordar; neste caso, a repetição do Eu não busca ligar um conteúdo, mas sim separá-lo, reprimi-lo. A resistência, porém, se repete porque antes dela o próprio reprimido se repete. Podemos interpretar que o reprimido repete buscando ligar-se aos outros conteúdos e a resistência, atua mantendo o desligamento, a repressão. E o reprimido, Freud alerta, não é algo que em algum momento do passado proporcionou prazer.[20] Parece, portanto, remeter às enigmáticas tendências masoquistas do Eu.

No capítulo IV de *APP*, Freud supõe um organismo vivo para o qual "a proteção contra estímulos é uma tarefa quase que mais importante do que a recepção do estímulo",[21] suposição que já aparecera em seus textos metapsicológicos, desde o *Projeto de uma psicologia*. A novidade, em *APP,* é que a apresentação desse organismo, que se protege, visa a apontar forças que se opõem a essa proteção, que se opõem à própria constituição do orga-

20 "(...) o fato novo e digno de nota que agora iremos descrever é que a compulsão à repetição também traz de volta aquelas experiências do passado que não contém nenhuma possibilidade de prazer e que mesmo naquela época não puderam ser satisfações, nem mesmo de moções pulsionais recalcadas desde então." (Freud, 2020, p. 91).

21 FREUD, 2020, p. 109.

nismo vivo, à vida. E Freud explicita esse objetivo. Depois de afirmar que traumático é o que rompe a proteção,[22] ele escreve "Acredito que o conceito de trauma requeira que uma relação desse tipo seja remetida a uma defesa contra estímulos que, normalmente, é eficaz".[23] Como se Freud afirmasse que, em *APP*, a ideia de defesa é requerida pela ideia, no caso mais importante, de rompimento da defesa. É o trauma que requer a teorização da defesa.

Uma vez, ocorrido o trauma "o que ocorre é bem mais o surgimento de outra tarefa, a de dominar o estímulo, de ligar psiquicamente as quantidades que irromperam, para leva-las depois à liquidação."[24] O terror na neurose traumática deve-se à falta de ligação, "sua condição é a falta de prontidão para a angústia, que inclui o superinvestimento nos sistemas que recebem o estímulo em primeiro lugar", assim "os sistemas não estão em condições de ligar as quantidades de excitação que chegam."[25] O processo de ligação, portanto, visa proteger o sistema das altas quantidades de excitação que romperam, que ultrapassaram, as barreiras físicas do sistema. Há, então, por um lado, barreiras físicas e a energia ligada funcionando como defesa, proteção contra os estímulos. Por outro lado, a situação de quebra dessas defesas, tanto da barreira física como das condições de ligação das quantidades de excitação. A

22 "Essas excitações que chegam de fora e são suficientemente intensas para romper a proteção chamemos de traumática" (FREUD, 2020, p. 113)

23 FREUD, 2020, p. 113.

24 FREUD, 2020, p. 113/115.

25 FREUD, 2020, p. 119.

situação de quebra da defesa aos poucos, no texto, vai se configurando como uma nova tendência do aparelho. Aos poucos percebemos que não se trata de uma falha do sistema de proteção, mas de uma outra tendência do sistema de se deixar ser invadido por altas quantidades de estímulos, tendência a não se proteger, de não se defender.

Ainda no capítulo IV, é analisado o fato de que, na neurose traumática, "um ferimento ou ferida sofrido simultaneamente [ao acidente] agia de maneira contrária ao aparecimento da neurose."[26] Freud o explica da seguinte forma: "o ferimento corporal simultâneo ligaria o excedente de excitação pela exigência de um superinvestimento narcísico no órgão em sofrimento."[27] E Freud afirma que o mesmo ocorre na melancolia e demência precoce que são temporariamente suspensas por uma enfermidade orgânica. Parece então que o rompimento da primeira barreira física (que causa o ferimento corporal) faz com que a segunda barreira (de investimentos ligados) ocorra de forma eficiente. Se essa barreira eficiente, que corresponde a um cuidado com a ferida, suspende a neurose traumática, a melancolia e a demência precoce, podemos pensar que essas patologias revelam uma tendência oposta a essa barreira: revelam uma tendência à dor, à ferida, às autocastrações do demente precoce, como supôs Freud em *Visão geral das neuroses de transferência*. Como se a tendência a repetir a dor dos neuróticos traumáticos, dos melancólicos e dos dementes precoces se satisfizesse tem-

26 FREUD, 2020, p. 71.

27 FREUD, 2020, p. 123.

porariamente com a ferida. Parece que aqui Freud retorna ao prazer na dor, portanto, novamente "as enigmáticas tendências masoquistas do Eu",[28] que seriam mais primárias que a tendência à ligação, ao domínio da excitação. O masoquismo parece se encontrar entre o desejo de se ferir (satisfeito com a ferida) e os cuidados com a ferida, que remeteria a um prazer conseguido a partir da dor.

A fonte dessa tendência que se opõe à proteção e à defesa, tendência a deixar-se ser invadido pelas altas quantidades destruidoras do mundo externo[29] é considerada "uma pressão inerente ao orgânico animado para restabelecer um estado anterior"[30] e este estado anterior é o estado inanimado, inorgânico. Freud afirma que "a meta de toda a vida é a morte", uma vez que o inanimado esteve antes do vivo, e que, portanto, "a primeira pulsão [foi] a de retornar ao inanimado."[31] Tal suposição levada ao extremo conduz ao fato de que defender-se dos perigos (aquilo que faz o organismo vivo, desde os mais simples) seja um paradoxo: "Daí o paradoxo de que o organismo vivo rebela-se com sua máxima energia contra influências (perigos)

---

28 FREUD, 2020, p. 75.

29 É interessante que no texto manuscrito de *APP* havia uma frase que no texto datilografado e em todas as edições foi suprimida, inserida logo depois da afirmação de que o ser vivo elementar desde o início não queria mudar: "No mundo externo tudo estava tomado por mudança" (FREUD, 2020, p. 135). A questão não se trata de querer mudar ou não querer mudar, mas em proteger-se das mudanças destruidoras do mundo externo ou ceder a elas, destruindo a organização que distingue o ser vivo do mundo externo que o rodeia.

30 FREUD, 2020, p. 131.

31 FREUD, 2020, p. 137.

que poderiam ajudá-lo a alcançar sua meta de vida [que é a morte]."[32] Defender-se, proteger-se, criar barreiras sejam as físicas sejam as de ligações psíquicas, passa a ser um paradoxo, uma contradição com a meta da vida que é morrer. Defender-se, proteger-se é então compreendido como um paradoxo pois não se defender, deixar-se invadir por altas quantidades externas, agindo em oposição às barreiras de proteção, seria a tendência mais original do sistema, uma expressão, poderíamos dizer, genuína da pulsão de morte, sem os rodeios realizados pelas pulsões de autoconservação, que exigem que o organismo morra a sua maneira. Mas não é claro se esse mundo inorgânico que o organismo vivo anseia é o mundo perigoso e "tomado por mudanças"[33] ou o mundo sem tensão, onde há "uma equiparação das tensões químicas, isto é, a morte."[34] Freud afirma que "um dos motivos mais fortes para acreditar na existência das pulsões de morte" foi "que tenhamos reconhecido como sendo a tendência dominante da vida anímica, talvez da vida nervosa em geral, o anseio por reduzir, manter constante e anular a tensão interna de estímulos (o princípio de nirvana, segundo a expressão de Barbara Low)."[35] Podemos supor que a equiparação das tensões (seu esgotamento, eliminação) é a forma como a pulsão de morte se apresenta diante da energia ligada, é a forma de desfazer a ligação; e que deixar-se invadir por perigos externos é a forma como a pulsão de

32 FREUD, 2020, p. 139.

33 FREUD, 2020, p. 135.

34 FREUD, 2020, p. 183.

35 FREUD, 2020, p. 183.

morte se apresenta em relação as barreiras físicas do sistema, essa mais primária que aquela, as duas se opondo aos sistemas protetivos da viva. Entre elas podemos supor, está a morte no final da vida, submetida aos desvios da pulsão de autoconservação. A esta manifestação intermediária da pulsão de morte referem-se as discussões biológicas apresentadas no capítulo VI, que mostram que as substâncias mortíferas compõem o organismo vivo. Temos então três formas distintas da manifestação da pulsão de morte: deixar-se invadir pelos perigos do mundo externo (desejo da dor), a morte no final da vida (driblar as substâncias mortíferas até finalmente ceder a elas) e a tendência a eliminar os estímulos internos (princípio do prazer). Se na primeira se cede ao estímulo e, na segunda, se faz rodeios até ceder a eles, na terceira, eles são afastados, eliminados. O que há de comum nas três manifestações é que elas se opõem à organização do sistema vivo: a primeira diretamente, a segunda, depois de rodeios, e a terceira, evacuando aquilo que é possível de sua organização.

Pulsão de vida

Depois de analisar a relação da pulsão de autoconservação com a pulsão de morte, Freud afirma que as células germinativas, as mais resistentes contra a morte, são inteiramente protegidas contra as influências externas: “as células germinativas trabalham contra a morte da substância viva e sabem como conseguir para ela o que nos deve parecer imortalidade potencial [...] Elas são conservadoras [...] em uma medida mais intensa, quando se mostram particularmente resistentes contra influências externas."[36] Mais uma vez se confirma que, se lutar contra a morte significa resistir contra influências externas, ceder à morte, à pulsão de morte, significa não resistir as influências externas, deixar-se invadir pelos estímulos externos.

Mas, apesar de resistentes às influências externas, as células germinativas só se mantêm vivas se encontrarem um acesso a um outro objeto, diferente dela, no mundo externo: "é altamente significativo [...] que a célula germinativa só possa ser reforçada ou habilitada para essa operação [conseguir a imortalidade potencial] através da fusão com outra célula semelhante a ela e no entanto diferente dela."[37]

Como afirma Monzani: "Quando, enfim, a potência de morte é reconhecida explicitamente, quando enfim essa imantação radical é desvelada [...], nesse instante, um outro polo adquirirá uma força inusitada: a vida."[38] Parece-nos que a vida e a sexualidade ganham uma força inusitada porque: 1º) Freud refere-se a uma imortalidade potencial que, por mais que seja apenas uma ideia retórica, é desconcertante, 2º) Freud recupera, como representante das pulsões sexuais e da vida, uma sexualidade biológica, reprodutiva, cujo objetivo é o coito; sexualidade que toda sua obra teve por função desconstruir, no tocante à sexualidade humana. Elas são conservadoras não porque repetem caminhos facilitados e culminam na alucinação,

36 FREUD, 2020, p. 141.

37 FREUD, 2020, p. 141.

38 MONZANI, 2014, p. 216.

como no *Projeto de uma psicologia*, ou porque, a criança ao sugar os lábios revive a experiência da amamentação, mas porque "preservam a vida por períodos mais longos" justamente quando levam ao coito. Parece que a função biológica: a busca do sexo oposto, o coito e a reprodução, ganha um lugar inusitado.

Mas Freud logo desloca sua reflexão das células aparentemente imortais para uma "pulsão de aperfeiçoamento" que conduz a um "além do homem", hipótese rechaçada por Freud (como se a das células imortais que visam o coito e a reprodução, não o fossem) que, no entanto, mostra com quem ele está dialogando quando supõe a pulsão de vida: com Lamarck, quando alude à tendência ao aperfeiçoamento,[39] e com Nietzsche, quando cita o "além do homem".[40]

Sabemos da importância que Lamarck teve para Freud. Ele, junto com Ferenczi, tinha um plano de escrever um trabalho sobre Lamarck e a psicanálise. No próprio *APP*, depois de recusar a tendência ao aperfeiçoamento, Freud jus-

39 A crença na tendência ao aperfeiçoamento é a crítica que Darwin faz a Lamarck, na introdução à 3ª edição da *Origem das espécies*: "Mas ele [Lamarck] acreditava igualmente numa lei de desenvolvimento progressivo. Ora, como tal coisa redundaria forçosamente numa tendência evolutiva constante de todos os organismos. (DARWIN, 1985, p. 34) (cf. RITVO).

40 "para muitos de nós pode ser difícil renunciar à crença de que no próprio ser humano habita uma pulsão de aperfeiçoamento que o teria levado até seu nível atual de realização intelectual e de sublimação ética, e da qual podemos esperar que cuidasse de sua transformação em super-humano [além do homem – Übermenschen]. Só não acredito em uma pulsão interna como essa e não vejo nenhum meio de preservar essa ilusão benfazeja" (FREUD, 2020, p. 145/7).

tifica essa tendência, assim como o retrocesso, com outra ideia de Lamarck, de que as modificações dos organismos (desenvolvimento superior ou retrocesso) são efeitos das forças externas, que pressionam à adaptação:

> Desenvolvimento superior, bem como retrocesso, poderiam ambos ser consequência de forças externas pressionando à adaptação, e o papel das pulsões poderia, nos dois casos, limitar-se a reter como fonte interna de prazer, a modificação imposta.[41]

Essas modificações internas são chamadas de autoplásticas e elas que interessam a Freud e Ferenczi. A autoplastia é a técnica adaptativa que, diferente da aloplastia que modifica o meio exterior, modifica a si próprio. Freud alude primeiramente a essa técnica como uma das condições para a inclinação artística. Assim Freud cita Lamarck em uma carta a Ferenczi em 6/1/1917, elencando uma das condições da inclinação artística: "um bom resto da antiga técnica de modificar a si próprio em vez do mundo externo (ver Lamarck, etc.)."[42] A autoplastia, como afirma Ferenczi em Thalassa, "pode ser puramente regressiva (redução das necessidades, regresso a estágios mais primitivos) ou também progressiva (desenvolvimento de novos órgãos)."[43] Adaptar-se é primeiramente, como ensina Lamarck internalização do estímulo externo perturbador:

41 FREUD, 2020, p. 145.

42 FREUD apud GRUBRICH-SIMITS, in FREUD, 1987, p. 105.

43 FERENCZI, 1990, p. 116.

> transformar uma perturbação (sempre dolorosa no começo) em satisfação. Isso ocorre por identificação com o estímulo perturbador, e depois, introjeção deste; assim, o episódio perturbador torna-se uma parte do ego (uma pulsão) e o mundo interno (microcosmo) passa a ser assim o reflexo do meio ambiente e de suas catástrofes.[44]

Assim, a autoplastia significa em primeiro lugar a internalização de estímulos externos, originando pulsões e disposições e, em segundo lugar, um tipo de satisfação (regressivo) em que se recria o mundo interno como reflexo do externo (por exemplo a satisfação por meio da alucinação). Assim, para os psicanalistas, na teoria de Lamarck haveria um lugar para a regressão que teria sua importância não apenas porque possibilitou uma melhor adaptação no meio (proporcionou uma vantagem do ponto de vista da sobrevivência), mas, principalmente, porque satisfez o estímulo interiorizado.

Com esse mesmo sentido, devemos compreender a importância da onipotência do pensamento, resgatada por Freud do trabalho de Lamarck. Assim, Freud escreve para Abraham, contando sobre o projeto Lamarck e a Psicanálise: "não sei se já mencionei o trabalho sobre Lamarck, cujo ponto principal deve ser o de que mesmo a 'onipo-

44 FERENCZI, 1990, p.116. Em Lamarck: Animais privados de nervos "se movem exclusivamente por meio de uma irritabilidade excitada e pelo efeito imediato das excitações exteriores. [...] depois [...] a natureza logrou transferir para o interior dos animais a potência do agir, isto é, [...] criar por meio do sistema nervoso o sentimento interno, fonte da força de produção das ações." (LAMARCK, 2021, p. 493).

tência de pensamentos' alguma vez já foi realidade."[45] Seis dias depois, em outra carta para Abraham, Freud explica um pouco melhor:

> A ideia é por Lamarck inteiramente em nosso campo e mostrar que a "necessidade" que, segundo ele, cria e transforma os órgãos, é apenas o poder das ideias inconscientes sobre o corpo da pessoa – do que vemos resquícios na histeria – em suma, a 'onipotência de pensamento'. Isso na verdade forneceria uma explicação psicanalítica para a adaptação [...] faria o coroamento da psicanálise. Haveria dois princípios conexos de mudança progressiva, a adaptação do corpo e a subsequente transformação do mundo externo (autoplasticidade) etc.[46]

Se o pensamento pode provocar alterações no corpo, como nas conversões histéricas ou na criação de novos órgãos, também produz falsas percepções (alucinações) e movimentos. A onipotência do pensamento foi tema do terceiro ensaio de *Totem e tabu*: "Animismo, magia e onipotência dos pensamentos". Os três estão relacionados: "o princípio diretor da magia, a técnica de pensar animista, é a 'onipotência dos pensamentos."[47] Freud compara a magia à onipotência do pensamento infantil, mais propriamente, à alucinação motora, e diferencia a mera alucinação da alucinação motora

45 FREUD apud RITVO, 1992, p. 79.

46 FREUD apud RITVO, 1992, p. 80/1.

47 FREUD, 2012, p. 136.

(presente na magia e na brincadeira das crianças), mostrando o deslocamento de uma para a outra:[48]

> Quanto à criança, que se acha em condições psíquicas análogas [aos que praticam a magia], mas ainda não tem capacidade motora, defendemos a hipótese de que inicialmente satisfaz seus desejos de forma alucinatória, produzindo a situação satisfatória mediante as excitações centrífugas de seus órgãos sensoriais. Quanto ao homem primitivo adulto, há um outro caminho. Ao seu desejo liga-se um impulso [*Impuls*] motor, a vontade, e esta – que depois, a serviço da satisfação do desejo, mudará a face da Terra – é agora usada para representar a satisfação, de modo que esta pode ser vivenciada através de alucinações motoras, digamos. Tal representação do desejo satisfeito é comparável à brincadeira [*Spiel*] das crianças, que nelas toma o lugar da técnica puramente sensorial de satisfação. Se a brincadeira e a representação imitativa bastam para a criança e o primitivo, isso não é um sinal de modéstia, tal como a entendemos, ou de resignação graças ao reconhecimento de sua real impotência, mas a compreensível consequência do preponderante valor de seu desejo, da vontade dele dependente e dos caminhos que ele tomou. Com o tempo, o acento psíquico desloca-se dos motivos da ação mágica para seus meios, para a própria ação. Digamos, talvez mais corretamente, que apenas esses meios tornam-lhe evidente a superestimação de seus atos psíquicos.[49]

48 O que no *Projeto de uma psicologia* corresponderia ao deslocamento do investimento exclusivo da imagem desiderativa para as imagens de movimento.

49 FREUD, 2012, p. 134.

Na magia imita-se o objeto desiderativo, mostrando o poder do desejo e da vontade sobre as ações. Nela ocorre um deslocamento da alucinação do objeto desiderativo para a alucinação dos resultados da ação. Na alucinação motora é atribuída grande importância às próprias ações, aos próprios movimentos. Aos poucos, o motivo do desejo (o objeto desiderativo) vai cedendo lugar para a ação que se liga a ele (para os meios). Por exemplo: mais importante que a chuva alucinada será a realização da ação que a imita; na criança, mais importante que alucinar o seio será imitar a ação do seio sobre a boca. Os gestos se tornam mais importantes, independentes da vivência que tentam reproduzir (como se o sugar ganhasse mais importância que o seio alucinado que o motiva). A onipotência dos pensamentos da magia também aparece na arte:

> Apenas num âmbito a "onipotência dos pensamentos" foi conservada em nossa cultura, no âmbito da arte. Unicamente na arte ainda sucede que um homem consumido por desejos realize algo semelhante à satisfação deles, e que essa atividade lúdica [*Spielen*] provoque – graças à ilusão artística – efeitos emocionais como se fosse algo real. As pessoas falam, com justiça, do feitiço da arte, e comparam o artista a um feiticeiro. [...] A arte [...] esteve originalmente a serviço de tendências que hoje se acham em grande parte extintas. Entre elas, podemos suspeitar, muitas eram intenções mágicas.[50]

50 FREUD, 2012, p. 142/3.

O artista acaba provocando efeitos na realidade. Estes efeitos devem-se principalmente ao reconhecimento, por parte dos outros, do valor da obra de arte produzida. No entanto, a própria valorização dos gestos e pensamentos, pelo artista, por si só, possibilita uma compreensão da realidade e, dessa forma, um certo domínio sobre ela. A primeira compreensão do mundo é artística e é mimética, pois, como vimos, a magia implica na cópia daquilo que é desejado.

Em *Visão geral das neuroses de transferência* a onipotência do pensamento caracteriza a psicologia constituída na terceira fase, isto é, a psicologia do pai primitivo:

> a inteligência ganhou para ele o papel principal. Aprendeu a pesquisar, a entender de alguma maneira o mundo adverso e assegurar para si através das invenções, um primeiro domínio sobre esse mundo. Desenvolveu-se sob o signo da energia, formava os princípios da linguagem e precisava prestar grande importância às novas conquistas. A linguagem era para ele magia; seus pensamentos pareciam-lhe onipotentes; compreendia o mundo através de seu próprio eu. É a época da concepção anímica do mundo [*der animistischen Weltanschauung*] e de sua técnica mágica.[51]

Certamente Freud não supôs nesta fase filogenética, como não supôs nas outras fases, uma função adaptativa para a magia e a onipotência dos pensamentos. Lamarck parece auxiliá-lo a justificar essas características do pai primitivo: em um movimento mais aloplástico, ele ganhou

51 FREUD, 1985, p. 76.

um domínio sobre o mundo (sublimação e poder sobre os outros) e, em um movimento mais autoplástico, ele desenvolveu a pulsão sexual, a linguagem (enquanto possibilidade de representar o mundo e pensar, que implica na separação entre Pcs/Ics) e a onipotência dos pensamentos como forma de satisfação do desejo (a magia).

Assim, a psicologia do pai primitivo pode ser pensada como um esforço para satisfazer as necessidades e as pulsões constituídas na era glacial, corresponde à criação de novos hábitos e órgãos, independentemente da vantagem adaptativa (independente da maior capacidade de sobrevivência ou propagação dos indivíduos).

Nietzsche, assim como Lamarck, faz críticas à adaptação que possibilitam a Freud pensar em um espaço para o psíquico, para a plasticidade e para a criação. Por exemplo, na *Genealogia da moral*, Nietzsche critica a concepção de adaptação (de Spencer), antepondo à adaptação a vontade de poder, a expansão das forças espontâneas:

> colocou-se em primeiro plano a "adaptação", ou seja, uma atividade de segunda ordem, uma reatividade; chegou-se mesmo a definir a vida como uma adaptação interna, cada vez mais apropriada, a circunstâncias externas (Herbert Spencer). Mas com isso se desconhece a essência da vida, a sua vontade de poder; com isto não se percebe a primazia fundamental das forças espontâneas, agressivas, expansivas, criadoras de novas formas, interpretações e direções, forças cuja ação necessariamente precede a "adaptação".[52]

52 NIETZSCHE, 1998, p. 67.

Podemos supor que para Freud, na psicologia do pai primitivo, não está em jogo a adaptação, mas sim uma profusão de forças, a *vontade de poder*, por isso a relação com a arte. Se a psicologia dos filhos exigiu o conceito de masoquismo, o desejo de dor e o conceito de pulsão de morte, a psicologia do pai primitivo, exige a profusão de forças, a vontade de poder, a pulsão de vida. As disposições do pai primitivo nada tem a ver com a adaptação, com a fome e com a necessidade de procriação, mas com abundância de força, de criação, de arte, ele é regido pela plasticidade da sexualidade polimorfa e perversa, pela magia, pela onipotência do pensamento, pelo domínio sobre suas próprias pulsões e sobre o mundo. Ele diz sim a si mesmo e ao mundo e busca não a sobrevivência mas sua própria superação (o que pode parecer um impulso ao aperfeiçoamento,[53] o além do homem, mas remete a Eros). São então Lamarck e Nietzsche, quem estão na mira de Freud quando ele elabora o novo e inusitado conceito de pulsão de vida, de Eros.

O que faz originalmente Eros? Busca um objeto perdido. Diferente da pulsão de morte que busca ser invadido pelas altas quantidades externas, Eros busca um objeto externo, similar a um encontrado no passado, ele busca o mundo externo para obter prazer, um prazer semelhante a um anteriormente sentido, sem com isso se destruir (bus-

53 Assim, em *APP*, na edição de 1923, Freud termina a reflexão sobre a pulsão de aperfeiçoamento: "Que em poucas palavras seja indicada a probabilidade de que o anseio de Eros em agrupar o orgânico em unidades cada vez maiores forneça um substituto para essa 'pulsão de aperfeiçoamento', que não devemos admitir." (FREUD, 2020, p. 149).

ca o mundo externo sem se deixar invadir por ele). Eros busca o objeto para se fortalecer, como a admiração do pai primitivo por seus opositores, que lhe resistiam, e assim o tornavam mais potente.

Freud fundamenta Eros no mito de Platão, do Banquete (relatado por Aristófanes), no qual seres duplos divididos buscam reencontrar sua parte perdida. O ser duplo platônico funciona como o objeto desiderativo (ou como desenvolvemos em outro artigo, o apolíneo), que é a meta das ações, mas ele mesmo uma ilusão que oculta o próprio desejo apresentando-o como realizado. Eros, por sua vez, não corresponde ao ser duplo ou ao objeto desiderativo, mas à busca na realidade, no mundo externo, por meio de ações, da parte perdida ou de um objeto semelhante ao desiderativo. Eros funciona como as imagens de movimento, as alucinações motoras, os gestos,[54] as ações, que constituem uma nova relação com o mundo externo. Eros explicita algo que sempre esteve presente na teoria freudiana, como menos importante, mas que escapa à repetição, esta sempre melhor explicitada na formulações freudianas: seja nos caminhos facilitados, na alucinação da vivência de satisfação, na realização do desejo, na sexualidade, no sintoma, na transferência. Assim, orbitando em volta da repetição, sempre há algo que dela escapa, que a inibe, que desvia, desloca, que proporciona as "diferenças vitais" no aparelho psíquico. Algo que em parte

54 Nos *Três ensaios sobre a teoria da sexualidade* há um deslocamento da manifestação da pulsão (dos gestos) por diversas zonas erógenas, assim do sugar o dedo se passa ao manipular, a boca, a orelha, os mamilos, o genital.

concorda com o trabalho do Eu, mas que é muito diferente de uma instância voltada à adaptação. Diríamos que é o dionisíaco que, além de estar oculto pelo apolíneo, é o que quebra a ilusão apolínea, na tragédia. Eros estabelece uma nova relação com o mundo externo, assim como as imagens de movimento, no *Projeto de uma psicologia,* também o fazem, na medida em que transformam os objetos do mundo externo (percebidos) em objetos similares aos desiderativos (objetos primeiramente alucinados e depois metas das percepções), na medida em que imitam o objeto e o representam (a linguagem é constituída de imagens de movimento de articulação vocal). Eros é o que resta, o que escapa da repetição e que possibilita uma relação com o mundo diferente da submissão.

A pulsão de morte submetida a Eros

Para constituir essa nova relação com o mundo externo, primeiro Eros tem de afastar do organismo (da célula ou de si mesmo) a tendência a deixar-se ser invadido pelas altas quantidades, tem de afastar a pulsão de morte. Eros então faz com que a tendência a se autodestruir transforme-se em tendência a destruir o outro, em vez de se deixar invadir pelos estímulos provindos dos objetos externos, invadi-los, agredi-los. Assim, para o organismo permanecer vivo, tem de haver um objeto externo para o qual a pulsão de morte possa se dirigir, este outro objeto absorve as substâncias mortíferas expelidas (como, por exemplo, a constante troca de água que mantem vivo o protozoário) (cap. VI *APP*). Esse processo é traduzido na linguagem psicanalítica da seguinte forma: “Será que não cabe supor que esse sadismo [pulsão sádica que tem como meta o prejuízo do objeto] seja, afinal, uma pulsão de morte que foi pressionada para fora do Eu por influência da libido narcísica, de modo que ela só apareça no objeto?"[55] Em 1924, em *O problema econômico do masoquismo*, Freud nomeia a pulsão de morte, expulsa e desviada (com a ajuda da musculatura) por Eros, de pulsão de apoderamento, de vontade de poder, numa evidente alusão a Nietzsche.

> A libido encontra nos seres vivos (multicelulares) a pulsão de morte ou destruição que neles vigora, que busca desintegrar este ser [...]. Ela tem a tarefa de fazer inócua essa pulsão destruidora, e a cumpre desviando-a em boa parte – e logo com ajuda de um sistema orgânico particular, a musculatura – para fora, para os objetos do mundo exterior. Então ela se chamaria pulsão de destruição, pulsão de apoderamento, vontade de poder.[56]

Transformada por Eros em sadismo, em vontade de poder, a pulsão de morte abre caminho para a relação sexual propriamente dita: "De fato, poderíamos dizer que o sadismo, impelido para fora do Eu, teria mostrado o caminho da pulsão sexual aos componentes libidinais; mais tarde estes impelem em direção ao objeto."[57] O papel de Eros na transformação da pulsão de morte (da tendência a se deixar ser invadido por grande quantidade de estímulos externos em pulsão de apoderamento) é tão evidente

55 FREUD, 2020, p. 177.

56 FREUD, 2011b, p. 191.

57 FREUD, 2020, p. 179.

que em *O problema econômico do masoquismo*, Freud considera que o sadismo é a pulsão de morte a serviço da função sexual: "Uma parte dessa pulsão [de destruição, de apoderamento, vontade de poder] é colocada diretamente a serviço da função sexual, na qual tem um importante papel. É o sadismo propriamente dito."[58] A diferença entre ser um objeto de agressão ou de satisfação sexual é que no primeiro caso se rompe a resistência, no segundo o objeto não é destruído, resiste. Resistência similar àquela do inimigo admirado, na psicologia do pai primitivo, que fortalece o próprio sujeito.

Em *O problema econômico do masoquismo,* o masoquismo também será considerado uma mistura de ambas as pulsões: "Uma outra parte não realiza essa transposição para fora, permanece no organismo e, com ajuda da mencionada excitação sexual concomitante, torna-se ligada libidinalmente; nela devemos reconhecer o masoquismo original, erógeno."[59]

É o prazer sentido na invasão dos estímulos do mundo externo. A sexualização limita o poder autodestruidor. O masoquismo erógeno e o, nesse texto chamado, masoquismo feminino relacionam-se explicitamente ao animal totêmico (pai primevo substituído pelo totem): "O masoquismo erógeno partilha todas as fases do desenvolvimento da libido [...]. O medo de ser devorado pelo animal totêmico procede da organização oral primitiva."[60]

58 FREUD, 2011b, p. 191.

59 FREUD, 2011b, p. 191.

60 FREUD, 2011b, p 193.

E continua nas próximas fases: o desejo de ser surrado e castrado, como ocorre na filogênese em *Visão geral das neuroses de transferência* e o desejo de tornar-se mulher e ser possuído pelo pai: "as situações em que o indivíduo é possuído ou dá a luz, caracteristicamente femininas",[61] como em Schreber e o Homem dos lobos.

Também, nesse texto, encontraremos o masoquismo secundário, a necessidade de punição, que é a contrapartida do sadismo do supereu introjetado, e que corresponde à sexta fase filogenética, depois do parricídio quando, como na melancolia, o Eu é o objeto odiado. Como em *APP*, seria o retorno da pulsão destruidora contra si mesmo: "O masoquismo, o retorno da pulsão contra o próprio Eu, seria então, na realidade, uma volta a uma fase anterior dessa pulsão, uma regressão."[62]

Considerações finais

Partimos da necessidade teórica de Freud de fundamentar a submissão à autoridade, a obediência, o prazer na dor, e encontramos por fim aquilo que não se repete nas próprias vivências de satisfação, na realização do desejo, na sexualidade, isto é: a transformação de si (autoplastia), a alucinação motora, as imagens de movimento, a pulsão de apoderamento, a vontade de poder. Trata-se da pulsão de vida conduzindo a pulsão de morte. Encontramos dois caminhos para a junção das duas pulsões: O sadismo e a vontade de poder, nos moldes da psicologia do

61 FREUD, 2011b, p. 193.

62 FREUD, 2020, 179/181.

pai primitivo, e o masoquismo, o ressentimento e a culpa, nos moldes da psicologia da massa.

Referências

CORRÊA, Fernanda Silveira. *Filogênese na metapsicologia freudiana*. Campinas: Editora da Unicamp, 2015

DARWIN, Charles. (1859). *Origem das espécies*. Belo Horizonte/São Paulo: Ed. Itatiaia/Ed. Universidade de São Paulo, 1985.

FERENCZI, Sándor. (1923). *Thalassa: ensaio sobre a teoria da genitalidade*. São Paulo: Martins Fontes, 1990.

FREUD, Sigmund. (1985 [1915]). *Neuroses de Transferência: Uma síntese (Manuscrito recém-descoberto)*. Versão bilíngue, trad. Abram Eksterman. Rio de Janeiro: Imago, 1987.

FREUD, Sigmund. (1950 [1895]). *Projeto de uma psicologia*. Obras isoladas de Freud, trad. Osmyr Faria Gabbi Jr., Rio de Janeiro: Imago, 1995.

FREUD, Sigmund. (1900). Interpretação dos sonhos. *Obras completas*. Trad. Paulo César de Souza. São Paulo: Companhia das Letras, 2019, vol. 4.

FREUD, Sigmund. (1905). Três ensaios sobre a teoria da sexualidade. *Obras completas*. Trad. Paulo César de Souza. São Paulo: Companhia das Letras, 2016, vol. 6.

FREUD, Sigmund. (1911a). Observações psicanalíticas sobre um caso de paranoia (Dementia paranoides) relatado em autobiografia ("O caso Schreber"). *Obras Completas*. Trad. Paulo César de Souza. São Paulo: Companhia das Letras, 2010a, vol. 10.

FREUD, Sigmund. (1912-1913). Totem e tabu. *Obras Completas*. Trad. Paulo César de Souza. São Paulo: Companhia das Letras, 2012, vol. 11.

FREUD, Sigmund. (1914). Introdução ao narcisismo. *Obras Completas*. Trad. Paulo César de Souza. São Paulo: Companhia das Letras, 2010b, vol. 12.

FREUD, Sigmund. (1915a). Os instintos e seus destinos. *Obras Completas*. Trad. Paulo César de Souza. São Paulo: Companhia das Letras, 2010c, vol. 12.

FREUD, Sigmund. (1917b [1915]). Luto e melancolia. *Obras Completas*. Trad. Paulo César de Souza. São Paulo, Companhia das Letras, 2010d, vol. 12.

FREUD, Sigmund. (1918 [1914]). História de uma neurose infantil ("O homem dos lobos"). *Obras Completas*. Trad. Paulo César de Souza. São Paulo: Companhia das Letras, 2010e, vol. 14.

FREUD, Sigmund. (1920). *Além do princípio do prazer* [Jenseits des Lustprinzips]. Belo Horizonte: Autêntica, 2020.

FREUD, Sigmund. (1921). Psicologia das massas e análise do eu. *Obras Completas*. Trad. Paulo César de Souza. São Paulo: Companhia das Letras, 2011a, vol. 15.

FREUD, Sigmund. (1924). O problema econômico do masoquismo. *Obras Completas*. Trad. Paulo César de Souza. São Paulo: Companhia das Letras, 2011b, vol. 16.

FREUD, Sigmund. (1929). O mal-estar na civilização. *Obras Completas*. Trad. Paulo César de Souza. São Paulo: Companhia das Letras, 2010f, vol. 18.

FREUD, Sigmund; FERENCZI, Sándor. (1912-1914). *Correspondência para Sandor Ferenczi*. Rio de Janeiro: Imago, 1995, vol. I, t. 2.

FREUD, Sigmund; FERENCZI, Sándor. (1914-1916). *Briefwechesel/ Sigmund Freud; Sándor Ferenczi*. Wien; Köln; Weimar: Böhlau, 1996. Band II/1.

GIACOIA JR, Oswaldo. *Além do princípio do prazer: Um dualismo incontornável* (Para ler Freud). Rio de Janeiro: Civilização Brasileira, 2008.

GRUBRICH-SIMITS, Ilse. (1985). Metapsicologia e Metabiologia. *In:* FREUD, Sigmund. *Neuroses de Transferência: uma síntese*. Rio de Janeiro: Imago. 1987.

LAMARCK, Jean Baptiste Pierre Antoine. (1809). *Filosofia zoológica*. Trad. Celi Hirata, Janaina Namba, Ana Carolina Soliva. São Paulo: Editora Unesp, 2021.

MONZANI, Luiz Roberto. *Freud, o movimento de um pensamento*. 3ª edição. Campinas: Editora Unicamp, 2014.

MÜLLER-LAUTER, Wolfgang. *Nietzsche:* sua filosofia dos antagonismos e os antagonismos de sua filosofia. São Paulo: Editora Unifesp, 2009.

NIETZSCHE, Friedrich. (1872). *O nascimento da tragédia*. Coleção Obras de Nietzsche, trad. Guinsburg, coord. Paulo César de Souza. São Paulo: Companhia da Letras, 1992.

NIETZSCHE, Friedrich. (1884). *Assim falou Zaratustra*. Coleção Obras de Nietzsche, trad. e coord. Paulo César de Souza. São Paulo: Companhia da Letras, 2011.

NIETZSCHE, Friedrich. (1886). *Além do bem e do mal*. Coleção Obras de Nietzsche, trad. e coord. Paulo César de Souza. São Paulo: Companhia da Letras, 1992.

NIETZSCHE, Friedrich. (1887). *Genealogia da moral*. Coleção Obras de Nietzsche, trad. e coord. Paulo César de Souza. São Paulo: Companhia da Letras, 1998.

RITVO, Lucille B. *A influência de Darwin sobre Freud:* Um conto de duas ciências. Rio de Janeiro: Imago, 1992.

Para além dos *Três Ensaios*: um percurso pela teoria da evolução

Janaina Namba

> É preciso lembrar a infinidade de estranhas peculiaridades em que se dá a variação de nossas produções domésticas e, em menor grau, também a dos produtos naturais, sem esquecer a força da tendência hereditária; e pode-se dizer que, sob domesticação, a organização ganha algum grau de plasticidade. É preciso lembrar também que as relações recíprocas entre os seres orgânicos e destes últimos com as condições físicas de vida são infinitamente complexas e estritamente adaptadas. Por que então, diante da ocorrência de variações úteis ao homem, seria implausível que outras eventuais variações, de algum modo úteis para cada um dos seres na grande e complexa batalha pela vida, ocorressem ao longo de milhares de gerações? E se, se elas de fato ocorrem, lembrando que nascem mais indivíduos do que poderiam sobreviver, como duvidar que os indivíduos de posse de alguma vantagem em relação a outros, por menor que seja, têm mais chance de sobreviver e procriar sua espécie? É certo, por outro lado, que qualquer variação minimamente prejudicial é destruída sem apelação. Dou o nome de seleção natural a essa preservação das variações favoráveis e rejeição das prejudiciais.[1]

1 Darwin, 1859/2018, p. 143-144).

O trecho acima se refere à abertura do capítulo Seleção Natural da primeira edição de 1859, de *A Origem das Espécies*. Darwin dedicou o capítulo anterior a esse, à luta pela existência, e nessa abertura menciona a "batalha pela vida". As adaptações requerem uma luta constante e cega dos seres orgânicos entre si e destes com o meio físico. Se por um lado Darwin apresenta essa guerra cega entre os seres, e que na natureza não há uma harmonia possível, em função da escassez de alimentos diante da procriação desses seres, mostrando que a evolução não é teleológica e que não é impulsionada pelo aumento da complexidade dos seres como pretendiam seus predecessores; por outro, faz-nos lembrar da importância, ou melhor da força da tendência hereditária. Dessa maneira, a adaptação traz à luz "o combate subjacente à harmonia aparente celebrada pelos poetas e cientificamente pelos biólogos pré-darwinistas".[2] Cabe ainda ressaltar que apenas as variações vantajosas às espécies é que vingam e que "não há exceção à regra, que toda a organização se multiplica naturalmente com tanta rapidez, que a Terra, em breve, estará coberta pela descendência de um só casal (...) e que a luta perpétua pela existência é inevitável".[3]

A teoria da evolução de Darwin encontra-se dentro do contexto da biologia da segunda metade do século XIX, que além de preocupar-se em estabelecer leis, buscar seus fundamentos, tornou-se ela mesma objeto do conhecimento e amplamente experimental. Podemos pensa-la, juntamente

2 Ritvo, p. 117.

3 *Idem*.

com Jacob que encontra-se dividida em dois ramos. Por um lado, mantém-se a investigar o organismo em sua totalidade, sendo ele considerado apenas enquanto unidade, ou ainda como um elemento pertencente a uma população ou a uma espécie. "Esta biologia (...) funciona com os conceitos da história natural",[4] ramo desvinculado das outras ciências, como por exemplo, a química e a física que praticamente não se mostram necessárias. Mas por outro lado, essa disciplina "busca reduzir o organismo aos elementos que o constituem. A fisiologia exige isso. O século autoriza. Toda a natureza tornou-se história".[5] Ou seja, os organismos, as espécies, as famílias, os gêneros e os filos encontram-se à própria sorte, sem finalidade, a não ser a da própria sobrevivência. Para Darwin, o homem fora capaz, através de seus métodos inconscientes de selecionar as variedades de espécies, ou de características específicas externas, visíveis, que lhes convinham. A natureza atua nos órgãos internos e externos, "em cada diferença constitutiva, no maquinário da vida como um todo".[6] Entretanto, essa seleção visa a melhoria exclusiva das próprias espécies. "Na natureza, a menor diferença de estrutura ou constituição pode ser decisiva para alterar o delicado equilíbrio na luta pela vida e trazer a preservação".[7]

Estamos falando da preservação da espécie e, portanto, a luta pela existência é antes de mais nada uma luta pela

4 Jacob, 1983, p. 186.

5 *Idem.*

6 Darwin, 1859/2018, p. 146.

7 *Ibidem*, p. 147.

reprodução. A natureza age e a seleção recai sobre todos os indivíduos para que possam produzir descendentes. A seleção natural não poupa os fenômenos da sexualidade, "a luta entre os machos pela posse das fêmeas tem como resultado dar ao mais forte e ao mais astucioso, a descendência mais numerosa".[8] Darwin dá um nome exclusivo a essa seleção que vem a ser a sexual:

> Assim como, sob domesticação, muitas vezes as peculiaridades se manifestam em apenas um dos sexos e tornam-se *hereditariamente* ligadas a ele, é provável que o mesmo fato ocorra na natureza. Nesse caso, a seleção natural poderá modificar um dos sexos em suas relações funcionais com o outro ou mesmo instituir hábitos de vida diferentes (...). E isso me leva a considerações que chamo de seleção sexual. Essa seleção depende não tanto da luta pela existência quanto de luta entre os machos pelas posses das fêmeas, e seu resultado não é a morte de um dos combatentes, apenas uma prole reduzida ou ausência de prole. (...) Em geral os machos mais vigorosos, que estão mais adaptados a seu lugar na natureza, são os que legam uma progênie mais numerosa.[9]

Na teoria freudiana, são numerosas as referências feitas à Darwin ao longo da obra. Aparecem direta ou indiretamente desde os Estudos sobre a Histeria (1893) até Moisés e a Religião Monoteísta (1938). E certamente a referência mais famosa é a da horda dos macacos,

8 Jacob, 1983, p. 177.

9 Darwin, 1859/2018, p. 151),

descrita em *Totem e Tabu*, de 1913. Apesar de comparar a psicanálise à própria teoria da evolução darwiniana e à revolução causada no modo de pensar, de acordo com Ilse Grubrich-Simitis, em *Totem e Tabu*, Freud exprime claramente suas dúvidas metodológicas, e, em mais de uma passagem, sugere que sua "hipótese seja fantasiosa", mesmo tendo para si, que as incertezas são inerentes às próprias suposições. Mas mesmo assim, Freud oscila entre uma afirmação categórica de que os processos inconscientes são indestrutíveis, e, um questionamento quanto à perpetuação psíquica ao longo de sucessivas gerações. Ou seja, tal como Darwin que desconhecia os mecanismos da hereditariedade, Freud também tateava às cegas os mecanismos de transmissão de estados psíquicos.[10]

Mas sem que precisemos abordar as possíveis dúvidas metodológicas de Totem e Tabu, que expressam uma clara proximidade com teoria evolutiva, pode-se observar um movimento teórico do pensamento freudiano, desde os *Três Ensaios*, que em nossa suposição, o impeliram a aproximar-se da teoria de Darwin.

Como bem observou Monzani, a respeito da sexualidade, "o mérito de Freud foi, não somente o de falar de uma sexualidade infantil, mas como o de ter realizado um recuo temporal (mostrando que a sexualidade já estava presente antes do que se pensava). De fato, esse recuo foi acompanhado de uma espécie de "estilhaçamento",[11] pois desvinculava-a do encontro entre genitais, bem como da ideia de

10 Grubrich-Simitis, 1986, p. 125

11 Monzani, 2014, p. 34.

uma sexualidade instintiva, heteronormativa. "Freud operou uma reconstrução absolutamente inédita na semântica da sexualidade".[12]

Se por um lado Freud, já em 1905, se afastava tanto da opinião popular quanto da medicina (psiquiatria) e da maior parte das ciências naturais do século XIX, ao apresentar a existência das pulsões apenas como algo análogo, mas não idêntico aos instintos, como um *desvio* das funções corporais vitais, e, portanto, desvinculando a sexualidade de uma função exclusivamente genital; por outro, ele menciona uma confluência das pulsões parciais para a região genital e uma primazia desta zona erógena por excelência, ocorrida em dois tempos, acompanhando o desenvolvimento corporal do indivíduo até que ele se submeta aos desígnios reprodutivos da espécie:

> Com o advento da puberdade, introduzem-se as mudanças que levarão a vida sexual infantil à sua configuração definitiva normal. A pulsão sexual, que era predominantemente autoerótica, encontra agora um objeto sexual. Ela operava a partir de diferentes pulsões e zonas erógenas, que buscavam, cada qual de forma independente, determinado prazer como única meta sexual. Agora ela recebe uma nova meta sexual e todas as pulsões parciais cooperam para alcançá-la, enquanto as zonas erógenas se subordinam ao primado da zona genital. (...) A pulsão sexual se põe agora a serviço da função reprodutiva; torna-se, por assim dizer, altruísta. Para essa transformação dar certo, as predisposições originais e todas as parti-

12 *Idem.*

> cularidades das pulsões devem ser levadas em conta no processo.[13]

Monzani se questiona quanto à possível recuperação de uma "teleologia que tinha sido tão pacientemente exorcizada no primeiro e no segundo ensaio",[14] e que teria retornado, "*Nas transformações da puberdade*". Ora, o que significa dizer que existe uma "única organização hierarquizada", com a finalidade de se reproduzir? Essa questão que se apresenta no âmbito da teoria, é evidenciada na experiência:

> Tudo parece indicar, numa primeira leitura, que só a submissão a um princípio ordenador e organizador torna possível esse processo no qual a multiplicidade se vê integrada numa totalidade que a ordena e hierarquiza. Princípio esse que não se entende bem como e por onde age.[15]

Muitas interpretações foram feitas a propósito desse ensaio, o que claramente nos impõe algumas dificuldades. A interpretação de Monzani que expõe a busca da universalidade edípica para o aparelho psíquico nos parece um caminho seguro a ser seguido, mas nos chama a atenção quanto ao seu questionamento a respeito de uma teleologia e quando é categórico ao dizer que afirmação da carta 69 "é capital, pois deixar de ver a sedução como *teoria* explicativa, pois não significaria outra coisa para Freud que,

13 Freud, 1905/2016, p. 121-122.

14 Monzani, 2014, p. 37.

15 Monzani, 2014, p. 36.

"num certo sentido, voltar ao velho determinismo organicista da psiquiatria clássica".[16]

Como dito acima, nossa suposição baseia-se não exatamente em uma recuperação do antigo determinismo da psiquiatria clássica a guiar Freud. Mas que seja já vislumbrada a necessidade de uma acomodação teórica que mostre um Édipo conjugado a uma única origem dessa espécie, assentada em sua sexualidade, em suas paixões, e, ao mesmo tempo tão distante e peculiar quanto próxima das outras espécies. Parece-nos que essa "determinação" é retomada pela teoria da evolução de Darwin, isto é, Freud se encaminha na direção de uma explicação original, científica e, sobretudo, universal para os processos conscientes e inconscientes vigentes no aparelho psíquico.

Tentaremos mostrar que não se trata de uma mera influência de Darwin sobre Freud, mas uma verdadeira mudança no rumo da teoria psicanalítica a partir das ideias contidas em duas grandes obras, *A Origem das Espécies* (1859) e *A Ascendência do Homem* (1871). Cabe aqui dar um passo atrás e retomar o movimento teórico freudiano que envolve a passagem da sedução à fantasia, desde 1897, para mostrar que a busca de uma universalidade edípica leva o criador da psicanálise à constatação de que o complexo universal, além de formador do aparelho psíquico, é herdeiro da organização formada por hominídeos primevos. Mas o homem, bem como a sexualidade humana, assim como outros seres sexuados também passaram pelos processos de seleção natural e seleção sexual que incidi-

16 Monzani, 2014, p. 46.

ram e promoveram variações desde organismos extremamente simples.

Ou seja, retomar a famosa carta 69 em que Freud não dava mais créditos à sua *Neurótica*, e, consequentemente, também à "teoria da sedução" nos parece fundamental para o encaminhamento dessa suposição. Nas palavras de Freud, ele dava um passo

> para abandonar a resolução completa de uma neurose e o conhecimento certo de sua etiologia na infância. (...) Parece que novamente se tornou discutível se não somente experiências posteriores que estimulam as *fantasias*, que então retornam à infância e com isso o fator de uma *disposição hereditária* recupera uma esfera de influência da qual eu me incumbira de excluí-lo".[17]

Podemos ver que a dúvida metodológica mencionada por Ilse Grubrich-Simitis que o acomete em Totem e Tabu, possa ser colocada desde os primórdios da teorização psicanalítica como um verdadeiro questionamento teórico-clínico-experimental, a respeito da transmissão e da hereditariedade. Entretanto nos importa aqui além da descoberta de que as fantasias são substitutas da cena de sedução, e, portanto, que os fatores exteriores não são mais prevalentes na constituição da neurose.

Assim, Monzani expõe que duas séries se contrapõem de maneira invertida em sua ordem de importância: uma em que a importância crucial no desencadeamento das neuroses se baseia na sedução, e portanto nos fatores

17 Freud, 1897 apud Monzani, 2014, p. 46.

externos e a outra que os fatores internos passam a ser prevalentes para a o surgimento da neurose, ou seja, os fatores externos que antes deram ensejo à própria teoria da sedução, perdiam espaço para as fantasias quanto ao aspecto causal da sintomatologia neurótica. Mas permaneciam pendentes as questões sobre quais fatores estimulariam a fantasia, quando estes ocorreriam e como passariam a figurar esse novo cenário.[18]

Desde o *Manuscrito N*, anexo à *Carta 64*, Freud ao mencionar uma definição de sagrado diz que

> é este que esteia a ideia de que os seres humanos com vistas à comunidade, sacrificou um fragmento de sua liberdade sexual. (...) O horror ao incesto supõe que como consequência da comunidade sexual, os membros da família tenham permanecido tão coesos que se tornaram incapazes de incorporar estranhos ao grupo. Por isso antissocial – e a cultura consiste nesta renúncia progressiva.[19]

Esse manuscrito apresenta semelhanças evidentes e ideias em germe de alguns outros textos que tratam diretamente da cultura sendo determinada pela renúncia pulsional (*Moral sexual cultural e nervosismo moderno* (1908) e da interdição ao incesto tal como abordados em *Totem e Tabu* (1913). O que nos mostra uma pretensa universalidade do comportamento sexual humano no seio da família e da religião.

18 Monzani, 2014, p. 46.

19 Freud, 1897/1992, p. 299.

Já a *Carta 71*, de outubro do mesmo ano (1897), nos indica que continua a buscar a universalidade da sexualidade humana, agora, porém através da tragédia edípica de destino:

> Apenas um único pensamento de *validade universal* me ocorre. Também em mim encontrei o estado de enamoramento por minha mãe e o ciúme de meu pai, e *agora considero um acontecimento universal da infância precoce*, apesar de nem sempre ocorrer numa idade tão prematura quanto a das crianças histéricas (...). Se isso acontece dessa maneira, pode-se compreender o poder cativante de Édipo rei, (...). Nos rebelamos contra toda compulsão individual arbitrária (de destino). Mas a saga grega captura uma compulsão que cada um pode reconhecer, pois está registrada no interior de sua existência. Cada um dos ouvintes foi uma vez em *germe* e na *fantasia* um Édipo assim. (...).[20]

E quando nos deparamos com a *Carta 75*, de novembro de 1897, percebemos o quão elaborada encontrava-se sua teoria sexual. Nesta carta refere-se à repressão orgânica: "tenho vislumbrado amiúde que na repressão coopera algo orgânico. Que se trata do abandono de zonas sexuais anteriores (...) em mim essa conjectura se enlaçou ao alterado papel das sensações olfativas: a marcha ereta, o nariz elevado do solo, com isso tornam repugnantes – por um processo que, todavia desconheço – certas sensações próprias da terra que antes interessavam. (...).21

20 Freud, 1897/1992, p. 305.

21 Freud, 1897/1992, p 310-311.

É interessante notar essa referência à repressão orgânica tal como mencionada em nota no texto *Mal Estar na Cultura*, publicado 33 anos após essa carta. Isso mostra a permanência da apropriação da ideia de uma origem comum para todos os animais, inclusive no âmbito da sexualidade que também no homem teria passado pelo processo de seleção natural, ainda que tivesse tido seu rumo modificado justamente por esse processo de repressão. Freud faz uma comparação das zonas erógenas que nos animais seriam sempre as mesmas ao longo da vida e nos homens se prosseguissem da mesma maneira poderiam desencadear uma perversão. O trecho a seguir mostra de maneira mais nítida uma proximidade com a zoologia e a teoria evolutiva:

> Cabe supor que na infância, a liberação sexual, todavia não está tão localizada como posteriormente, de modo que nela, ainda algumas zonas logo abandonadas incitam algo análogo à posterior liberação sexual. Dirigir-se ao fundamento (*Zugrundegehen*) destas zonas sexuais iniciais teria um *correspondente na atrofia de certos órgãos internos no curso do desenvolvimento.*[22]

Quando retomamos *Os Três Ensaios*, principalmente o prefácio à terceira edição de 1914, Freud indica que ao se tratar dos problemas da sexualidade humana muitas vezes priorizamos os fatores acidentais, deixando em segundo plano os fatores disposicionais, que só viriam à luz depois dos fatores acidentais, pois o "desenvolvimento on-

22 *Idem.*

togenético é considerado anterior ao filogenético."[23] Isto é, só temos notícias da transmissão feita hereditariamente depois de algo ter sido "despertado pelas vivências", ou, em outros termos próximos aos da *biologia evolutiva*, o elemento estrutural se manifesta mediante a ocorrência de *fatores adaptativos*, pois no fundo essa *disposição* vem a ser justamente o precipitado de vivências mais antigas da própria espécie, à qual se agrega, como soma dos fatores acidentais, as vivências mais recentes do indivíduo".[24]

Monzani propõe que a cena primitiva da sedução seja então reconsiderada frente à constatação da importância das fantasias no desencadeamento do sintoma neurótico. Ora, mas não tal como Freud propusera no início, e sim de um modo ampliado, difuso e onipresente, pois são através dos cuidados da mãe que "a criança recebe e introjeta os fantasmas e o desejo da mãe", ou seja, passa a ser "estrutura inerente à relação mãe/ criança".[25] A cena primitiva continuava assim a exercer um papel importante, não mais como evento pontual, localizado na realidade, porém como evento formador e estruturador da sexualidade genital, portanto, edipiana.

O esclarecimento dessa estruturação parece só vir realmente à baila em Totem e Tabu (1913) quando Freud propõe o evento do assassinato do pai da horda primitiva decorrente da conjuração dos irmãos. Após o evento ficou instituída a proibição do incesto, para que nenhum deles

23 Freud, 1905/2016, p. 15.

24 *Idem.*

25 Monzani, 2014, p. 52.

tivesse novamente os privilégios desse pai primordial. Com isso, aquele que ousasse obter novamente o lugar dele, se arriscaria a ser assassinado como ele fora um dia. Freud diz que, portanto, "a necessidade sexual não une os homens, e sim os divide. Por mais que os irmãos tivessem se aliado para subjugar o pai, cada um era rival do outro quanto às mulheres. Cada um teria desejado todas para si, como havia feito o próprio pai."[26]

Essa situação originária da humanidade coincidiria com os crimes do Édipo que esposara sua mãe (sem sabe-lo) e assassinara seu pai (também sem sabe-lo). Sendo assim, para Monzani, não seria mais necessário, nenhum recurso ambíguo que explicasse "a estruturação genital da sexualidade",[27] ou seja, cada indivíduo (neurótico) carrega consigo de modo recalcado os desejos edípicos que talvez um dia tenham de fato ocorrido, como expressado na dúvida de Freud em suas últimas linhas de Totem e Tabu:

> O primitivo não é inibido, o pensamento logo se converte em ato, nele o ato seria antes um substituto do pensamento; por isso creio, sem reivindicar definitiva certeza da decisão, que no caso em discussão, seria lícito supor que "no princípio foi o Ato."[28]

Mas ainda permanece a pergunta de como ocorre a introjeção dos desejos maternos que se perpetuam a cada

---

26 Freud, 1913/2013, p. 210.

27 Monzani, 2014, p. 53.

28 Freud, 1913/2012, p. 244.

geração, ou ainda, como a proibição do parricídio e do incesto tornam-se vigentes no aparelho psíquico individual?

Freud expõe na 23ª conferência (1916-17), as séries complementares que mostram, as fantasias como um dos fatores constitutivos da neurose, enquanto disposição herdada ou inata à criança, embora possamos dizer também que elas componham os elementos constitutivos de uma sexualidade primitiva do gênero humano (pré-histórica).[29] Somente a soma dos fatores expostos na equação viria a causar a neurose e o denominador comum dessa equação vem a ser justamente as vivências sexuais, individuais e da espécie, confirmando portanto, as suposições freudianas formuladas desde os Estudos sobre a Histeria (1895), a saber, que a neurose é desencadeada por fatores sexuais.

Tudo está encadeado na equação da causa da neurose: fantasias, sexualidade individual (infantil e do adulto) e sexualidade da espécie. De geração em geração, assim como o humano nasce do humano e a ave é proveniente da ave, as fantasias são transmitidas através do aparelho psíquico que um dia se formou como tal, isto é, a partir das relações primordiais. Mas o que viria a determinar que essa herança se perpetuasse?

Ora, como dissemos antes, a referência a Darwin é explícita e o comentário de Freud a respeito do banquete totêmico nos parece esclarecedor:

29 Equação: Causa da neurose = predisposição à fixação da libido/ constituição sexual pré-historica e constituição sexual individual + vivência sexual traumática do adulto. (Freud, 1916-17/2014, p. 330)

> A psicanálise nos revelou que o animal totêmico é o sucedâneo do pai, e com isso harmoniza-se a contradição de que normalmente é proibido mata-lo, mas o assassínio torna-se ocasião de festa, de que o animal é morto e, no entanto, pranteado. A postura afetiva *ambivalente*, que ainda hoje caracteriza o complexo paterno em nossas crianças, frequentemente prossegue na vida adulta, se estenderia também ao sucedâneo do pai, o animal totêmico. Se agora juntarmos a concepção psicanalítica do totem com o fato do banquete totêmico e a hipótese darwiniana sobre o estado primevo da sociedade humana, há a possibilidade de uma compreensão mais profunda, a perspectiva de uma hipótese que talvez pareça fantástica, mas que oferece a vantagem de produzir uma insuspeitada unidade com séries de fenômenos até então separados. Naturalmente não há lugar, na horda primeva de Darwin, para o início do totemismo. Um pai violento e ciumento que reserva todas as fêmeas para si e expulsa os filhos quando crescem, eis o que ali se acha. Esse estado primevo da sociedade não foi observado em nenhuma parte. O que vemos como organização primitiva, que ainda hoje vigora em determinadas tribos, são *bandos de machos*, compostos de membros com direitos iguais e sujeitos às restrições do sistema totêmico, inclusive a herança por linhagem materna. É possível que uma tenha se desenvolvido da outra? E de que forma, então? Recorrendo à cerimônia da refeição totêmica podemos dar uma resposta.[30]

Freud ao dar uma resposta a essas perguntas supõe possíveis fatos que poderiam ter ocorrido: a união entre os

30 Freud, 1913/2012, p. 216.

irmãos; a possibilidade de algum avanço cultural, ou ainda o manejo de uma nova arma. Embora esses últimos fatores pudessem ter sido importantes, pode-se inferir que a união dos irmãos envolveria um tipo de laço afetivo até então inédito na sociedade da horda. Essa união fraterna, que nunca havia ocorrido e fora decisiva para a formação de um novo arranjo social, incorria na dissolução da horda de maneira irreversível uma vez que tinha como decorrência uma possível vacância no lugar do pai. Como foi mencionado acima, quem quisesse ocupa-lo corria o risco de ser assassinado tal como ele fora.

Em *A Ascendência do Homem* (1871), Darwin diz que se aplica também ao homem o processo de seleção sexual, que havia apenas esboçado de uma maneira palatável na *Origem das espécies* (1859), já nesse texto de 1871 trata desse assunto de maneira bem mais ampla, uma vez que o naturalista buscava nas hordas de macacos (tal como mencionada por Freud) comportamentos que pudessem explicar a permanência de alguns instintos:

> Nenhum instinto complexo poderia ser produzido através de seleção natural, a não ser pelo lento e gradual acúmulo de numerosas variações mínimas, porém proveitosas. Assim, tal como no caso das estruturas corporais, encontram-se na natureza, não exatamente transições gradativas de fato, pelas quais cada instinto teria sido adquirido – elas só poderiam ser dadas nos ancestrais lineares de cada espécie –, mas alguma evidência de tais gradações nas linhas colaterais de descendência.[31]

31 Darwin, 1859/2018, p. 300.

Ou seja, o processo de seleção natural atua sobre os instintos "tal como no caso das estruturas corporais", o que quer dizer que os comportamentos afetivos também são passíveis de serem selecionados, tais como os instintivos ou essas estruturas palpáveis do corpo. Darwin diz em *A ascendência do homem*, que "as afecções parentais e filiais recaem sobre os instintos sociais, que mesmo não conhecendo por quais etapas tenham sido adquiridos, também passaram pelo amplo e extenso processo de seleção natural".[32]

Para Darwin o processo de evolução é consequência dessa seleção feita de maneira proveitosa para a espécie, ou dessa "preservação das variações favoráveis e rejeição das prejudiciais",[33] que supõe ocorrer a partir de uma única linhagem ascendente originária.

Essas afirmações darwinianas são levadas a risca no texto de Freud de 1920, Além do princípio do Prazer, em que menciona a união sexual entre os protistas:

> Poderíamos imaginar o surgimento da reprodução por células germinais sexualmente diferenciadas de acordo com o modo objetivo de pensar de Darwin, dizendo que a vantagem da anfimixia, que um dia ocorreu com a copulação casual de dois protistas foi mantida no desenvolvimento posterior e continuou a ser utilizada daí por diante. O "sexo" não seria, portanto, muito antigo, e as pulsões extraordinariamente intensas que querem propiciar a união sexual estariam assim repetindo algo que aconteceu uma

32 Darwin, 1879/2004, p. 129.

33 Darwin, 1859/2018, p. 144.

> vez acidentalmente e que desde então se consolidou como vantajoso.[34]

Nas palavras de Freud, ao pensarmos de acordo com Darwin a diferenciação sexual e a união entre diferentes sexos teria ocorrido primeiramente em seres vivos bastante elementares, os protistas. Uma união como essa ocorreu, muito provavelmente de maneira acidental, mas também se repetiu ao longo de gerações, bem como das espécies uma vez que se mostrou vantajosa. Desta maneira encontramos na letra freudiana o acidental como determinante da união sexual biológica nos animais simples ou complexos, e, portanto, como determinante da sexualidade humana.

Não haveria assim, como sugere Monzani, nem uma astúcia da espécie, nem um determinismo da psiquiatria clássica. Os processos sexuais estão tão sujeitos à seleção natural e sexual quanto outros processos vitais ou do desenvolvimento para as espécies. Sobrevivem se forem de alguma maneira vantajosos, e, não há teleologia, mas sim acaso.

Freud, assim como Darwin, na *Origem das Espécies,* localiza em tempos primordiais uma origem para a humanidade em *Totem e Tabu.* Nesse texto darwiniano de 1859, é apresentada pela primeira vez a ideia de que a seleção natural recaia inclusive sobre os instintos, sejam eles quais forem. Porém em 1871 (em *A Ascendência do homem*), Darwin mostra que a seleção recai também sobre os instintos no homem.

34 Freud, 1920/2020, p. 185.

> os instintos sociais que devem ter sido adquiridos pelo homem em um estado bastante rudimentar, muito provavelmente, pelos primeiros hominídeos, continuam impulsionando algumas de suas melhores ações; mas as ações mais humanas são amplamente determinadas pela expressão de desejos, julgamentos e infelizmente muito frequentemente por desejos egoístas.[35]

Ora, Freud da mesma maneira que Frazer nega que o horror ao incesto possa ser concebido como um instinto inato. E não estamos mencionando que haja um instinto como esse. Mas o que sugerimos aqui é que se possa pensar apenas nas características gregárias, sexuais, que envolvem os homens, tal como outros instintos nos animais que também são passíveis de seleção natural ou sexual. Ou seja, essa herança instintiva da sexualidade humana, ou os processos de transmissão populacional viriam a ser processos que foram selecionados cegamente, de maneira contingente ou como diz o próprio Darwin, de maneira inconsciente.

Assim como o fim da horda, ou o ato inaugural da cultura que foi transmitido para o restante da humanidade sob o jugo dos processos de seleção sexual e natural, pode-se dizer que Freud se utilizava desse modelo darwiniano de seleção natural desde os *Três Ensaios*, texto em que Freud propõe uma ligação íntima em que cooperam o desenvolvimento psíquico e o sexual. A interface entre o somático e o psiquismo é feita pelo conceito de pulsão (trieb):

> Por pulsão, inicialmente não podemos entender outra coisa que uma agência representante psíquica de uma fonte de estímulos endossomática que não

35 Darwin, 1879/2004, p. 133.

> para de fluir; à diferença do "estímulo", que é produzido por excitações isoladas oriundas de fora.[36]

O amadurecimento ocorre em dois tempos, sendo que somente no período da puberdade se encerra tanto do desenvolvimento corporal quanto psíquico, e, justamente nessa época há uma confluência entre o prazer sexual genital e a maturidade do sistema reprodutor (masculino e feminino) – no sentido corporal – e o estabelecimento do segundo tempo do complexo de édipo, ou o segundo tempo da escolha de objeto:

> No homem, a nova meta sexual consiste em descarregar os produtos sexuais. Não é absolutamente alheia à anterior, de obtenção de prazer; ocorre, isto sim, que o maior montante de prazer está ligado a esse ato final do processo sexual. A pulsão sexual se põe agora a serviço da função reprodutiva; torna-se, por assim dizer, altruísta. Para essa transformação dar certo, as predisposições originais e todas as particularidades das pulsões devem ser levadas em conta no processo.[37]

Ou seja, a sexualidade, que na puberdade alcança a sua maturidade, em termos somáticos também está apta também a alcançar o máximo de prazer e, portanto, os órgãos genitais tornarem-se as zonas erógenas por excelência. A sexualidade adquire então uma nova meta, a preservação da espécie. Essa meta que fora selecionada há muito tempo pelos processos de seleção sexual e natural, de maneira contingente, mostrou-se útil às espécies, perpetuando-as conforme a complexidade inerente a cada uma delas.

---

36 Freud, 1905/2019, p.66.

37 Freud, 1905/2016, p. 122).

Referências Bibliográficas

Darwin, C. *A Origem das espécies por meio de seleção natural ou A preservação das raças favorecidas na luta pela vida*. 1ª edição. Trad. e Org. Pedro Paulo Pimenta. São Paulo: Editora Ubu, 2018.

__________. *The Descent of Man*. 2ª edição. London: Penguin, 2004.

Freud, S. *Publicaciones prepsicoanalíticas y manuscritos inéditos en vida de Freud* (1886-1899). v. I. Trad. José Etcheverry. Buenos Aires: Amorrortu editores, 1992.

_________. Totem e Tabu in *Totem e Tabu, Contribuição à História do Movimento Psicanalítico e outros textos* (1912-1914). Trad. Paulo César de Souza. v. 11. São Paulo: Companhia das Letras, 2012.

_________. *Além do Princípio do Prazer* (1920). Trad. Maria Rita S. Moraes. Belo Horizonte: Autêntica, 2020.

Grubrich-Simitis, I. Métapsychologie et métabiologie in Freud, S. *Vue d'ensemble des nevroses de transfert: um essai métapsychologique*. Trad. Patrick Lacoste. Paris: Gallimard, 1985.

Jacob, F. *A lógica da vida: uma história da hereditariedade*. Trad. Ângela Loureiro de Souza. Rio de Janeiro: Edições Graal, 1983.

Monzani, L. R. *Freud, o movimento de um pensamento*. 3ª edição. Campinas: Editora UNICAMP, 2014.

Namba, J. *Expressão e linguagem*: aspectos da teoria freudiana. São Paulo: Blucher, 2020.

Gramática da pulsão de morte

João José R. L. Almeida

Vou apresentar aqui uma breve descrição da estrutura geral do pequeno opúsculo de Freud escrito em 1920 e intitulado *Além do Princípio do Prazer*,[1] com a finalidade de chegarmos a uma visão panorâmica das regras do jogo que se estabelece nesta altura do desenvolvimento teórico de Freud como um novo parâmetro para a clínica psicanalítica. Como sabemos que este é um ponto de inflexão, sabemos também que esta estrutura geral de possibilidades e impossibilidades de movimento das peças do tabuleiro se modificou. Ainda que seja tudo muito parecido com o antigo jogo, a introdução de qualquer nova regra modifica totalmente o caráter daquilo que estava até ali vigente. Segundo o texto faz transparecer, a mudança teórica tem fundamento na clínica, como se esta servisse como teste da teoria ou como o tribunal em que a própria experiência profere vereditos acerca da adequação teórica. No entanto, a disputa com as visões de Adler e de Jung nos faz desconfiar que o tribunal tenha uma natureza bem mais corporativa que empírica. Por este motivo é que a nossa descrição deve permitir, assim se espera, algum grau de avaliação a

1 FREUD, 1920/2010.

ser discutido com a visão de outros psicanalistas da época postos hipoteticamente em comparação com esta fase em particular da teoria de Freud. Não é tanto aquilo que se diz o que vale a pena ressaltar nesta descrição, mas o que se mostra na performance do texto.

Apresentação

Na teoria de Freud sempre foi mandatório conceber eventos mentais em termos de forças. Talvez como forma de escapar de contaminações especulativas cognitivamente injustificáveis, tal como ocorre com o vitalismo, por exemplo, que funda toda uma visão teórica da biologia no século XIX, baseada somente numa petição de princípio. Freud pretende aproximar-se ao máximo de um outro lado da disputa, aquela que sempre lhe pareceu ser a mais segura, a de uma constituição epistemológica similar a das ciências naturais. As ciências naturais se fundamentam, pelo menos idealmente, em evidências experimentais cuja carga metafísica pode ser sempre questionada à luz de novos testes.

É precisamente deste modo que Freud faz uma opção diametralmente oposta à de Dilthey, apenas para citar um autor alemão para o qual a epistemologia da psicologia era também uma questão fundamental. Ao fim do século XIX, Dilthey toma o fato mental como forma cognitiva completamente distinta da concepção fenomênica das ciências naturais. Isto é, não como a pesquisa de conjuntos empíricos isolados e em relação externa com o investigador da natureza, mas como a organização de uma totalidade autônoma internamente relacionada às vivências do sujeito cognitivo.[2] O caminho conceitual do nosso autor, por seu turno, guarda muito mais semelhança com concepções mentalistas de outra natureza, tais como aquelas provenientes de autores empiristas como John Locke ou como Stuart Mill (este, curiosamente, também uma grande influência sobre Dilthey), e muito menos semelhança com as concepções psicológicas de Kant, que são mais aparentadas às de Dilthey. Neste sentido, não há solução de continuidade, na teoria de Freud, entre a dinâmica newtoniana e o mundo mental. Uma pulsão, um dos conceitos metapsicológicos fundamentais da psicanálise, pode e deve ser concebida como o lado psíquico de excitações provenientes do corpo, ou seja, o contínuo do mundo físico no mundo mental. Não há dúvida quanto a isto.

Levando em conta todo este pano de fundo, o pequeno ensaio de pouco mais de 50 páginas publicado em 1920 realiza uma modificação significativa. Já desde o título, *Jenseits des Luztprinzips*, a dissertação faz um enunciado sobre alguma coisa que "está do outro lado". Na língua alemã normalmente se usa a preposição *jenseits* ("do outro lado" ou então "para além de"), para marcar diferença com outras preposições posicionais como *beidseits* ("em ambos os lados") e *diesseits* ("deste lado"). O termo se aplica quando se fala sobre limites relacionados à nossa localização atual diante deles; como uma pessoa diante de um rio, por exemplo, que poderia ou não ser atravessado. O fluxo referido neste caso é o "princípio do prazer". O que pareceria indicar uma modificação das relações internas

2 cf. DILTHEY, 1883/1989.

dos próprios termos teóricos vigentes até então, como se antes o "princípio do prazer" não fosse um limite, mas um ponto de partida da explicação. De fato, já sabemos que a ideia que Freud chama de "inércia" ou de "restauração de um estado anterior"[3] não é nova e existe desde 1895, consignada no *Projeto para uma Psicologia Científica*.[4]

Mas como a ênfase desta discussão não é, senão marginalmente, a discussão genética e o entrelaçamento entre as dinâmicas pulsionais no interior do aparelho psíquico, o que proponho não é tampouco uma avaliação da evolução do pensamento freudiano ao longo do seu percurso, o pano de fundo em si, mas uma investigação breve, simples e direta dessas recolocações dos objetos e regras lógicas que visivelmente remodelam o jogo possibilidades e impossibilidades instituído no sistema proposto por Freud a partir da *Interpretação dos Sonhos*. Neste caso, por exemplo, a possibilidade de conceber um "eu" razoavelmente modificado pela admissão da existência de forças pulsionais que operam diretamente na sua conformação fundamental. A partir desta descrição, portanto, pretendo realizar uma consideração sobre o alcance especulativo da nova concepção, que, mesmo sob a nova condição de um dualismo, coloca, a meu ver, a teoria de Freud não mais tão distante de formas teóricas rechaçadas cerca de dez anos antes desta nova ocasião, como as de Adler e a de Jung. Estas visivelmente tributárias de princípios alheios ao escrutínio evidencial.

3 FREUD, 1920/2010, p. 202.

4 cf. MONZANI, 2014, p. 191-206; TRAN THE, *et alii*, 2020.

Internalismos e Externalismos

Um ponto em comum entre as teorias de Freud, Jung e Adler é o de que nelas a configuração da totalidade do processo psíquico é sempre muito maior do que o próprio "eu". Essas teorias partilham justamente o elemento teórico que o historiador Ellenberger denominou como uma aquisição teórica fundamental da psicologia dinâmica do final do século XIX e começo do século XX: "a descoberta do inconsciente".[5] O inconsciente passou a ser o núcleo conceitual de grandes sistemas dinâmicos baseados na análise de eventos mentais, a exemplo da possível inter-relação entre afetos e cognição, cujo florescimento e culminância ocorreu naquele período e cujo grau de consenso científico nunca foi tão inequívoco quanto nas ciências naturais das quais seus protagonistas reivindicavam, malgrado as anomalias, uma pertinência e metodologia não menos inequívoca. Nesses sistemas dinâmicos há tipicamente muito mais lacunas, erros e petições de princípio do que se poderia admitir na história de qualquer ciência natural justamente no período em que a *epistéme* representacionista exercia o auge da sua soberania, se admitimos aqui as demarcações de descontinuidade uma vez propostas por Foucault.[6]

As três teorias dinâmicas (Freud, Jung e Adler), no entanto, são desiguais tanto ponto de vista lógico quanto metodológico. Assim, mesmo que na teoria junguiana possamos falar numa estrutura psíquica de três níveis que

5 Cf. ELLENBERGER, 1970.

6 Cf. FOUCAULT, 1981.

engloba a psiquê, a consciência e o eu, é a primeira que sustenta a personalidade como um todo. É a psiquê que captura em sua rede todos os pensamentos, sentimentos e comportamentos do indivíduo, tanto os conscientes quanto os inconscientes. Ela funciona como um guia que regula e adapta o indivíduo ao ambiente social e físico. O conceito de psiquê serve assim para diferenciar a ideia primordial de Jung das típicas psicologias desenvolvimentistas em que a personalidade reflete uma reunião ou costura de partes, cada uma das quais sendo acrescentada paulatinamente à camada anterior pela experiência e pelo aprendizado. Para Jung, uma pessoa, em primeiro lugar, é um todo, e é nesta totalidade que se situam não somente a consciência e o inconsciente pessoal, mas também o inconsciente coletivo. O inconsciente pessoal, por exemplo, é o receptáculo mental que guarda todas as atividades e conteúdos que não se harmonizam com a individualização ou função consciente. Tais conteúdos podem enveredar para a formação de um complexo ou de uma neurose, mas, à diferença do que pensa Freud, suas raízes se aprofundam em searas da natureza humana que jazem em setores bem mais profundos do que aqueles das experiências da primeira infância. Neste caso, a evolução e a hereditariedade outorgam os parâmetros da psiquê do mesmo modo como acontece com a fisiologia. A mente humana é também determinada pela espécie, pela longa cadeia da sua linhagem orgânica, de maneira que o passado da espécie é bem mais importante para a resolução de conflitos psíquicos do que a própria infância do indivíduo. Paralelamente ao inconsciente pessoal, alia-se nele o inconsciente coletivo, conferindo-lhe um repositório de predisposições de comportamento, e de conteúdo de imagens latentes, denominados como "arquétipos". Os arquétipos, então, são modelos originais sem conteúdo hereditariamente transmitidos que se conformam às experiências do indivíduo, determinando-lhe um certo tipo de percepção e de reação. Como são universais por natureza, eles se tornam a chave mestra da psicologia analítica junguiana a ser utilizada para a resolução de complexos que assumem o controle da personalidade.

Em Adler, há também uma solidariedade muito mais forte entre a fisiologia e o indivíduo para explicar a psicologia do que a base estendida sobre a própria experiência infantil. A totalidade da avaliação subjetiva das disposições inatas, da experiência objetiva e dos fatores orgânicos e ambientais impõe-se também sobre uma concepção mais nitidamente desenvolvimentista como a de Freud. A passagem do substrato orgânico para os processos psicológicos, no entanto, parece seguir a antiga via explicativa do conhecimento pelas analogias, pois o autor sustenta que inferioridades orgânicas se tornam psicologicamente efetivas não pela estrutura do sistema nervoso central, na forma, por exemplo, de energias psíquicas canalizadas pela inervação da memória e suas conexões complexas com o aparato consciente e inconsciente, mas pela intervenção direta de "sentimentos de inferioridade" na organização psíquica do indivíduo. Uma pessoa com visão fraca, por exemplo, poderia desenvolver interesse em objetos visuais como uma maneira de *compensar* a imperfeição e tornar-se, assim, uma pessoa devotada à leitura. Uma pessoa com deficiências auditivas próprias ou hereditárias, poderia desenvolver compensatoriamente propensão à música. Para Adler, este mecanismo de compensação é tanto orgânico como psicológico. Um determinado órgão do corpo humano tanto pode ter seus déficits de equilíbrio hormonal compensado por maiores ou menores atividades fisiológicas em outros órgãos, quanto a inferioridade funcional de um órgão, no aparato digestivo ou no trato respiratório, por exemplo, pode ser compensado pelo fortalecimento de processos psíquicos correlacionados, como a preferência alimentar ou o gosto por esportes. A teoria compensatória de Adler segue a mesma racionalidade da homeostase, da busca de equilíbrio ou de conservação de energia geral do corpo comandada pelo sistema nervoso central.

Mas o que se mostra mais evidente nesta diferença de perspectiva com relação a Freud, é que "sentimentos de inferioridade" não podem ser um resultado imediato da ação de forças psíquicas internas, tal como a "libido". Um homem de baixa estatura só pode desenvolver complexo de inferioridade numa cultura que impõe a valorização exclusiva de pessoas de alta estatura. Tem que haver, portanto, conexão direta entre a organização psíquica e a coerção social. É deste modo que a criança, com desenvolvimento orgânico inferior em relação à norma, com o funcionamento glandular e motor ainda muito deficiente, comparado aos adultos, e com doenças e fraquezas ainda proeminentes, são capazes de dar origem a um profundo sentimento de inferioridade em relação aos seus circundantes mais fortes, e fixar este sentimento para o resto da vida. Para Adler, isto é especialmente verdadeiro em relação ao progenitor. Características significativas de obediência, submissão e amor devoto ao pai são, para o autor, traços nítidos de crianças mais propensas à neurose. Essas crianças são colocadas num papel que lhes parece uma negação da masculinidade, no sentido da inibição da agressividade, da proatividade natural, da coragem, do exercício da liberdade, da irrestrita ambição pelo poder e da prática do sadismo. O que este autor denomina como "protesto masculino" é a necessidade decorrente de compensação psíquica expressa na demanda por afeto, na dependência psicológica e na submissão extrema. Aqui estaríamos no âmbito psicológico da estrutura das neuroses, em que se escondem por detrás das ramificações profundas de traços femininos a hipertrofia estorvada de desejos e esforços masculinos.

Temos, por conseguinte, três teorias do inconsciente de três naturezas lógicas distintas. A de Jung que, do ponto de partida fisiológico, estabelece um raciocínio por analogias para proceder às explicações que servirão de fundamento à sua clínica; a de Adler que, do ponto de partida fisiológico, estabelece um raciocínio pragmático em que forças internas da psiquê se digladiam ferozmente contra normas e coerções sociais; e a de Freud que, do ponto de partida fisiológico, estabelece um raciocínio psicodinâmico em que forças internas e contraditórias se digladiam ferozmente entre si. Acrescente-se que duas das lógicas, as de Jung e a de Adler, são completamente externalistas no sentido em que seus fundamentos situam-se em fatores que não se localizam no interior da vida mental do indivíduo, enquanto que a de Freud é, ao revés, completamente internalista no sentido de que seus fundamentos, mesmo que eventualmente sucedâneos de normas, coerções ou hereditariedade, têm foro na vida mental interna do indivíduo. Admitindo-se que os mesmos termos aplicados em jogos de linguagem diferentes dão origem a diferentes significados, os três psicólogos elaboram concepções completamente distintas do inconsciente.

Isto até 1920, por ocasião da publicação de *Além do Princípio do Prazer*. Deveríamos agora, com a nova mudança de posição, com o retorno a uma base marcadamente biológica como ponto de partida da explicação, falar de uma semelhança de família quase indistinguível?

O Internalismo de Freud

A publicação da *Interpretação dos Sonhos* em 1900 marcou para Freud a modificação da tônica fisiológica de todos seus estudos sobre as neuroses até então, sobretudo a histeria, para premissas exclusivamente psicológicas que estruturavam e organizavam as ações, movimentos internos, resistências e represamento de forças internas da mente que serviam de embasamento teórico para o tipo de clínica centrada na fala que particularmente passou a defender. Não é que a psicologia de Freud houvesse ceifado qualquer conexão com o substrato neurológico ao qual mais detidamente se referia antes da virada do século. Seus argumentos psicanalíticos constantemente indicam entre as suas considerações o mesmo tipo de especulação fisiológica de sempre. Mas o que mudou foi o acento teórico. Na *Interpretação dos Sonhos*, essas hipóteses fisiológicas aparecem encurraladas no último capítulo do livro na forma de sucedâneos psicológicos envolvidos no processo psíquico que produz os sonhos a partir das experiências diurnas, da memória infantil e do complicado jogo de forças que estruturam o que Freud chama de "aparelho psíquico". Os eventos mentais continuam a ter não somente uma decidida base orgânica, mas também não se nega a relação causal entre o somático e o psíquico que se pretende ser aprofundado e explicitado num futuro mais tecnológico.[7]

Muita gente poderia estranhar o método que Freud insiste em situar como apropriado às ciências naturais. O que parece ser ainda mais escandaloso é que não há em seus escritos qualquer sombra de dúvida a este respeito. Este tipo de apreensão, no entanto, parece ser mais um efeito de anacronismo e de diferença cultural do que propriamente descuido da sua parte. A psicologia da época ainda não levava amplamente em conta as reservas de Kant quanto a tomar eventos mentais como fenômenos, nem o papel da *Antropologia do Ponto de Vista Pragmático* no projeto crítico do filósofo. Por isto, a exemplo de qualquer ciência, o método mais comum de elencar evidências era o de juntar todos aqueles dados que fossem similares e, a partir deles, inferir leis e generalizações; mas também, por outro lado, não era difícil encontrar autores que preferissem buscar suas evidências a partir dos próprios modelos já montados, a fim de verificar se os fatos se encaixariam neles e eventualmente modificar suas hipóteses. No primeiro caso, teríamos uma clássica inferência indutiva se não fosse pelo detalhe de que eventos mentais não contam como evidência empírica, e, no segundo, teríamos uma típica abdução, que é o

7 FREUD, 1900/2001, p. 55.

método mais apropriado a investigações policiais, mas que também não pode contar com a cooperação comprobatória do mental, já que este é eminentemente opaco. Fechner e Meynert, precursores de Freud, trabalhavam desta maneira em neurologia.[8] Consequentemente, também Freud adotava o método abdutivo de investigação. Não configuraria um absurdo a reivindicação deste método de trabalho como hipotético e objetivo, em conformidade com investigações de natureza biológica.

Neste tipo de enquadramento, a proeminência do princípio do prazer cumpria o papel de suposição básica e necessária para conceber que os eventos mentais obedeciam à mesma dinâmica que encontramos na matéria orgânica em geral. Não somente os movimentos, pressões e reações deveriam ser os mesmos que encontramos nas trocas químicas e transformações celulares, como também a natureza da energia capaz de atingir e satisfazer o potencial necessário para realizar este trabalho no aparelho psíquico teria que provir de estímulos sexuais, a força mais forte que encontramos na natureza neste caso.[9] Freud, então, concebeu um aparelho psíquico cuja função era o de auferir prazer e evitar o desprazer.

Dentro do complicado jogo de forças em que a vida mental se subdivide em sua teoria, prazer e desprazer estão correlacionados com quantidades de excitação, de tal modo que o desprazer corresponde a um aumento, e o prazer, a

8 Cf. ELLENBERGER, 1970, p. 477.

9 Cf. FREUD, 1920/2010, p. 237.

uma diminuição dessa quantidade.[10] O aparelho psíquico tem, por conseguinte, uma função de descarregamento de quantidades de excitação, tanto quanto possível em relação ao desprazer, o que corresponde mecanicamente aos ditames do princípio do prazer dentro do jogo de forças em que se complexificou a sua organização pautada pelas experiências de vida – uma organização de tipo desenvolvimentista.

Sem entrar em muitos detalhes internos acerca de como funciona o modelo, o ponto que mais me interessa destacar neste momento é que foi com base na exclusividade deste princípio na organização do aparelho psíquico que Freud combateu as teorias de Adler e de Jung como propostas inadequadas para a explicação e tratamento de um caso como o do "Homem dos Lobos", por exemplo, redigido por Freud em 1914.[11] Só o princípio do prazer, motivado pela pulsão sexual e organizado pelo aparelho psíquico em funções repressivas, pode correlacionar uma suposta cena primária vivida pelo paciente aos 18 meses de idade, a visão de um coito a tergo entre os seus pais, repetido por três vezes numa tarde quente de verão. Esta imagem de memória repercute associativamente, já que reprimida, em um sonho com lobos brancos sentados em cima de uma árvore em frente à janela do seu quarto de dormir, este vivido já aos 4 anos de idade, com os fins de corroboração de que o diagnóstico correto do paciente era o de uma neurose obsessiva infantil, e não o de uma melancolia depressiva hereditária, como antes fora descrito

---

10 *Idem*, p. 163.

11 Cf. FREUD, 1918/2016.

por Emil Kräpelin.[12] Adler e Jung certamente não teriam correlacionado a cena primária e o sonho, e não teriam, assim, chegado às mesmas conclusões de Freud. O motivo de rechaço dessas teorias naquela ocasião foi certamente esse tipo de imprecisão e de descuido com as fontes pulsionais da sexualidade e da agressão.

Dualismo Externalista

No opúsculo de 1920, Jung é lembrado mais uma vez. Desta feita, para afirmar que, enquanto a teoria psicanalítica sempre foi dualista, confrontando pulsões de autoconservação do Eu às sexuais, e, agora, pulsões de vida às pulsões de morte, a psicologia de Jung, por sua vez, sempre foi monista. Ao transferir o problema da localização pulsional da libido para a base biológica, exatamente o mesmo movimento realizado anteriormente por Jung, o problema que Freud vê agora em seu adversário é "o fato de ele haver chamado sua única força instintual de 'libido'", o que, para ele, "tinha de causar confusão".[13]

Adler, por seu turno, é mencionado indiretamente na obra, quando Freud tenta ressignificar sua hipótese sobre "sentimentos de inferioridade" que, se por ocasião da análise do "Homem dos Lobos" eram provenientes de pulsões sexuais reprimidas, passam a ser agora, numa compulsão, repetições de experiências do passado que não possibilitam prazer e cuja função serve unicamente a propósitos de disrupção.[14]

---

12 Cf. BORCH-JACOBSEN, 2012, p. 139.

13 Cf. FREUD, 1920/2010, p. 224

14 Cf. *idem*, p. 180-181.

Mas quais foram as modificações com relação ao Eu que o novo dualismo freudiano trouxe para a teoria? O que se concebia antes era que os processos de repressão transformavam uma possibilidade de prazer numa fonte de desprazer. A neurose era nada mais que a manifestação visível de um prazer que não poderia ser sentido como tal, uma espécie de pacto malparado entre as premências da realidade percebidas pelo Eu e a exigência de satisfação pulsional que Freud denominava muitas vezes como "formação de compromisso". O tratamento psicanalítico consistiria em levar o paciente a repetir o reprimido, algo da vida sexual infantil, como vivência atual mediante a transferência.[15] Este é o ponto do tratamento em que Freud supõe que a antiga neurose foi substituída por uma neurose de transferência. Um elemento essencial da clínica psicanalítica ao qual Adler e Jung não poderiam aquiescer, já que a vida sexual infantil é menos relevante para estes autores que seus respectivos fundamentos externalistas (o normativo e o simbólico). O sucesso terapêutico depende, por conseguinte, de que o paciente reconheça que as reações do Eu correspondem a nada mais que uma fantasia infantil. A quantidade de excitação reprimida pela formação de compromisso se esvai pela fala de reconhecimento da neurose de transferência por parte do paciente.

A novidade trazida por Freud agora, em 1920, é que a transferência traz de volta não só o reprimido que estaria originalmente a serviço do princípio do prazer, mas também "experiências do passado que não possibilitam pra-

15 *Ib.*, p. 177.

zer".[16] Experiências dolorosas da infância, situações não desejadas, medo do castigo, humilhações, desdém, amarguras, são revividos pelo paciente como um eterno retorno do mesmo e fazem parte, para Freud, de uma compulsão à repetição que sobrepuja o princípio do prazer – aí incluídos agora também os sonhos traumáticos (não mais satisfações dissimuladas de desejo) e o impulso que leva as crianças a brincar quando se sentem abandonadas pela mãe.

A partir desta constatação, toda a parafernália especulativa que Freud entretece nas partes IV e V do opúsculo servem para explicar como o corpo está mal preparado para lidar com excitações que vêm de fora. Deste ponto de vista, sonhos traumáticos são índices não da realização de desejos sob o domínio do princípio do prazer, mas contributos de outra tarefa que se origina antes do surgimento desta força de coesão orgânica, tal como a de lidar retrospectivamente com estímulos externos perturbadores mediante o desenvolvimento da angústia. Os sonhos de angústia, os de castigo e os sonhos dos neuróticos traumáticos obedecem somente à compulsão de repetição. Repetir a experiência desprazerosa permitiria lidar com a ameaça de maneira mais completa do que se a vivêssemos apenas passivamente. Permite uma breve ilusão de controle e um relativo apaziguamento psíquico. Como toda esta energia anterior é livre e primária, ela nada tem a ver com elaborações secundárias impulsionadas pelo princípio do prazer. Aqui a pulsão passa a desempenhar de fato o papel de tentar restaurar um estado anterior que o ser

16 *Ib.*, p. 179.

vivo teve de abandonar por influência de forças externas,[17] como uma força entrópica de retorno à desordem original:

> Seria contrário à natureza conservadora das pulsões que o objetivo da vida fosse um estado nunca antes alcançado. Terá de ser, isto sim, um velho estado inicial, que o vivente abandonou certa vez e ao qual ele se esforça por voltar, através de todos os rodeios do seu desenvolvimento. Se é lícito aceitarmos, como experiência que não tem exceção, que todo ser vivo morre por razões *internas*, retorna ao estado inorgânico, então só podemos dizer que *o objetivo de toda vida é a morte*, e, retrospectivamente, que *o inanimado existia antes do vivente.*[18]

Tudo repousa agora sobre influências eminentemente externas. Até mesmo a teoria da libido, antes formulada em termos exclusivos da dinâmica interna das excitações nervosas, pode ser transposta para a biologia celular, como aparece na parte VI do opúsculo. No entanto, a pulsão sexual não tem o caráter da compulsão à repetição,[19] e o resultado para o Eu é que as suas pulsões mais fundamentais agora impelem para a morte, ainda que estejam entrelaçadas a pulsões sexuais que organizam a vida.

Avaliação

A modificação realizada por Freud anularia tudo o que antes havia considerado como o mais relevante na condução

17 Cf. *ib.*, p. 202.

18 *Ib.*, p. 204.

19 Cf. *ib.*, p. 228.

do tratamento do Homem dos Lobos? Todos os fatos da sua conturbada vida infantil criaram cargas de excitações internas cujo esvaziamento não exauria completamente o aparato psíquico por causa das formações de compromisso específicas deste paciente entre seus afetos e representações infantis motivadas pelo princípio de realidade, criando assim a sua espécie de neurose. Mas como afirmar agora que os lobos do sonho estariam relacionados à cena primária, tributária do princípio do prazer, e não meramente à compulsão à repetição? Se não é mais o princípio do prazer que domina o curso dos processos psíquicos,[20] se ele está agora a serviço das pulsões de morte,[21] um dinamismo natural que, segundo os capítulos V e VI, a pesquisa biológica verifica estar presente nos processos celulares que existem prévia e independentemente do ser humano, por que não valeria a pena também interpretar o sofrimento de Pankejeff como consequência clara de um protesto masculino ou os lobos brancos do seu sonho como arquétipos? Qualquer uma destas hipóteses poderia criar cargas de excitação internas que o aparelho psíquico deveria tratar de resolver. De modo que todas as três bases legitimamente externalistas e naturalizadas parecem ter, no fundo, igual dignidade no panteão teórico das hipóteses formuladas a procura de verificações posteriores, formulações tipicamente abdutivas, sejam elas monistas ou dualistas. Mas aí ficaríamos paralisados, sem decisão objetiva possível entre as melancolias do pragmatismo de Adler, do simbolismo de Jung ou do fatalismo de Freud. No estágio

20 *Ib*, p. 164-165.

21 *Ib.*, p. 238.

imediatamente anterior, Freud pelo menos apresentava a promessa de um funcionalismo representacionista a ser corroborado por uma neurologia tecnologicamente mais robusta a ser alcançada no futuro. E agora, o que faremos do outro lado do rio que acabamos de atravessar e com a terra nova e inexplorada que se descortina à nossa vista?

O que parece estar agora do outro do lado do rio não é mais o inconsciente, mas o Eu cuja maior parte é inconsciente. Este Eu vive num mundo de riscos e ameaças, e tem de lidar com distribuições individuais e sociais, mais ou menos inconscientes, a depender do caso, desses riscos. O programa de Freud parece agora habitar muito mais no campo aberto da sociologia e da política, o campo das imprevisibilidades e do acaso, o âmbito do irremediavelmente incontrolável, do que o quadrado do determinismo naturalista laplaciano. Ou melhor, parece haver se tornado uma espécie de programa de psicologia suficiente para o enfrentamento das distribuições desiguais do risco, mais do que uma descrição funcionalista dos processos internos da mente humana. Uma boa razão para ser tão apreciado por versões lacanianas e derridianas, ou francesas, digamos assim, da psicanálise de Freud.

Referências

ADLER, Alfred. *Understanding Human Nature*. Translated by Walter Wolfe. New York: Permabooks, 1946.

ANSBACHER, Heinz & ANSBACHER, Rowena (eds.). *The Individual Psychology of Alfred Adler. A Systematic Presentation in Selections From His Writings*. New York: Basic Books, 1956.

BORCH-JACOBSEN, Mikkel. *Os Pacientes de Freud. Destinos*. Tradução de Hélder Viçoso. Lisboa: Edições Texto & Grafia, 2012.

DILTHEY, Wilhelm. (1883). *Introduction to the Human Sciences*. Translated by Rudolf A. Makkreel & Frithjof Rodi. Princeton: Princeton University Press, 1989.

ELLENBERGER, Henri. *The Discovery of the Unconscious. The History and Evolution of Dynamic Psychiatry*. London: Fontana Press, 1970.

FOUCAULT, Michel. *As Palavras e as Coisas. Uma Arqueologia das Ciências Humanas*. Tradução de Salma Muchail. São Paulo: Martins Fontes, 1981.

FREUD, Sigmund (1900). *A Interpretação dos Sonhos*. Tradução de Walderedo Ismail de Oliveira. Rio de Janeiro: Imago Editora, 2001.

FREUD, Sigmund. (1920). Além do Princípio do Prazer. In: *Obras Completas*, v. 14. Tradução de Paulo César Souza. São Paulo: Companhia das Letras, 2010, p. 161-239.

FREUD, Sigmund. (1918). *O Homem dos Lobos. História de uma Neurose Infantil*. Tradução de Paulo César Souza. São Paulo: Companhia das Letras, 2016.

MONZANI, Luiz. *Freud. O Movimento de um Pensamento*. Campinas: Editora da Unicamp, 2014.

TRAN THE, Jessica, *et alii*. From the Principle of Inertia to the Death Drive: The Influece of the Second Law of Thermodynamics on the Freudian Theory of the Psychical Apparatus. In: *Frontiers in Psychology* 11, 2020. Disponível em: https://doi.org/10.3389/fpsyg.2020.00325. Acesso em: 10 janeiro 2022.

YOUNG-EISENDRATH, Polly; DAWSON, Terence. *The Cambridge Companion to Jung*. London: Cambridge University Press, 2008.

A anatomia do demoníaco na psicanálise: *Jenseits des Lustprinzips* entre a metapsicologia e a clínica

Josiane Cristina Bocchi

Publicado em 1920, o ensaio freudiano *Além do princípio do prazer*[1] completou um centenário, ocasião especial para alguns destaques. Esse texto é conhecido no campo psicanalítico como um ensaio teórico especulativo no qual Freud se excedeu no recurso a hipóteses biológicas e psíquicas sem fundamento em fatos empíricos. O *Jenseits* também é lembrado pela célebre introdução da pulsão de morte na psicanálise e por apresentar a tese de que haveria outro funcionamento psíquico mais originário que o princípio do prazer, tal funcionamento seria regido pela "compulsão à repetição".[2] O conceito de pulsão de morte era inédito naquele momento e com elevado grau de abstração, vinculado ao que Freud nomeou como o princípio de Nirvana, ou seja, a tendência regressiva e conservadora do psiquismo de retorno ao estado inorgânico, anterior à forma viva.

A falta de empirismo, no entanto, não impediu este trabalho freudiano de ter seu valor metapsicológico reco-

1 Também nos referimos ao título deste ensaio em alemão, *Jenseits des Lustprinzips* (1920) ou simplesmente *Jenseits* (1920), pela sonoridade.

2 CAROPRESO; SIMANKE, 2011.

nhecido, uma vez que ele representa o marco formal da passagem da primeira para a segunda teoria do aparelho psíquico, devido à profunda reconfiguração que *Jenseits* sistematiza e imprime à teoria das pulsões. Anteriormente, Freud opunha sexualidade e pulsões do Eu, um antagonismo que já sofrera um significativo abalo desde em 1914, com a introdução do narcisismo e da ideia de uma organização libidinal primitiva no próprio Eu.

Tematizar uma dissecação da compulsão à repetição em *Além do princípio do prazer*, e a partir dele, corresponderia alusivamente a uma verdadeira anatomia do mal interior e do seu simbolismo para a vida psíquica e para o que dela se reproduz no campo social. O demoníaco é o termo usado por Freud para situações em que "muitas pessoas nos passam a impressão de estarem sendo, por assim dizer, perseguidas por um destino maligno, isto é, de haver algo demoníaco em suas vidas. Desde o início a psicanálise considerou que esse destino fatal era quase que inteiramente preparado por elas mesmas".[3] É uma referência a influências infantis precoces e à figura da força irredutível e opaca das pulsões, estas que levam certos sujeitos a atarem-se ao sofrimento e, ao mesmo tempo, satisfazerem-se com isso. O fato é que o destino das *forças demoníacas* na psicanálise e, em especial, a concepção de destrutividade que desponta nos textos metapsicológicos do início da década de 1920, serão selados em trabalhos futuros de Freud, até sua morte. E no legado da teoria psicanalítica nem todas as correntes do pensamento psi-

3 FREUD, 1920/2006, p. 147.

canalítico acolheram a noção de pulsão de morte, como a *Ego Psychology* e parte da vertente francesa, embora assumissem a teoria topográfica, a segunda tópica, como uma solução que substitui a primeira tópica (inconsciente - pré-consciente e consciente). Atitude esta, aliás, extensamente discutida como diversionista e epistemicamente insustentável na perspectiva de uma leitura mais rigorosa do movimento do pensamento freudiano.[4] O *Além do princípio do prazer* foi um texto seminal e também fundamental para a elaboração da teoria da pulsão de morte e de teses posteriores da teoria estrutural, como o conceito de id e a revisão do masoquismo, por exemplo. Entretanto, as interpretações que o mantém apenas no patamar de um texto confuso, recursivo e fora do habitual arco das preocupações de Freud, entre questões clínicas e sua produção conceitual, devem considerar que o método de investigação também cumpre um papel no amadurecimento do pensamento freudiano, de forma que "Freud, através de um método que somente ele tem a audácia de empregar, pula por cima dos fatos e dados da prática e lança-se para bem além, numa especulação de grande alcance cuja coerência tentará estabelecer confrontando o já sabido, passado, e desconhecido do presente."[5]

O paradoxo da satisfação que alguns encontram na repetição de experiências traumáticas, desprazerosas e na reprodução do sofrimento, bem como o exercício especulativo de Freud em direção à Biologia, mais do que

4 Cf. MONZANI, 1989, p. 281 e segs.

5 GREEN, 2017, p. 37.

gerar um efeito desconcertante no meio psicanalítico, fizeram com que a publicação de *Jenseits* deixasse grandes incertezas sobre a eficácia e o futuro do tratamento psicanalítico. Muitos psicanalistas estavam inseguros, pois, no segundo dualismo pulsional, a oposição entre pulsões de vida e pulsões de morte assentava-se em pilares fortemente heurísticos e sem uma clara vinculação com os fenômenos clínicos, consequentemente "os psicanalistas reagiram ao discurso de Freud como se ele os tivesse sentenciado com um veredito de morte."[6]

Nosso objetivo, a partir desse debate, é reapresentar a questão da compulsão à repetição ligada ao âmbito teórico-clínico. A compulsão é a precursora conceitual direta da pulsão de morte, mas, do ponto de vista dos modelos clínicos, ela corresponde às dinâmicas silenciosas presentes no apego obstinado à doença e ao sofrimento. Esses fenômenos relacionados à pulsão de morte estão incorporados ao que Freud denominou genericamente como "reação terapêutica negativa". Por que certos tipos de pacientes respondem à melhora na análise ficando mais doentes? Por que, mesmo diante dos avanços terapêuticos, alguns se agarram à transferência com desespero? Essas questões relacionam-se aos motivos de sucesso ou estagnação de diversas análises. A reação terapêutica negativa, a culpa inconsciente e o masoquismo moral foram os fenômenos que permitiram observações e experiências que funcionaram operativamente como os fatos clínicos ligados à realidade da pulsão de morte.

6 GREEN, 2017, p. 35.

Esperamos melhor contextualizar a leitura de *Jenseits* em face ao modelo do masoquismo e as ditas compulsões de destino, problemática situada entre a clínica e a metapsicologia, a qual norteia os trabalhos de Freud desde os anos 1920 até o último período de seu pensamento.

Os nomes da pulsão de morte e seus disfarces

Caracterizar *Além do princípio do prazer* como um trabalho meramente especulativo, mesmo que se reconheça seus impactos na evolução da teoria psicanalítica, é dizer pouco sobre este texto de Freud e, mais, ao se fazer isso, é inevitável incorrer em uma leitura parcial, tendo em vista a intertextualidade dos trabalhos freudianos em torno dos anos 20. Aquela primeira leitura normalmente associa-se ao caráter biologizante do texto, porém desconsidera que o apoio empírico das hipóteses de *Jenseits* encontra-se em fatos clínicos trazidos imediatamente nos anos subsequentes a 1920. É quase como se *Jenseits* se prolongasse e até se completasse em outros trabalhos de Freud do mesmo período, especialmente em *Uma neurose demoníaca no século XVII,*[7] *O Ego e o Id*[8] e *O problema econômico do masoquismo.*[9] A propósito, grandes transformações que terão valor para a clínica psicanalítica são tornadas possíveis pelas teses apresentadas em *Jenseits*, como ocorreu com a noção de *id*, como coloca Monzani.[10]

7 FREUD, 1923/2016.

8 FREUD, 1923/2007.

9 FREUD, 1924/2007; 1924/2016.

10 MONZANI, 1989.

Outras noções anunciadas ou pressupostas em 1920 serão reafirmadas após 1924, como no caso do masoquismo originário e a coexcitação libidinal, e também redirecionarão o pensamento freudiano.[11]

Antes da concepção de *Jenseits* (1920), o masoquismo fora apresentado por Freud, em *Pulsões e destinos da pulsão* (1915), como um dos destinos pulsionais, mas não como uma realidade clínica. Neste sentido, parece ter sido necessária esta obra para que o problema do masoquismo fosse colocado de forma heurística, porém seria demonstrado com base em fatos clínicos somente depois.[12] Fernandes,[13] por sua vez, sintetiza com clareza qual foi o grande impasse relativo à economia psíquica derivado do *Jenseits*, qual seja, uma vez que o desprazer era equalizado com o aumento de excitação e o prazer com a sua extinção, o princípio de prazer poderia ser interpretado como trabalhando para a pulsão de morte. Tal é a forma como Freud conclui o *Jenseits*: mesmo que o princípio do prazer tenha um papel vigilante em relação aos perigos externos e aos perigos oriundos da vida pulsional, "o princípio de prazer parece, de fato, estar a serviço das pulsões de morte".[14]

Ao cabo do ensaio, Freud alerta que este problema está relacionado com outros aspectos para os quais naquele momento ele não tinha resposta. Mas decorreram 4 anos para Freud voltar a trabalhar novamente os impasses

---

11 GREEN, 2008.

12 AISENSTEIN, 2020.

13 FERNANDES, 2006.

14 FREUD, 1920/2006, p. 181.

econômicos da nova teoria pulsional, como os regimes de funcionamento psíquico e a questão do masoquismo. O que teria acontecido nesse ínterim?

Parece ter sido necessário à elaboração das ideias freudianas conferir um melhor acabamento à teoria do Eu, o que ele admite em *Jenseits*: "lamentavelmente, a análise do Eu avançou muito pouco nestes anos, a ponto de ser realmente muito difícil demonstrar a existência dessas outras pulsões (pulsões não libidinais)."[15] Tratava-se de acomodar os avanços da teoria da libido e do narcisismo, assim como admitir a existência de territórios inconscientes do Eu, mas não apenas isso. A essa altura, na virada dos anos 1920, Freud estava convicto de que a instância do Eu era capaz de internalizar relações de incorporação, ambivalência e identificação com os objetos externos (a melancolia e primeiras reflexões sobre o complexo de Édipo demonstraram isso), a ponto dessa instância se dividir em estruturas distintas, estranhar-se como um novo objeto e encarnar a voz da autoridade e do ideal de si.

O *Psicologia das massas e análise do Eu*, de 1921, com as substituições do ideal do Eu pela representação de um líder externo, a noção de regressão libidinal e a submissão consentida ao líder do grupo, foi um texto que também contribuiu para a progressão de uma noção expandida sobre o Eu. Este foi um caminho prévio para desenvolver a questão das tendências masoquistas, era preciso haver um Eu e um Supereu antes de se deter no problema do masoquismo e do sadismo.

15 FREUD, 1920/2006, p. 174.

Neste sentido, em *O Ego e Id*, Freud apresenta a nova topografia do aparelho psíquico (Isso-Eu-Supereu). Por várias outras razões, este é um trabalho inédito e com significativo impacto na experiência intelectual psicanalítica, mas também pode ser compreendido como um dos grandes frutos desse período do pensamento freudiano, cujo pontapé teorético foi a obra de 1920. A contiguidade temática entre o *Jenseits* e o trabalho de 1923 é anunciada desde as primeiras linhas do prefácio:

> Estas considerações retomam um curso de pensamentos que iniciei em *Além do princípio do prazer* (1920), pensamentos que eu próprio olhava com certa curiosidade benévola, como lá afirmei. *Elas lhes dão prosseguimento, ligam-nos a diversos fatos da observação analítica*, procuram deduzir novas conclusões a partir dessa relação, mas não fazem novos empréstimos à biologia, e por isso estão mais próximas da psicanálise do que aquela obra.[16]

Mas já que a sexualidade rondava o Eu desde o ingresso do narcisismo na metapsicologia, não é menos verdadeiro que a morte rondava Freud antes mesmo da formulação da segunda teoria pulsional, sobretudo de forma subliminar a outros conceitos, como a ação que substitui uma recordação no tratamento psicanalítico, como introduzido em *Lembrar, repetir e perlaborar*[17] e a culpa que precede as ações delituosas de alguns: "este sofria de um opressivo sentimento de culpa, cuja origem não conhecia,

16 FREUD, 1923/2007, p. 27, grifos nossos.

17 FREUD, 1914/2019.

e, após praticar uma ação má, essa opressão se atenuava. Seu sentimento de culpa estava pelo menos ligado a algo".[18] A morte precede *Jenseits*, tanto na vida real, devido a perdas pessoais de Freud e ao fato de a Europa estar saindo da Primeira Grande Guerra (1914-1917), como também a morte rondava a teoria psicanalítica.

Érico Campos[19] nota que a compulsão à repetição emerge como um elemento inusitado na trama dos argumentos de *O estranho*, texto de 1919, mas redigido simultaneamente ao *Jenseits*. Luiz Roberto Monzani, por sua vez, discorda que a temática mortuária seja uma questão realmente nova na obra freudiana, muito menos exclusiva da reviravolta teórica dos anos 20. Ele assinala que a tendência ao esvaziamento total das tensões é uma tese constante e incontornável de Freud, uma vez que "o prazer, no pensamento freudiano, não é solidário a uma ontologia da positividade, mas sim que ele é a forma mesmo do negativo, ocorrendo isso desde o início e atravessando toda obra".[20]

A compulsão à repetição (*Wiederholungszwang*) parece ter sido mais do que um caminho fundamental e reconhecido por Freud para chegar à pulsão de morte, mas também se tornou um dos seus nomes. Nada de muito interessante fora dito sobre a compulsão à repetição antes de 1920. O conceito surgiu em 1914, em *Lembrar, repetir e perlaborar*, atrelado ao problema da transferência e da

18 FREUD, 1916, p. 347.

19 CAMPOS, 2014.

20 MONZANI, 1989, p. 219.

resistência à análise, sendo referido ali como "compulsão para a repetição" (*Zwang zur Wiederholung*)[21]: "enquanto o paciente se acha em tratamento, a compulsão de repetição é sua maneira de recordar".[22] O uso de *Zwang zur Wiederholung* tem o mesmo sentido que a sinonímia compulsão à repetição, tradução da expressão composta *Wiederholungszwang*, forma como passou a ser referida por Freud a partir de *Jenseits*, e também inaugurada nesta obra. Mas a alteração significativa é que o caráter inconsciente da repetição e seu efeito pervasivo na temporalidade são reinterpretados em 1920 à luz dos avanços freudianos com as reflexões sobre a pulsão de morte e a evocação do problema do prazer-desprazer e, por fim, a *Wiederholungszwang* será relida sob o prisma do masoquismo. Os fenômenos do masoquismo vinculam as tendências egoicas autopunitivas à experiência da repetição, como veremos na seção seguinte.

Um impasse econômico diretamente relacionado ao masoquismo foi anunciado em 1920, quando Freud relata os sonhos traumáticos como exceções à realização de desejo – a finalidade última dos processos oníricos – e sinaliza que a explicação dessas produções oníricas estaria nas inclinações masoquistas do Eu e na necessária revisão dessa concepção. Esse foi o problema anunciado, mas que seria efetivamente tratado alguns anos depois. É

21 Cf. Nota do Editor (p. 163), em *Lembrar, repetir e perlaborar* (1914). Tradução de Claudia Dornbuch. *Fundamentos da Clínica Psicanalítica*. Obras Incompletas de Sigmund Freud. Editora Autêntica, 2019.

22 FREUD, 1914, p. 197/201.

válido lembrar que *Bate-se em uma criança*[23] é o precursor da relação entre sentimento de culpa inconsciente e a satisfação masoquista, bem como antecede as operações pulsionais (principalmente, a inversão do amor em ódio, a substituição da atividade em passividade e o voltar-se sobre a própria pessoa) e as identificações que explicam a sujeição.

O que importa sublinhar neste momento é que Freud apoia o caráter regressivo das pulsões nas observações relacionadas à compulsão à repetição, "esta de fato nos parece ser mais arcaica, mais elementar e mais pulsional do que o princípio de prazer, o qual ela suplanta".[24] As primeiras fontes de observação relacionadas às pulsões de morte são, portanto, relativas à compulsão à repetição, como sugestiva de um regime de funcionamento do que está "para além do princípio de prazer". A primeira fonte decorre dos jogos infantis que repetem experiências que não evocam nenhum prazer, como na perda do amor infantil. Como já é notório na literatura psicanalítica, neste exemplo, Freud reencontra no *fort-da*, a brincadeira do carretel do seu neto, a reconstrução da experiência de desaparecimento e retorno. Freud faz questão de sublinhar que o fenômeno da repetição recobre também as experiências agradáveis, mas com a mesma finalidade que a repetição de impressões penosas, qual seja, a de permitir ao Eu dominar de forma ativa os excessos relacionados às impressões e vivências que desencadearam a compulsão à repetição.

23 FREUD, 1919.

24 FREUD,1920, p. 148.

> As manifestações da compulsão à repetição (*Wiederholungszwanges*) que descrevemos como típicas das primeiras atividades da vida psíquica infantil do curso dos tratamentos psicanalíticos, não só exibem um *caráter altamente pulsional* (*triebhaft*), como também – quando se opõe ao princípio de prazer – apresentam até mesmo um *caráter demoníaco*. No caso da brincadeira infantil, pensamos ter entendido que a criança repete a vivência, mesmo que desagradável, buscando adquirir uma maestria no controle (*Bewältigung*) da forte impressão deixada pelo episódio, algo mais difícil de a criança obter se apenas observasse o acontecimento de forma meramente *passiva*.[25]

Notemos que a repetição, então, visa obter algum domínio para um acontecimento que fora vivido de forma passiva. No trecho acima, também fica evidente o paralelo entre força pulsional e o signo demoníaco. Desse modo, assinalamos que a correlação freudiana entre adoecimentos demoníacos e seu caráter marcadamente pulsional, em oposição às doenças do narcisismo. Nestas últimas, o traço que se sobressai é o do recolhimento libidinal e o desligamento afetivo, devido à dessexualização das pulsões e a consequente perda de libido. Quanto ao caráter altamente pulsional que toma forma nas manifestações demoníacas, Freud destaca o aspecto regredido e a independência ao regime de funcionamento pelo prazer-desprazer. Uma posição que ele reforça em outro texto:

25 FREUD, 1920, p. 159, grifos nossos.

> Em *Além do princípio do prazer* abordei o problema econômico de como vivências desagradáveis do primeiro período sexual infantil podem ter êxito em chegar a algum tipo de reprodução. Tive que atribuir-lhes, na forma de uma "compulsão à repetição", um *impulso para cima extraordinariamente forte*, capaz de superar a repressão que – a serviço do princípio do prazer – pesa sobre elas.[26]

Freud diz que, quando se está em análise, a transferência positiva tende a afrouxar os elos da repressão e, neste ponto, o próprio tratamento oferece auxílio para o impulso de repetir. Contudo, essa é a mais clara indicação do caráter imperioso da força pulsional nestes casos: "sucede frequentemente que a compulsão à repetição se libere dos compromissos dessa aliança e não se contente com o retorno do reprimido em forma de imagens oníricas".[27] Destaca-se, nesse trecho, que o trabalho clínico da análise favorece, pelo menos por um tempo, o retorno do recalcado e a emergência de repetições na forma de figuras, imagens e material onírico. Contudo, a forma privilegiada de aparecimento da compulsão à repetição, quando a serviço das pulsões de morte, é pela ausência de imagens, representações e do sonhar.

As pulsões de morte se apresentam, portanto, fundamentalmente, ora como pressão-força ora em sua negatividade, pela ausência de signos legíveis, o que torna o trabalho clínico, bem como a interpretação psicanalítica de

26 FREUD, 1923/2007, p. 283.

27 FREUD, 1923/2007, p. 283.

acontecimentos históricos e fenômenos sociais, um trabalho em torno do ainda não formulado, do não imaginado e do não propriamente constituído. Nestes casos, o trabalho analítico avizinha-se de um domínio impessoal que opera como pedaços de realidade não inscritos no psiquismo e no tecido do campo social.

Seguindo, em *Jenseits*, há repetições compulsivas que visam a dominar modalidades de experiências significativas, não traumáticas, mas que também requerem uma elaboração, o que fica patente na insistência das crianças para que se lhe contem exatamente a mesma história ou repitam com elas as mesmas brincadeiras. Essas são as repetições em que a meta não contradiz o princípio do prazer, "pois fica evidente que a repetição, no sentido de reencontrar a identidade, constitui por si mesma uma fonte de prazer".[28] Provavelmente, aqui Freud se refira às operações do julgar na base dos processos de pensamento, as quais levam a identidades de percepção, e ao reencontro com o objeto da satisfação, com isso, perfazendo as representações desejantes. Estas noções sobre o pensar e o circuito do desejo foram desenvolvidas no *Projeto para uma psicologia científica* (1950/1895).

As demais fontes a que Freud recorre em *Jenseits* para a formulação da compulsão à repetição, sob o regime das pulsões de morte, foram os sonhos nas neuroses traumáticas e a resistência de alguns analisandos em se curar. Ainda antes de 1920, em *Alguns tipos de caráter encontrados no trabalho psicanalítico* (1916), é preciso

28 FREUD, 1920, p. 159.

destacar que o imperioso anseio por transgredir, delinquir e a necessidade de ser punido oferecem possivelmente outras designações para a pulsão de morte. Tais fenômenos e seus respectivos disfarces foram postulados antes de Freud inserir a questão da morte e da regressão na teoria pulsional, mas podem ser reconhecidos *a posteriori* como ligados ao que está além do princípio do prazer, devido ao aspecto mortífero presente na interdição do desejo.

As questões que Freud lança em *Alguns tipos de caráter encontrados no trabalho psicanalítico*, sobre os "criminosos em função do sentimento de culpa" e sobre os "arruinados pelo êxito", fazem parte da dinâmica psíquica entre desejo inconsciente e culpa, a qual emana da tensão entre o Eu e o Supereu. Mais tarde, ficará claro na teoria que o sentimento inconsciente de culpa é um dos principais motivos da neurose. O próprio Freud sentia-se desconfortável com a ideia de um afeto inconsciente e prefere empregar necessidade de autopunição ao invés de sentimento inconsciente de culpa. A culpa e a necessidade interna de punição são, então, equivalentes no sentido de que os riscos reais, as infrações iminentes e os atos auto infringidos alimentam a tirania do Supereu e o masoquismo do Eu. Este último prefere se repreender e ser repreendido, punir-se e ser punido a ter que consentir com a realização de um desejo recalcado, cuja origem está relacionada à fantasia de posse dos amores edipianos, outrora interditados.

O fenômeno do "arruinados pelo êxito" corresponde às pessoas que adoecem quando um desejo profundamente enraizado está prestes a se realizar, "então, é como se elas não fossem capazes de tolerar sua felicidade, pois não pode haver dúvida de que existe uma ligação causal entre seu êxito e o fato de adoecerem".[29] Nestes casos, a degradação psíquica "segue de perto a realização do desejo e põe fim à fruição do mesmo".[30] Freud ressalta uma relação com o complexo de Édipo e a provável origem do *sentimento de culpa*, embora não as desenvolva neste texto. A explicação fica no plano da primeira tópica, com base na satisfação substitutiva conseguida graças à emergência de um desejo recalcado. No entanto, quando a frustração externa (nos exemplos de Freud, a condição de ser amante e ser subalterno) é substituída pela realização de um desejo – interditado na fantasia do sujeito (tornar-se esposa, ser promovido) –, este cai doente por causa do êxito.

Na descrição da situação dos "criminosos em consequência de um sentimento de culpa", Freud inverte a relação entre culpa e ação perpetrada, entendendo que a culpa antecede o ato, já que "tais ações eram praticadas principalmente por serem proibidas e por sua execução acarretar, para seu autor, um alívio mental. Este sofria de um opressivo sentimento de culpa, cuja origem não conhecia, e, após praticar uma ação má, essa opressão se atenuava. Seu sentimento de culpa estava pelo menos ligado a algo".[31] É interessante destacar que fixar o sentimento de culpa numa ação delituosa, proibida, "apazigua" o sofrimento. Em outras palavras, na concepção freudiana, a ligação de

29 FREUD, 1916, p. 331.

30 FREUD, 1916, p. 332.

31 FREUD, 1916, p. 347.

uma angústia traz um apaziguamento (*Befriedigung*), um alívio, enquanto a quebra das ligações afetivas traz dor psíquica, como nos mostra o trabalho do luto. Descrevendo de outro modo, o afeto ligado à culpa é opressivo e, de saída, sem objeto como toda angústia; mas tal afeto é também sem imagem e sem conteúdo de representação, ele é livre, flutuante e carece de ligações psíquicas. As pulsões de morte se apresentam em sua negatividade, na medida em que tais aspectos colocam à prova o modelo da representação e da memória.

Talvez por isso o sentimento de culpa ou a necessidade de punição impele para uma realização no exterior de si mesmo, ao se atualizar em uma ação concreta de teor delituoso ou se externalizar em uma atitude alienada da possibilidade de "sentir com", excluindo qualquer jogo alteritário ou mais empático. A pressão angustiante transmuta-se recoberta por várias operações psíquicas (negação, deslocamento, condensação, projeção), sendo descarregada em uma ação externa e socialmente condenável. Assim, disfarça-se um mal interior (da alma, do Eu) em um juízo de valor passível de racionalização, a ser julgado (ou não) pelas normas do código social vigentes. De qualquer modo, descreve-se aí um acontecimento psíquico precariamente formado, e não formulado, não simbolizado e que, portanto, comprime pela busca de um lugar no campo da visibilidade. Alguns diriam confessa-se um delito menor para encobrir um crime maior, pelo menos em fantasia. Certamente, isso não deixou de ser notado por Freud, ao lembrar que as duas grandes intenções criminosas são de natureza edipiana: matar o pai e ter o domínio sobre o quarto da mãe, "em comparação com esses dois, os crimes perpetrados com o propósito de fixar o sentimento de culpa em alguma coisa vinham como um alívio para os sofredores".[32]

A propósito das deformações de caráter, Freud fala das "exceções", vinculando sua gênese a uma doença orgânica na infância ou condições indutoras de sofrimento demasiadamente prolongadas, de modo que o adulto que se acredita prejudicado, privado física ou moralmente diz: "a vida me deve uma reparação por isso, e farei tudo para consegui-la. Tenho direito de ser uma exceção, de desprezar os escrúpulos pelos quais os outros se deixam tolher. Posso fazer o mal, já que a mim foi feito o mal".[33]

Isso posto, vimos que a partir dos confins da vida pulsional emerge uma verdadeira legião de nomes e figurações para a pulsão de morte, o que nos deixa indicações, vestígios a respeito de que a compulsão à repetição e a pulsão de morte estavam atadas ao subterrâneo dos conceitos e noções que subsidiaram a compreensão freudiana desses fenômenos acima descritos e ligados aos traços de caráter, sendo, então, a compulsão à repetição e a pulsão de morte formuladas somente em *Jenseits*, quando elas adquirem um estatuto teórico explícito.

A doença e a expiação do mal

Freud dobra a aposta na radicalidade da pulsão de morte no ensaio *O problema econômico do masoquismo*

32 FREUD, 1916, p. 348.

33 FREUD, 1916, p. 329.

(1924). Segundo André Green[34], é somente aí que Freud enlaça a concepção de pulsão de morte do ponto de vista da teoria e da prática clínica, ao abordar conceitos correlacionados a ela, como o masoquismo e o sadismo. A proposição do masoquismo como primário estabelece que a destrutividade tem, primeiramente, uma gênese interna e apenas uma porção dela é projetada no mundo externo, "aquilo que poderíamos chamar de a *prova da especulação* abandona seu status de hipótese e tornar-se um conceito operatório".[35] Nesse sentido, em *O problema econômico do masoquismo*, fundamentalmente, ocorre um acerto de contas com grande parte das reflexões inéditas de 1920, sobretudo com o princípio do Nirvana ligado à pulsão de morte, o que justamente havia abalado a crença de Freud no princípio do prazer e no seu papel de guardião da vida psíquica.

Em *Jenseits* surge um "embaraço" que torna difícil sustentar a primeira teoria do sadismo como fenômeno primário do psiquismo. Ele se tornará a expressão da pulsão de morte afastada do Eu e sua contraparte que permanece no psiquismo, o masoquismo, seria o "redirecionamento da pulsão contra o próprio Eu, seria então, na realidade, um retorno (*Rückkehr*) a uma fase anterior dessa, ou seja, uma regressão (*Regression*). Entretanto, em um ponto a formulação sobre o masoquismo que apresentamos aquela época deveria ser corrigida, por se mostrar demasiado

34 GREEN, 1990/2017.

35 GREEN, 2017, p. 37.

limitadora."[36] No entanto, o embaraço econômico trazido pelo sadismo-masoquismo estanca nesse ponto no ensaio de 1920. Após a publicação de *Jenseits*, e colhendo os frutos do segundo dualismo pulsional, Freud reposiciona o problema econômico do masoquismo. Freud reformula a teoria do masoquismo (desde 1915, masoquismo era secundário e o sadismo primário).

Ele recompõe o sadismo como pulsão de destruição (ou pulsão de *domínio*), uma expressão da pulsão de morte dirigida para fora, enquanto o masoquismo originalmente é a parcela da pulsão de morte que permanece dentro do organismo, ligada às pulsões de vida, com o auxílio da libido das pulsões sexuais, que "entre a dor e o prazer, teria sido fixada (*gebunden*) libidinalmente. Ora, é essa parcela fixada que denominamos de masoquismo original e erógeno."[37] Assim, "Depois que sua parcela principal (*Ursadismus*) foi deslocada para fora, na direção dos objetos, permanece no interior, como resíduo, o verdadeiro masoquismo erógeno, que, por um lado, tornou-se um componente da libido, e, por outro, ainda toma o próprio ser como objeto."[38]

Sendo assim, o objeto primordial do masoquismo é o Eu na acepção de "ser", e não apenas Eu como instância intrapsíquica, e no mesmo sentido que André Green diz

36 FREUD, 1920, p. 175.

37 FREUD, 1924, p. 109.

38 FREUD, 1924, p. 293.

que o masoquismo representa um modo de viver a relação com o objeto: "Prefiro a dor ao nada."[39]

No ensaio dedicado ao tema do masoquismo, em 1924, Freud começa o texto trazendo um elo qualitativo para a noção de prazer-desprazer, o que se acrescenta à sua já postulada concepção quantitativa. Freud pergunta pelo que faz a diferença no gradiente das quantidades, seriam os *ritmos*? Pela primeira vez, o acúmulo e a retenção da excitação, e não a sua liberação, podem prover sensações prazerosas.

> Prazer e desprazer não podem ser referidos ao aumento e diminuição de uma quantidade – que chamamos de tensão de estimulo (*Reizspannung*) –, apesar de evidentemente terem muito a ver com esse fator. Parece-me que eles não dependem desse fator quantitativo, mas de uma característica própria que só podemos descrever como qualitativa. (...). Talvez se trate do *ritmo,* do transcorrer do tempo nas alterações, elevações e quedas na quantidade de estímulos; não o sabemos.[40]

A seguir, Freud correlaciona "um adiamento da descarga de estímulo e uma aceitação temporária da tensão desprazerosa."[41] Ora, o que faz esse trabalho é o masoquismo, que permite o adiamento temporal da descarga e suporta o desprazer. Marilia Aisenstein lembra o conceito de

39 GREEN, 2017; GREEN, 1988.

40 FREUD, 1924, p. 288.

41 FREUD, 1924, p. 289.

Benno Rosenberg[42] de masoquismo como o "guardião da vida", pelo fato de que a ligação primordial do masoquismo erógeno com a destrutividade também pode representar uma "tentativa de cura". Portanto, para esses autores, o masoquismo estaria ligado a uma dimensão narcísica da existência ou, se quisermos, uma dimensão da própria sobrevivência do indivíduo, justamente pelo fato do masoquismo ser o fenômeno que responde e testemunha a intrincação pulsional.

> Se a oposição entre sexualidade e conservação é substituída pelo acoplamento pulsional – libido e pulsão de morte -, devemos conceber que, para evitar a colusão e permitir a aparição do desejo, algo deve se opor à libido, ou seja, ligação desenfreada: um princípio de desligamento que permita a *elaboração de uma via mais longa que pode sustentar a espera*. No entanto, essa via longa é impensável se não podemos imaginar um investimento masoquista do desprazer, isto é, *uma dimensão masoquista da existência que permite o investimento alucinatório do prazer*. Por que não se matar na primeira decepção? Por que amar, sofrer de amor? Por quê? Porque a intrincação das duas pulsões antagonistas se faz com base e em função de um masoquismo erógeno primário.[43]

Ao fim e ao cabo, parece que o masoquista consegue sobreviver aos seus infortúnios e à dor que lhe acontece; logo, haveria no masoquismo uma via mais longa para sustentar

42 ROSENBERG, 1999 apud AISENSTEIN, 2001/2020

43 AISENSTEIN, 2001/2020, p. 22-23, grifos nossos.

a espera, o que amplia a ideia de um simples antagonismo entre esses termos, como presente na concepção freudiana. O sadomasoquismo parece ser mais complexo, na medida em que ambas as posições não prescindem de uma identificação com o objeto, mas são modos de coexistir com ele: "É uma maneira de viver a relação com o objeto".[44] Uma forma de vida à qual ele (masoquista, pelo menos) está disposto a lutar para manter. O masoquista não abre mão dessa vida tão facilmente, até porque, segundo André Green, sua derrocada só depende dele mesmo. Se sempre haverá o pior, e se esse é o seu prazer, então ele mesmo libera-se das suas incertezas: é nisso mesmo que eu creio.

Maria V. P. Nakasu e Nelson da Silva Júnior fazem uma releitura do masoquismo moral, deslocando o centro de gravidade do conceito de uma passividade do Eu em relação ao sadismo do Supereu para uma atividade do Eu masoquista, em pleno acerto de contas com o outro, com o objeto do qual ele tenta se discriminar, uma tentativa de desidentificação com o pai. Assim, a autopunição e a culpa são, na verdade, derivadas da raiva por ter introjetado a semelhança com o pai: "O masoquismo, desse modo, revelaria o esforço de se livrar da tutela do pai, recusando a semelhança do pai. Trata-se menos de uma inflexão da agressividade contra si mesmo do que uma proteção de si sobre o objeto sádico ("não sou eu que desejo castigar meu pai, é ele que me castiga")".[45]

44 GREEN, 2017.

45 NAKASU; SILVA JR., 2013.

Em suma, é importante reter de toda essa parte que o masoquismo comprova a presença da pulsão de morte no Eu, e as análises das manifestações sádicas e masoquistas legitimaram Freud a sustentar o conceito de pulsão de morte. Por outro lado, a revisão que Freud realizou na teoria do masoquismo mostrou-se um caminho necessário e fecundo para pensar os adoecimentos recorrentes e as *compulsões de destino* (*Schicksalszwang*); aqueles fenômenos que se manifestam de forma crônica e aliados a danos aparentemente inexplicáveis e a toda sorte de martírios. São as neuroses de destino, ligadas a um verdadeiro funcionamento demoníaco, situações que estão sob a dinâmica pulsional da compulsão à repetição (*Wiederholungszwang*): repetidos casamentos infelizes, acidentes recorrentes, benfeitores que sofrem a ingratidão dos seus escolhidos,

> O que de fato nos surpreende são os casos em que a pessoa parece vivenciar *passivamente* uma experiência sobre a qual não tem qualquer influência, só lhe restando experimentar a repetição da mesma fatalidade. Pensemos, por exemplo, na história daquela mulher que se casou sucessivamente com três homens que adoeceram pouco depois do casamento e de quem ela teve de cuidar até a morte.[46]

Então, o demoníaco, o maligno, remete a uma experiência passiva? Freud diz "parece vivenciar de forma passiva", porque trata-se de uma experiência de atravessamento do inconsciente por um funcionamento ativo e desligado das representações e da vida psíquica conscien-

46 FREUD, 1920, p. 147.

te. Deste modo, diante do "eterno retorno do mesmo", o Eu do sujeito se encontra passivo, mas não do ponto de vista do princípio mais arcaico e pulsional do funcionamento psíquico, o da *Wiederholungszwang*.

No caso das doenças de repetição, estas podem também podem ser pensadas como realização de desejo da consciência de culpa ou como atendendo ao masoquismo da "reação terapêutica negativa", e quando for a segunda situação elas obedecem muito mais à compulsão à repetição do que à consciência moral. E, nos casos da compulsão (*Zwang*), perguntamos: trata-se de *reinvestir o corpo pela dor* com qual finalidade? André Green lembra que, dentre os fatores que Freud levanta como obstáculos para a cura analítica, o apego obstinado à doença é uma das formas de expressão mortífera, cuja manifestação é "livre", difusa, por oposição à outra modalidade de obstáculo, que diz respeito à culpa e à autopunição, formas "ligadas" e associadas ao Supereu.[47]

Freud coloca o masoquismo moral como uma forma patológica e extrema de resistência ao trabalho clínico psicanalítico e, não por acaso, este masoquismo é aquele em que o elo com a sexualidade está mais distante:

> Via de regra, em todos os sofrimentos masoquistas, está implícita a condição de que venham da pessoa amada e de só serem suportados por partirem de sua estrita ordem verbal: essa restrição desaparece no masoquismo moral. O que conta é o próprio so-

---

47 Cf. "Por que o mal?" (1988, p. 335), ensaio recolhido e *A loucura privada - Psicanálise de casos-limite* (1990/2017).

> frimento; não faz diferença se este parte da pessoa amada ou de uma pessoa qualquer.[48]

É no contexto do masoquismo moral e da culpa que Freud discute o problema da "reação terapêutica negativa", como um dos maiores impedimentos para a cura analítica, pois a culpa joga com um poderoso fator dinâmico, qual seja, o somar-se à própria intensidade do sofrimento neurótico ligado à culpa inconsciente. Lembremos que o "sentimento inconsciente de culpa, necessidade de punição, angústia moral, medo do castigo são também manifestações do masoquismo moral, expressão de uma tensão entre o eu e o supereu".[49] Freud diz que "o apaziguamento (*Befriedigung*) desse sentimento de culpa é, talvez, o bastião mais poderoso do ganho da doença (*Krankheitsgewinn*)";[50] não se quer desistir da doença, pois o sofrimento que acompanha a neurose é o fator que a torna mais valiosa para a tendência masoquista.

Mas surpreendentemente "uma neurose que resistiu a todo esforço terapêutico pode desaparecer, se que a pessoa cai na miséria de um *casamento infeliz*, perde seu matrimônio ou contrai uma *grave doença orgânica*. Uma forma de sofrimento foi, então, dissolvida na outra, e percebemos que só importou conservar certa dose de sofrimento".[51]

A exemplo de o *Ego e o id* e *O problema econômico do masoquismo,* nesses textos, nos quais Freud também

---

48 FREUD, 1924, p. 294.

49 AUBERT, 2017, p. 181.

50 FREUD, 1924, p. 295.

51 FREUD, 1924, p. 111

discutiu os ganhos inconscientes da "reação terapêutica negativa" e sua relação com o *fator moral no gesto recorrente de cair doente*: "na verdade, o que está em jogo é um fator 'moral', isto é, um sentimento de culpa que só se apazigua (*Befriedigung*) no estar doente e que não quer, de modo algum, renunciar ao castigo do sofrimento".[52] Eis novamente Freud empregando o mesmo termo – *Befriedigung*, apaziguar, aliviar – que ele usara em 1916, na discussão sobre os tipos de caráter, como anteriormente descritos, a reivindicação de ser exceção à regra e moralidade, quando se fracassa diante do sucesso e na culpa que precede o ato delituoso.

Para finalizar este trabalho, indicamos que nossas pesquisas clínicas sugerem duas vias de deslizamento para o estar doente, como formas de subjetivação no próprio corpo e nas repetições sintomáticas. São elas a acepção orgânico-hipocondríaca e a acepção de doença moral. Assim, os adoecimentos narcísicos (primeiro caso) e os adoecimentos demoníacos, no segundo caso, compõem uma vertente vinculada à fixação ao narcisismo primário e outra vertente ligada, predominantemente, às pulsões de morte e ao masoquismo erógeno primário e ao masoquismo moral. Optamos por denominá-las, respectivamente, como via narcísica e via pulsional. Elas não são excludentes, mas delimitam mecanismos de ação e uma economia psíquica que não são exatamente as mesmas, assim como geram diferentes destinos em termos de sintomas e soluções subjetivas.

52 FREUD, 1923/2007, p. 57-8.

Acreditamos que os fenômenos orgânicos-hipocondríacos ainda não foram suficientemente explorados a partir da metapsicologia freudiana, mas não os abordaremos neste trabalho. Detivemo-nos nas formações demoníacas do estar doente e do comprazer-se no sofrimento. Para Freud,

> os demônios são desejos maus e repudiados (*verworfene*), derivados de moções pulsionais rechaçadas, recalcadas. Da Idade Média nós recusamos apenas a projeção para o mundo exterior que ela realizou com esses seres anímicos; nós os deixamos nascer na vida interior dos doentes, onde é sua morada.[53]

Mesmo que para Freud fosse evidente uma relação entre o estar doente e uma psicologia do inconsciente, o componente orgânico dos quadros clínicos que contém manifestações somáticas deslocava a discussão estrutural para o plano das relações entre corpo e o limiar entre psiconeurose, neuroses narcísicas e a doença física, enquanto que os quadros que têm uma etiologia psíquica ou “mais pulsional”, no sentido em que se usa “mais pulsional e mais arcaico” para se referir à compulsão à repetição, estes tendem às manifestações mais estridentes e menos narcísicas do adoecer: “Não devemos nos surpreender se as neuroses desses tempos antigos se apresentam com roupagem demoníaca, ao passo que as não psicológicas

53 FREUD, 1923/2016, p. 217-218.

dos tempos de agora aparecem com roupagem hipocondríaca, *disfarçadas* de doenças orgânicas".[54]

Neste ponto, e encerrando a alegoria psicanálise e demonologia, Freud trata a doença e a expiação do mal em dois planos. Um primeiro deles se refere à doença como mal-estar físico (doenças orgânicas, deformidades congênitas), cumprindo uma função análoga à vestimenta da doença moral, como o que se apresenta na lamúria, no apego interminável ao sofrimento e na submissão ao outro, que sufoca qualquer tomada desejante, como na neurose histérica e no masoquismo que se expressa pela necessidade de autopunição e de castigo. Que este venha do Supereu ou de outras forças parentais, destino etc., isso não importa. O outro plano de expiação da doença (o mal, neste caso) concerne ao lugar que a moralidade ocupa na vida psíquica. Trata-se aqui da constituição do caráter e de como suas deformações psíquicas se inserem na dinâmica dos processos subjetivos. Assim, o presente trabalho partiu do funcionamento demoníaco, anunciado com a compulsão à repetição em *Além do princípio do prazer*, e termina com uma menção à doença (da alma humana, da moral) que se expia através das roupagens orgânicas, tal como se permite no regime de funcionamento da hipocondria (dor e outros tormentos), bem como se expia através da fantasia de entregar seu corpo ao diabo, de ser possuído por ele.

A esse respeito, em *Uma neurose demoníaca no século XVII*, Freud fez um exercício de demonstração análogo ao

54 FREUD, 1923/2016, p. 217, grifos nossos.

caso clínico, ao discutir a neurose demoníaca do pintor bávaro, Christoph Haitzmann, que exprimia, na verdade, uma neurose histérica e mais exatamente um luto melancólico motivado pela perda do seu pai. Eis os poderes satânicos do corpo na histeria, através do êxtase e da possessão – o pintor tinha visões e convulsões – e sela dois pactos com o diabo (um com tinta e depois com sangue), a fim de continuar a ser tutelado por um substituto paterno. Incapaz de pintar e de se manter financeiramente depois que o pai morre, o possuído cede seu corpo e alma ao diabo sem receber nada em troca. E isso chama a atenção de Freud que ele se refere ao caso como uma situação de "obediência *a posteriori*" (*nachträglichen*), mas curiosamente, "como obediência *a posteriori*, essa incapacidade seria também expressão do remorso e uma bem-sucedida autopunição".[55]

No sentido de garantir a existência de alguma autonomia do sujeito, se isso for possível através do masoquismo moral – efeito da fusão entre pulão de morte e pulsão sexual –, vale dizer que no curso da sua neurose, o pintor tem uma melhora após o primeiro exorcismo e recusa os pactos assinados com o maligno.

Considerações finais

Mesmo conservando um lugar de destaque na metapsicologia freudiana, é preciso fazer justiça ao ensaio *Jenseits* (1920). Primeiro, no que diz respeito à introdução e sustentação teórica do conceito de pulsão de morte e seus modos de ação. Essa obra de 1920, no entanto, não

55 FREUD, 1923/2016, p. 235.

pode ser separada de outros trabalhos de Freud da mesma época, como *O Ego e o Id*, *Uma neurose demoníaca no século XVII* e *O problema econômico do masoquismo*. Cada um deles, a seu tempo, trouxe uma fundamentação de caráter não especulativo para as teses seminais de 1920. Seja com base no rigor e nos avanços do raciocínio teórico de Freud, assim como na reinterpretação dos modelos que ele dispunha (narcisismo, teoria da libido), como se viu em *O Ego e o Id*; seja ainda com base na observação do comportamento humano e na experiência clínica. Freud também conferiu o estatuto de caso clínico (*Krankheitsfall*) ao procedimento de analisar documentos históricos e diários pessoais, como na compreensão sobre a paranoia de Daniel Schreber e na neurose demoníaca do pintor no século XVII. E não à toa, como se sabe, esse período da produção freudiana foi batizado de "a virada dos anos 1920", "os anos loucos",[56] pois existe ali uma unidade temática que teve impactos duradouros para a teoria psicanalítica e para os avanços futuros da técnica.

Na ocasião em que a psicanálise completa cem anos da introdução da pulsão de morte, é possível dizer que o masoquismo e a culpa (inconsciente) que alimenta a necessidade de punição são as provas clínicas das forças demoníacas que Freud anunciou em *Jenseits* (1920). No caso do masoquismo, em especial, ele é mortífero, e ao mesmo tempo é o testemunho da intrincação com as pulsões de vida. Por fim, o masoquismo moral se presta

56 GREEN, 2017.

a certo joguete no qual se misturam os contornos entre dor e prazer, bem como entre o Eu e o objeto, na dinâmica arrebatadora em que o medo e a dominação se tornam a mesma coisa. Como bem se sabe, o masoquista investe alucinatoriamente o desprazer e, assim, consegue sobreviver ao que de ruim lhe acontece. Ele conquista, por assim dizer, o direito de existir na dor e para além dela.

Referências

AISENSTEIN, Marilia. Dor e masoquismo na clínica. Trad. Tania Mara Zalcberg. In: NAZARETH, Eliana Riberti; BÉJAR, Victoria Regina (Orgs). *Imunidade, memória, trauma*: contribuições da neuropsicanálise, aportes da psicossomática. São Paulo: Blucher, 2020.

AUBERT, Annie. *A dor*: a originalidade de uma teoria freudiana. Trad. Carmen Lucia M. V. Oliveira. São Paulo: Editora Escuta, 2017.

CAMPOS, Érico Bruno Viana. *Limites da representação na metapsicologia freudiana*. São Paulo: EDUSP, 2014.

CAROPRESO, Fátima; SIMANKE, Richard Theisen. *Entre o corpo e a consciência*: Ensaios de interpretação da metapsicologia freudiana. São Carlos: EduUFSCar, 2011.

FERNANDES, Maria Helena. *Transtornos Alimentares*: anorexia e bulimia. São Paulo: Casa do Psicólogo, 2006.

FREUD, Sigmund. (1914). Lembrar, repetir e perlaborar. In: *Fundamentos da Clínica Psicanalítica*. Trad. Claudia Dornbuch. Belo Horizonte: Autêntica Editora, 2019. (Obras Incompletas de Sigmund Freud).

FREUD, Sigmund. (1916). Alguns tipos de caráter encontrados no trabalho psicanalítico. Trad. J. O. A. Britto e C. M.

Oiticica. In: *Edição Standard Brasileira das Obras Psicológicas Completas de Sigmund Freud.* Org. J. Salomão. Rio de Janeiro: Imago. V. 14.

FREUD, Sigmund. (1920). Além do princípio do prazer. In: *Escritos sobre a psicologia do inconsciente* (1915-1920). Trad. Luiz Alberto Hanns. Rio de Janeiro: Imago, 2006. V. II. (Obras Psicológicas de Sigmund Freud)

FREUD, Sigmund. (1919). O 'Estranho'. In: *Edição Standard Brasileira das Obras Psicológicas Completas de Sigmund Freud.* Rio de Janeiro, Imago, 1996. v. XVII.

FREUD, Sigmund. (1923). O Eu e o Id. In: *Escritos sobre a psicologia do inconsciente* (1923-1938). Trad. Luiz Alberto Hanns. Rio de Janeiro: Imago, 2007. V. III. (Obras Psicológicas de Sigmund Freud).

FREUD, Sigmund. (1923). Uma neurose demoníaca no século XVII. In: *Neurose, psicose, perversão.* Trad. Maria Rita Salzano Moraes. Belo Horizonte: Autêntica Editora, 2016. (Obras Incompletas de Sigmund Freud).

FREUD, Sigmund. (1924). O problema econômico do masoquismo. In: *Escritos sobre a psicologia do inconsciente* (1923-1938). Trad. Luiz Alberto Hanns. Rio de Janeiro: Imago, 2007. V. III. (Obras psicológicas de Sigmund Freud).

FREUD, Sigmund. (1924). O problema econômico do masoquismo. In: *Neurose, psicose, perversão.* Trad. Maria Rita Salzano Moraes. Belo Horizonte: Autêntica Editora, 2016. (Obras Incompletas de Sigmund Freud).

GREEN, André. *Narcisismo de vida, narcisismo de morte.* Trad. Claudia Berliner. São Paulo: Editora Escuta, 1988.

GREEN, André. *A loucura privada*: Psicanálise de casos-limite. Trad. Martha Gambini. São Paulo: Escuta, 2017. (Coleção Pathos).

GREEN, André. *Orientações para uma psicanálise contemporânea*: Desconhecimento e Reconhecimento do Inconsciente. Trad. Ana Maria Rocca Rivarola *et al.* Rio de Janeiro: Imago. São Paulo: SBPSP, 2008.

MONZANI, Luiz Roberto. *Freud*: o movimento de um pensamento. 2ª. ed. Campinas: Editora da UNICAMP, 1989.

NAKASU, Maria Vilela Pinto; SILVA JR., Nelson da. Em defesa de uma certa autonomia: releitura do masoquismo moral em Freud. *Percurso 51* – Destinos do Trauma Psíquico. Ano XXVI – Dezembro 2013. Disponível em: <http://revistapercurso.uol.com.br/index.php?apg=artigo_view&ida=1065&ori=edicao&id_edicao=51>. Acesso em: 12 Dez. 2021.

Gênero, pulsão de morte e reconhecimento: pontos de rearranjos possíveis no debate contemporâneo entre teoria crítica e psicanálise[1]

Léa Silveira

No contexto da interlocução entre psicanálise e teoria crítica e, especificamente, do debate em torno do tema do reconhecimento marcado por Axel Honneth e Joel Whitebook, Amy Allen, no artigo *Are We Driven? Critical Theory and Psychoanalysis Reconsidered* (2015/2017), retoma um problema fundamental relacionado ao conceito de pulsão de morte. Tal problema refere-se à necessidade de reconhecer a presença da negatividade na experiência humana, necessidade que a autora busca equacionar a partir da psicanálise kleiniana. Tento sustentar aqui: 1- que, mesmo na versão kleiniana, o conceito de pulsão de morte não parece deixar de implicar uma antropologia cuja conciliação com a perspectiva crítica insiste em trazer dificuldades; 2- que a concepção de reconhecimento que encontramos em Judith Butler, atrelada ao tema do gênero, traz vantagens em relação à ancoragem honnethiana de que Allen se vale no artigo mencionado para pensar essa noção, porque o tratamento butleriano do reconhecimento não resulta em fixações de sínteses identitárias que

1 Parte deste texto foi apresentada na mesa "Filosofia e Gênero" da Semana Anpof 2021.

marginalizariam diferenças na compreensão das lutas sociais; e 3- que a noção lacaniana de pulsão de morte pode trazer uma contribuição importante para essa discussão. O argumento deste capítulo supõe, então, que a perspectiva de Butler, tomada como teoria crítica da sociedade e como uma perpectiva que atribui operatividade central para a noção de reconhecimento, inclusive para pensar o tema do gênero, pode ser aproximada de outra ideia de pulsão de morte, que atenderia melhor àquilo que precisa ser pensado pela teoria crítica (conforme os critérios assumidos por Amy Allen) por situar de modo distinto a agressividade, ideia que pode ser encontrada na psicanálise lacaniana.

*

Amy Allen (2015/2017) assume a necessidade de admitir a presença da negatividade na experiência humana, pressupondo que ela nos permite evitar duas coisas: 1- uma espécie de utopismo que traria consigo uma concepção irreal do ser humano, inevitavelmente atrelada a perspectivas moralistas, e 2- a queda em estratégias meramente descritivas, que acabariam por abrir mão do papel heurístico da agressividade, sem o qual perderíamos a capacidade de ler aspectos relevantes dos acontecimentos políticos da história humana. Allen defende, nessa direção, contra Honneth, o caráter indispensável, para a teoria social, do conceito de pulsão de morte, mas sustenta que essa referência precisa se dar, diferentemente do que, a seu ver, ocorre em Freud, em uma configuração teórica :

que não adote teses de tom hobbesiano[2] vinculadas a uma ideia de natureza humana, tendo em vista que tal configuração colocaria empecihos inarredáveis para o ideal de emancipação, caro à teoria crítica. A autora entende que esse caminho pode ser avançado com elementos presentes na psicanálise kleiniana, pois, de acordo com ela, essa versão da psicanálise preencheria melhor os critérios metanormativos e explicativos que Honneth reivindica da psicanálise em sua relação com a teoria crítica, uma vez que a psicanálise kleiniana, de um lado : 1- traz uma concepção mais realista de pessoa e fornece uma abordagem explicativa mais rica da agressividade e da destrutividade humanas, e, de outro lado, 2 - "concebe as pulsões não como forças sociais inerentemente associais ou antissociais que surgem no interior dos indivíduos, mas sim em termos relacionais, como predisposições a se relacionar com os outros de certas maneiras – seja amorosa ou destrutivamente."[3] Assim, a teoria kleiniana das pulsões não nos comprometeria, é o que defende Allen, com "a pressuposição de uma antissociabilidade inata, biologicamente determinada e determinista, no âmago da natureza humana."[4] Porém, e esse é um ponto não considerado por Allen, se é verdade que Melanie Klein não abandona o conceito de pulsão de morte, ao contrário do que fizeram diversos psicanalistas pós-freudianos, também é verdade que ela

2 Amy Allen assume essa caracterização, sem, no entanto, problematizá-la.

3 ALLEN, 2015/2017, p. 204.

4 ALLEN, 2015/2017, p. 226.

não se apropria da amplitude freudiana do conceito, restringindo-o ao fenômeno do ódio ou a impulsos destrutivos, originados das experiências de frustração e do medo do aniquilamento e canalizados para a construção das fantasias de perseguição.[5]

Para explicitar o motivo pelo qual o conceito kleiniano de pulsão de morte não recobre a amplitude do conceito freudiano, precisamos começar lembrando que o ponto de partida de Freud para escrever *Além do princípio de prazer* (1920/2020) reside na constatação de fenômenos psíquicos nos quais não prevalecem os objetivos de evitar o desprazer e alcançar o prazer, ou seja: fenômenos que não se tornam inteligíveis sob o regime do princípio de prazer/desprazer, que até então regia a estruturação da metapsicologia freudiana sem admitir exceções. Diferentemente daquilo que se passa no campo de obediência a esse princípio, os fenômenos cuja inteligibilidade se trata de articular agora – eles incluem brincadeiras infantis relacionadas à ausência da mãe, neuroses de guerra e de destino e, sobretudo, a repetição do complexo de Édipo na transferência – põem em cena uma tarefa anterior que Freud entende como sendo a tarefa de ligar a excitação psíquica. Ao tensionarem a incidência da repetição com o desprazer, tais ocorrências constatáveis levantam uma questão decisiva a respeito do trauma, questão que pode ser formulada do seguinte modo: por que a energia investida em fenômenos psíquicos que se repetem apesar de serem desagradáveis não se conecta imediatamente? Por que a energia investida em algo de

5 KLEIN, 1952/1991, 1958/1991.

natureza traumática se repete em vez de simplesmente se dissipar pelos caminhos associativos – pré-conscientes ou inconscientes – disponibilizados pelas redes constituídas por representações?[6]

Em minha leitura do *Além do princípio de prazer*, entendo que o esforço especulativo que Freud realiza nesta obra é, na verdade, respaldado por um esforço de nomeação, pois podemos tomar o conceito de "pulsão de morte", antes de mais nada, como o nome dessa tendência constatada em torno do trauma, como o nome dessa força que opera a partir de um campo prévio à incidência do princípio de prazer/desprazer. Como escrevi em outro lugar:

> É preciso, antes de mais nada, reconhecer a existência dessa força porque, se ela não existisse, o trauma, em vez de se repetir em seu caráter de dor psíquica, teria sua energia ligada imediatamente em representações em seus percursos associativos. Todo sonho seria, então, a realização disfarçada de um desejo e Freud não precisaria ter reconhecido um limite para a tese que apresentara em 1900, ao fazer nascer a psicanálise. É por esse motivo que Freud assume, doravante, haver uma pulsão que pressiona ao "restabelecimento de um estado anterior", ou seja, um estado em que o aparelho psíquico desconhecia a energia que agora se expressa repetidamente como condição prévia à sua conexão representacional.[7]

6 SILVEIRA, 2020.

7 SILVEIRA, 2020, p. 20.

No segundo parágrafo do capítulo 7 de *Além do princípio de prazer*, Freud afirma que ligar as moções pulsionais corresponde a substituir o processo primário pelo secundário. A repetição ocorre, então, no nível do processo primário, o que significa que a energia psíquica circula, nos percursos associativos de representações de coisa, pelos caminhos mais curtos e mais rápidos, sem o tipo de conexão que é próprio às representações de palavra, conexão tomada por Freud como prerrogativa do que ele chama de processo secundário. No contexto da chamada primeira tópica, o processo primário de circulação da energia é o que define o sistema Inconsciente, enquanto o processo secundário responde pelo sistema Pré-consciente/Consciente. A repetição não pode se referir a algo que fosse anterior ao processo primário porque é repetição de representações, ou pelo menos, de traços de memória. E todo o problema é que, agora, a repetição, apesar de ser um fenômeno referido ao processo primário, não obedece, no entanto, ao princípio de prazer. Ela é condição de possibilidade do aparelho psíquico (que inclui processos primários e secundários) sem ser condição de possibilidade do psíquico, se entendido exclusivamente como inscrição de representações. A inscrição de representações pode ser restrita ao processo primário; no entanto, a existência de processo secundário, no qual se tecem as ligações, pressupõe a repetição, pois esta antecede a ligação. A conclusão desse raciocínio só pode ser que parte do processo primário – aquela que responde pela repetição – não obedece ao princípio de prazer, e isso contraria, portanto, algo que era até então estruturante da metapsicologia freudiana.

Na obra *O mal-estar na cultura*, de 1930, a pulsão de morte parece ficar demasiadamente atrelada à agressividade e isso talvez tenha influenciado o procedimento kleiniano de reduzir a esta seu entendimento do conceito freudiano. Aqui, Freud sustenta que a agressividade é constitutiva da "natureza humana" (1930/2020, p. 364 e 403). Ele indica um processo que se inicia pelo temor de perder o amor dos pais e que então põe em marcha a internalização da agressividade de modo que a criança acolha essa energia destrutiva no investimento do Supereu, assim criado como instância psíquica responsável pela moralidade. Ora, no *Além do princípio de prazer*, como o que estava em questão era a identificação e localização metapsicológica de uma tendência primitiva de comportamento da energia psíquica, não havia caminho argumentativo possível que permitisse *deduzir* a força psíquica destrutiva *a partir* da agressividade.[8]

Assim, na obra de 1920, o ponto aparece de um modo distinto daquele posteriormente apresentado por Freud n'*O mal-estar na cultura*, e o vínculo tardio entre agressividade e pulsão de morte traz o sadismo à cena. É importante marcar que isso só acontece quase no final do livro. Trata-se de um vínculo tardio tanto no sentido do argumento quanto no sentido do momento psíquico em que isso tem lugar. As coisas se passam aqui do seguinte modo: Freud esboça, sob a forma de uma pergunta, a hipótese de que o sadismo, não podendo ser um filho dileto de Eros, seria, na verdade, "(...) uma pulsão de morte que

8 SILVEIRA, 2020.

foi pressionada para fora do Eu por influência da libido narcísica, de modo que ela só apareça no objeto".[9] É assim, ao ser direcionado ao objeto, que o sadismo se põe a serviço da função sexual; ele é expulso do Eu, permitindo uma exteriorização da pulsão de morte na erotização do objeto agredido. Isso corrobora algo que tentei sinalizar antes, com observações sobre o trauma, repetição e processo primário: que a relação entre pulsão de morte e agressividade não é, para Freud – ao contrário do que supõe Klein –, originária.[10]

Ora, se, para Klein, a criança reage com ódio à falta do seio, como não compreender isso como uma *predisposição* à antissociabilidade? A criança poderia, afinal, *não reagir com ódio*. Não há motivos de ordem lógica para supor que a reação à falta do seio não poderia assumir outros aspectos. Por essa razão, defendo não ser possível, ao contrário do que sustenta Allen no artigo de 2015, encontrar na psicanálise kleiniana a ancoragem necessária para um tratamento do conceito de pulsão de morte que fosse desvinculado da ideia de natureza humana. A estratégia de Allen não parece, portanto, oferecer uma verdadeira alternativa ao problema que ela mesma levanta – o de conciliar a teoria das pulsões com a perspectiva crítica – porque a concepção kleiniana de pulsão de morte indica, afinal, seu enraizamento em tendências agressivas na natureza

9 FREUD, 1920/2020, p. 177.

10 Em livro publicado posteriormente ao artigo que discuto aqui, Allen (2020, pp. 129-130) reconhece haver, no trabalho de Melanie Klein, uma restrição do conceito de pulsão de morte a um dos aspectos do conceito freudiano.

humana, reduzindo a pulsão de morte à agressividade e a suas manifestações primárias como ódio e, com isso, restituindo um certo peso metafísico à teoria.

Como assinalei acima, é através de comentários de Honneth, já mediados pelas críticas que Whitebook lhe endereçou,[11] que essa discussão alcança o trabalho de Allen. E o que a move nesse artigo é sua discordância com relação à versão da psicanálise à qual Honneth recorre para propor uma reflexão sobre o amor como um dos padrões do reconhecimento subjetivo no livro *Luta por reconhecimento* (1992/2003). A versão eleita por Honneth é a de Donald Winnicott,[12] versão que se afasta da teoria pulsional. Para preservar a negatividade na psicanálise, Allen concorda que não seria preciso assumir a incidência no sujeito de uma pulsão agressiva, ao contrário do que sustentou Whitebook (2001/2017). A negatividade não é aqui algo que pertenceria à nossa natureza como "seres pulsionais", ela argumenta, mas algo que precisa ser entendido em termos dinâmicos e relacionais; ou seja: ela seria o resultado de um "processo de socialização interativo".[13] Para Allen, Honneth erra ao supor que podemos postular a agressividade como algo derivado apenas das relações intersubjetivas e a correção desse erro exige o recurso a uma psicanálise que acolha o conceito de pulsão de morte. Assim, de Whitebook, Allen preserva a ideia da necessida-

11 Cf. HONNETH; WHITEBOOK, 2017 e HONNETH; MARIN, 2017.

12 Para outra crítica ao modo como Honneth recorre a Winnicott, cf. SAFATLE, 2013.

13 ALLEN, 2015/2017, p. 212.

de da referência à pulsão de morte e, de Honneth, preserva a ideia de que a agressividade deve ser pensada como "paixão relacional".

Ao longo de toda a história dos debates e interlocuções entre psicanálise e teoria crítica da sociedade, o conceito de pulsão de morte sempre foi e ainda é um ponto sensível, uma espécie de divisor de águas. Conforme os diferentes modelos de teoria crítica, a pulsão de morte é mobilizada ou rejeitada em contextos argumentativos complexos. Apesar da diversidade desses contextos, é possível notar um critério que perpassa esse jogo de adoção/rejeição: trata-se de assumir ou não assumir, sob inspiração marxista, uma dimensão de socialização do inconsciente. Dito de outro modo, trata-se de uma disputa sobre supor que os impulsos humanos meramente responderiam a constrições sociais e econômicas ou que eles trariam à existência algo próprio, algo que não cederia à conformação histórica. O conceito de pulsão de morte foi claramente recusado por Wilhelm Reich (1929/1977) e Erich Fromm (1973), por exemplo, enquanto reivindicado, embora de maneiras distintas, por Adorno (1952/2015) e Marcuse (1955/2015).[14]

No cenário mais recente, podemos encontrar esses caminhos opostos na discussão, retomada por Allen em seu artigo, entre Honneth e Whitebook, o primeiro tendendo para a perspectiva da sociologização e o segundo preocupado em enfatizar a importância de resguardar, no que diz respeito às pulsões, uma negatividade que ultrapassasse a contingência histórica.

---

14 JAY, 1973/2008, MARIN, 2013 e 2022, SILVEIRA, 2020.

Mariana Pacheco (2016) argumenta que uma teoria social como a de Honneth, ao não acolher especificidades do conceito de pulsão de morte, pode cair na armadilha de "fixações identitárias" e que aquilo que pode evitar essa armadilha é o lugar de um trabalho do negativo, localizado por Freud exatamente na pulsão de morte. Situa essa recusa no modo peculiar como Honneth lê Hegel e afirma que um de seus resultados é a incapacidade de lidar com a questão da abjeção, lida necessária a uma teoria social.

Judith Butler reivindica um modelo específico de subjetividade que, ao articular o tema do reconhecimento, não resulte em fixações de sínteses identitárias que fariam obstáculo à percepção das diferenças na abordagem das lutas sociais. Em *Quadros de guerra*, Butler (2009) defende a antecedência da reconhecibilidade – isto é, das condições de reconhecimento – com relação ao reconhecimento e, no livro *Relatar a si mesma*, alinha-se a leituras de Hegel que "(...) afirmam que a relação com o outro é extática, que o 'eu' se encontra repetidamente fora de si mesmo e que nada pode pôr um fim no surto repetido dessa exterioridade que, paradoxalmente, é minha exterioridade".[15] Aqui, o reconhecimento, tal como trabalhado na *Fenomenologia do Espírito*, é visto como um processo de "hesitação entre perda e êxtase",[16] no qual o Eu se difere de si mesmo, não havendo ponto de retorno possível, algo que Butler já havia antecipado em seu debate com Jessica Benjamin (2004/2016). Com Hegel e também com a psi-

15 BUTLER, 2005/2015, p. 41.

16 BUTLER, 2005/2015, p. 42.

canálise, a abordagem butleriana da subjetividade localiza a divisão em seu cerne e percebe a lógica de "foraclusão"[17] subjacente à própria formação da identidade. Por isso, lemos: "se a identidade que dizemos ser não nos captura e marca imediatamente um excesso e uma opacidade que estão fora das categorias da identidade, qualquer esforço de 'fazer um relato de si mesma' terá de fracassar para que chegue perto de ser verdade".[18] Como afirma Virginia Costa no artigo *Negatividade no reconhecimento: O debate entre Jessica Benjamin e Judith Butler*, ainda inédito, para Butler, "(...) a negatividade da dominação se encontra exatamente no momento do reconhecimento. Sua perspectiva, essencialmente conflituosa e plástica o tempo todo, revela a situação inescapável da formação da subjetividade como realmente simultânea à submissão pela dominação."[19]

Outro texto de Mariana Pacheco – *A reconhecibilidade precede o reconhecimento? Acerca das críticas de Judith Butler a Axel Honneth* (2018) – acompanha tanto os pontos compartilhados quanto as distâncias entre Honneth e Butler no que diz respeito ao reconhecimento, indicando que a perspectiva da filósofa se encaminha para a possibilidade de pensar uma política que tome em consideração a vulnerabilidade e a abjeção, elementos que Butler considera necessários para trabalhar o reconhecimento no território dos problemas de gênero.

---

17 Termo empregado por Butler.

18 BUTLER, 2005/2015, p. 61, trad. modificada.

19 Costa V.H.F. – Manuscrito no prelo.

O pensamento de Butler sobre o reconhecimento é também atravessado pela consideração da dimensão pulsional da vida humana, ponto intensamente trabalhado em *A vida psíquica do poder* (1997/2017) a partir do modelo freudiano da melancolia. Nesta obra, Butler alcança uma teoria do Eu que percebe a alteridade na sua constituição e permite vincular a noção de ambivalência à de agência na sujeição. Michele Bonote, na dissertação *Da performatividade à melancolia: Narrativas de resistência e ação em Judith Butler* (2021), mostra como a filósofa estadunidense encontra na melancolia uma forma de equacionar o paradoxo da agência pela via de uma referência à interioridade ao mesmo tempo que mantém, com Foucault, uma alternativa a concepções liberais, marxistas e liberacionistas a respeito do poder. Butler localiza a possibilidade da agência e da resistência psíquica na agressividade que o Eu dirige a si mesmo no procedimento melancólico, agressividade alimentada pela pulsão de morte e a ser direcionada para um processo de luto. A "identificação melancólica", afirma Butler, "é fundamental para o processo em que o Eu assume um caráter de gênero",[20] pois, em culturas heteronormativas, "a perda de objetos e objetivos homossexuais (...) parece forcluída desde o início".[21] E se, em *Problemas de gênero* (1990/2003), ela afirmava a natureza performativa do gênero, agora ela defende que essa tese precisa ser complementada em virtude do fato de existirem operações psíquicas do gênero inaparentes

20 BUTTLER, 1997/2017, p. 142.

21 BUTTLER, 1997/2017, p. 147.

na performance.[22] "A psicanálise", escreve Butler, "insiste que a opacidade do inconsciente limita a exteriorização da psique. Ela também afirma (...) que o que é exteriorizado ou performado só pode ser entendido por referência ao que é barrado da performance, o que não pode ou não será performado."[23]

Tendo em vista essas observações, proponho a hipótese de que a perspectiva a partir da qual Butler trabalha a noção de reconhecimento, no contexto de um pensamento que pode ser entendido como teoria crítica da sociedade e que centraliza em alguns momentos o tema do gênero, pode ser aproximada de outro tratamento para o conceito de pulsão de morte, que, especialmente por situar de modo distinto a agressividade, cumpriria melhor os critérios assumidos por Amy Allen para a serventia da psicanálise à teoria crítica. A meu ver, esse outro tratamento do conceito de pulsão de morte pode ser encontrado na psicanálise lacaniana.

Para Jacques Lacan, "gozo" é um termo que indica um comprazimento inconsciente com o sintoma, uma espécie de satisfação que se situa além do princípio de prazer. Como tal, trata-se de algo que se localiza em contraposição e em tensão com a dimensão da fantasia, sendo importante destacar uma astúcia implicada aqui: essa fantasia se estrutura como uma defesa contra algo, de fato, impossível – a satisfação que o neurótico atribui ao Outro. Esse é um argumento que Lacan lança no seminário 7 (1986/1997), em que o gozo é pensado como um esforço

22 BUTTLER, 1997/2017, p. 153.

23 BUTTLER, 1997/2017, p. 153.

para atingir a "coisa" que a fantasia projeta além do circuito de significantes, nomeada com um termo que ele encontra em Freud: das D*ing*.

Em torno dessas diretrizes, gozo é o conceito utilizado por Lacan para proceder a um trabalho teórico-clínico sobre a pulsão de morte. Portanto, talvez possamos dizer que, no pensamento de Lacan, a tendência conservadora da pulsão de morte se coloca na direção, não do orgânico (como ocorria em Freud), mas de uma satisfação suprema que o sujeito supõe, em sua fantasia, ser anterior a si mesmo. Um excedente, um excesso. E penso ser por isso que Lacan diz mais tarde – no seminário 20 (1975/1985) – que o gozo é a única substância admitida pela psicanálise. Pois, se a substância significa algo que subsiste por si mesmo, nada no campo do princípio de prazer pode responder por isso. O gozo subsiste como limite de uma experiência do sujeito, ao passo que essa experiência é sempre dependente do material contingente que fornece as pistas e os rastros para o princípio de prazer.

O gozo é também o que se repete em nossa experiência e que aí se repete como seu próprio limite. Penso ser possível afirmar que, no pensamento lacaniano, essa repetição é objeto de uma verificação, e não de uma explicação. Se ela é verificada, constatada, parece que teremos que admitir uma tese como: o ser humano é um ser que repete, mesmo que isso signifique "des-ser" (*désêtre*)[24], mesmo que isso corresponda à falência do ser diante do fato de

---

24 LACAN, 1967/2003. p. 259.

que falamos. Dito de outra forma, algum tipo de antropologia mínima parece ficar implícito aqui.

Se isso estiver correto, penso que poderíamos tomar essa antropologia como o estabelecimento transcendental[25] de uma ruptura entre pulsão e instinto[26] e, nesse sentido, como resistência à sociologização do inconsciente. Essa ruptura transcendental seria referida ao fato da linguagem, ao ser humano como "falasser" (*parlêtre*),[27] como ser de fala. Pensar assim não responde pelo fato da repetição – não explica *por que* ela acontece – mas o inclui, pois o gozo, como limite da experiência, é o limite do próprio fato da linguagem.

A maneira lacaniana de pensar a pulsão de morte – articulada na noção de gozo – exige reconhecer, na experiência humana, a potência da negatividade, permitindo-nos deixar de lado a sociologização da opacidade do inconsciente. Ao mesmo tempo, embora implique uma antropologia mínima, na medida em que ela pode ser pensada como o estabelecimento de uma ruptura transcendental, não parece exigir uma referência a uma concepção hobbesiana de natureza humana, o que permite a Lacan tomar distância com relação a Freud com relação a esse ponto.

---

25 A indicação da presença de uma argumentação transcendental no pensamento de Lacan foi o principal resultado de minha tese de doutorado, *Determinação versus subjetividade: Apropriação e ultrapassagem do estruturalismo na psicanálise lacaniana*, defendida em 2009 no Programa de Pós-Graduação em Filosofia da UFSCar, agora publicada como livro (Silveira, 2022).

26 Argumentei contra a tradução do termo "*Trieb*" por "instinto" no contexto da teoria freudiana em Silveira, 2014.

27 LACAN, 1976/2003, p. 561.

Como expus em *A travessia da estrutura em Jacques Lacan*,[28] para o psicanalista francês, a agressividade é compreendida como a contrapartida da constituição do Eu e não tem sua origem atrelada a quiasquer impulsos biológicos. No escrito *A agressividade em psicanálise,* Lacan propõe, em sua tese IV, o postulado de uma relação intrínseca entre agressividade e identificação narcísica nos seguintes termos: "A agressividade é a tendência correlativa a um modo de identificação que chamamos narcísico e que determina a estrutura formal do eu do homem e do registro de entidades característico de seu mundo."[29] Lacan havia argumentado, em *O estádio do espelho como formador da função do eu* ((1949) 1998), que a criança realiza uma síntese de sua própria imagem na imagem especular, que essa síntese contrasta com as sensações corporais experimentadas por ela porque essas sensações remetem, antes, a uma fragmentação corporal, e, ainda, que tal síntese diz respeito à gênese do Eu. No escrito de 1948, o psicanalista retoma essa ideia para desenvolver o ponto de que essa discrepância é vivida primeiramente como rivalidade porque a unidade do reflexo de si mesma no espelho (ou da imagem alheia) sublinha a falta de uma unidade real desejada pela criança. Assim, a forma da identificação primária, alcançada no estádio do espelho, é a forma da alienação de si na imagem totalizada do corpo como imagem exterior, contraposta à sensação de desorganização e desmembramento. Por esse motivo,

28 SILVEIRA, 2022.

29 LACAN, 1948/1966, p. 110.

Lacan afirma que a identificação primária "(...) estrutura o sujeito como rival de si mesmo (...)."[30] Como esclarece Dylan Evans, em seu dicionário introdutório à psicanálise lacaniana: "no estádio do espelho, a criança vê seu reflexo no espelho como uma totalidade, em contraste com a descoordenação no corpo real: esse contraste é experimentado como uma tensão agressiva entre a imagem especular e o corpo real, uma vez que a totalidade da imagem parece ameaçar o corpo de desintegração e fragmentação."[31]

Desse modo, para Lacan, a agressividade decorre necessariamente da identificação e, a esse entendimento, somam-se dois outros motivos. Identificar-se com o outro envolve a atitude de querer tomar o lugar deste porque isso põe em jogo a tarefa de adquirir para si as qualidades que, na fantasia, pertencem a esse outro com quem o sujeito se identifica. Levado às últimas consequências, esse processo de apropriar-se das características alheias corresponde a suprimir a existência do outro implicado na identificação.[32] O segundo motivo está relacionado ao seguinte trecho do texto de 1948, no qual Lacan escreve que a forma do estádio do espelho "(...) se cristalizará, com efeito, na tensão conflituosa interna ao sujeito, que determina o despertar de seu desejo pelo objeto do desejo do outro: aqui, o concurso primordial se precipita em concorrência agressiva, e é dela que nasce a tríade do outro,

30 LACAN, 1948/1966, p. 117.

31 EVANS, 1996, p. 6.

32 Cf. Evans, 1996, p. 6.

do eu e do objeto (...)."[33] Isso significa que a "dialética"[34] da identificação com o outro põe em curso também uma competição de caráter hostil entre os sujeitos pelo mesmo objeto de desejo porque, assim pensa Lacan, o desejo humano é sempre, antes de mais nada, um desejo alheio,[35] na medida em que um objeto só se situa como objeto do desejo de um sujeito se aparecer para ele, antes, como objeto ao qual se endereça o desejo de outro sujeito.

Por fim, essa argumentação de Lacan tem a consequência de localizar a tendência do sujeito a destruir a si mesmo como consequência de sua própria constituição, pois esse outro do qual o sujeito se apropria para ser um si mesmo *entra em cena pelo modo de sua eliminação*. Tudo se passa aqui como se o sujeito passasse a querer ser esse outro cuja existência não pode perseverar em decorrência do que é exigido pela identificação. A negação do outro termina por mimetizar a negação do próprio sujeito. Philippe Julien comenta esse ponto do seguinte modo:

33 LACAN, 1948/1966, p. 113.

34 Não é o caso de desenvolver esse ponto aqui, mas cabe observar que a palavra "dialética", apesar de ser muitas vezes empregada por Lacan em um sentido lato – de dinâmica que envolve tensões, contrários, opostos –, também é, em alguns momentos, reivindicada por ele para expor, numa reflexão própria sobre o desejo, um sentido específico, de relações que implicam ao mesmo tempo expressão e disfarce, revelação e ocultamento, apagamento e preservação entre a dimensão inconsciente da articulação dos significantes e aquilo que aparece para o próprio sujeito (LACAN, 1960/1966).

35 Aqui cabe lembrar, ainda que apenas de passagem, a dívida de Lacan para com Kojève (1947) e suas noções de desejo como supressão do objeto pela linguagem na relação com o outro e do sujeito como pura atividade de negação.

"(...) a tensão erótico-agressiva do espelho (...), com sua incessante oscilação (*ou* o excluo *ou* ele me exclui), encontra finalmente sua *resolução* através do golpe imobilizador do: excluindo-o, eu me excluo."[36]

Além disso, Lacan provê um tratamento para o tema do reconhecimento que se alinha à perspectiva de Butler, pois, para ele, como desenvolvi em outro lugar,[37] o reconhecimento é necessariamente atrelado ao desejo. Lacan tece, em certo período de seu pensamento,[38] uma argumentação que se empenha em separar a noção de desejo da noção de objeto. O principal motivo que o leva a fazer isso é a tentativa de situar o desejo no plano simbólico, de distanciá-lo do registro imaginário – que, exatamente, assinala o objeto como imagem – porque, para ele, o imaginário diz respeito à dimensão narcísica da defesa. É por isso que ele centraliza uma concepção de desejo como desejo de reconhecimento, afirmando, por exemplo, que o discurso inconsciente "(...) é sustentado por aquilo que é verdadeiramente a mola última do inconsciente, e que só pode ser articulado como desejo de reconhecimento do sujeito."[39] O desejo, como desejo de reconhecimento, não pode mais ser pensado por referência a objetos imaginários. Em contraste a isso, ele será considerado como condição de todo e qualquer fenômeno, e não como algo condicionado ou como realização fenomênica de

36 JULIEN, 1990/1993, p. 24.

37 SILVEIRA, 2015.

38 Sobretudo na segunda metade da década de 1950, afastando-se, portanto, de certos pontos que apareciam no texto de 1948, mencionado aqui anteriormente.

39 LACAN, 1998, p. 256.

uma satisfação vinculada a um objeto (imaginário). Lacan sustenta, então, que esse desejo de reconhecimento se articula como desejo puro, sem objeto, ou, como ele afirma, "(...) como desejo de reconhecimento, ele é um desejo talvez, mas, no final das contas, é um desejo de nada."[40] Além de ser sem objeto, outro elemento que circunscreve o desejo como "desejo de nada" é o fato de que tal reconhecimento, por mais almejado que seja, é, a seu ver, impossível de ser alcançado. Isso é assim no pensamento de Lacan basicamente porque o sujeito é tomado como ponto de repetição que desaparece sob o significante. O movimento na direção da alteridade – no qual consiste o reconhecimento – é, para Lacan, uma vocação inerente ao próprio significante e ao fato de que falamos. Mas, se o sujeito fosse reconhecido por um outro, ele perderia – no momento de fixação necessário à efetivação do reconhecimento – sua própria condição de sujeito, condição esta incompatível com qualquer fixação.

Evidentemente, a preocupação que Lacan põe em marcha é clínica e não diretamente política. Não concernem a seu pensamento as questões de reconhecimento de minorias, de vidas precárias e vulneráveis. Apesar disso, acredito que não deixa de haver aí o lugar de uma articulação possível com o pensamento butleriano sobre o reconhecimento, o que, aliás, não é de se estranhar, já que ambos – Butler e Lacan – estão, nisso, em dívida com a recepção francesa de Hegel, notadamente Kojève e Hyppolite.

Com Lacan, talvez tenhamos, então, uma teoria que permite localizar a negatividade no cerne do problema do

40 LACAN, 1998, p. 327.

reconhecimento pela via do conceito de pulsão de morte, mas sem que isso produza implicações essencialistas com relação à agressividade; sem que seja preciso acompanhar a conclusão de Whitebook, portanto. Se, como diz Virginia Costa,[41] em Butler encontramos um "encaminhamento verdadeiramente dialético e teórico crítico", e se, em Butler, o trato com o problema do reconhecimento centraliza a psicanálise, então, a velha disputa sobre adotar ou não o conceito de pulsão de morte pode aqui talvez ser restituída, beneficiando-se de diretrizes fornecidas pela psicanálise lacaniana, a despeito dos ângulos que também marcam a distância entre, de um lado, o campo da psicanálise e, de outro, os da teoria *queer* e do feminismo, especialmente no que diz respeito ao falo, ao complexo de Édipo e aos sistemas de parentesco.

*

O argumento que tentei esboçar aqui é, então, o de que, assumindo o problema levantado por Amy Allen no artigo mencionado como um problema legítimo, ele pode encontrar, no entanto, outros modos de articulação entre teoria crítica e psicanálise, passando por uma compreensão distinta do que seja o reconhecimento, que podemos localizar em Butler e aproximar de Lacan, e por uma noção de pulsão de morte que não carregue consigo o peso

41 "*Negatividade no reconhecimento*: o debate entre Jessica Benjamin e Judith Butler", artigo inédito.

metafísico da ideia de natureza humana, noção esta que podemos encontrar na psicanálise lacaniana.

Referências

ADORNO, Theodor. (1952). A psicanálise revisada. In: *Ensaios sobre psicologia social e psicanálise*. Tradução de Verlaine Freitas. São Paulo: Unesp, 2015.

ALLEN, Amy. (2015). Somos dirigidos pelas pulsões? Teoria crítica e psicanálise reconsideradas. Trad. F. Bee e I. L. Marin. *Dissonância* – Revista de Teoria crítica, v. 1. n. 1, 2017. Disponível em <https://www3.ifch.unicamp.br/ojs/index.php/teoriacritica/article/view/2815>. Acesso em: 10 janeiro 2022.

ALLEN, Amy. *Critique on the Couch: Why Critical Theory Needs Psychoanalysis*. Nova York: Columbia University Press, 2020.

BONOTE, Michelle. *Da performatividade à melancolia:* Narrativas de resistência e ação em Judith Butler. Dissertação de mestrado defendida no Programa de Pós-Graduação em Filosofia da UFABC, 2021.

BUTLER, Judith. (1990). *Problemas de gênero:* feminismo e subversão da identidade. Trad.: R. Aguiar. Rio de Janeiro: Editora Civilização. Brasileira, 2003.

BUTLER, Judith. (1997). *A vida psíquica do poder:* Teorias da sujeição. Trad. Rogério Bettoni. Belo Horizonte: Autêntica, 2017.

BUTLER, Judith. (2004). Anseio de reconhecimento. Trad. J. G. de Oliveira e T. C. Santana. *Equatorial:* Revista do Programa de Pós-Graduação em Antropologia Social, v. 3, n. 5, p. 185-207, 2016.

BUTLER, Judith. (2005). *Relatar a si mesmo:* Crítica da violência ética. Trad. R. Bettoni. Belo Horizonte: Autêntica, 2015.

BUTLER, Judith. (2009) Quadros de guerra: *Quando a vida é passível de luto?* Trad. S. T. de Niemeyer e A. M. da Cunha. Rio de Janeiro: Civilização Brasileira, 2015.

COSTA, Virginia. *Negatividade no reconhecimento: O* debate entre Jessica Benjamin e Judith Butler. Manuscrito inédito.

EVANS, Dylan. *An Introductory dictionary of lacanian psychoanalysis*. Londres e Nova York: Routledge, 1996.

FREUD, Sigmund. (1920). *Além do princípio de prazer*. Trad. M. R. S. Moraes. Belo Horizonte: Autêntica, 2020.

FREUD, Sigmund. (1930). O mal-estar na cultura. Trad. M. R. S. Moraes. In: *O mal-estar na cultura e outros textos*. Belo Horizonte: Autêntica, 2020.

FROMM, Erich. (1973). *The anatomy of human destructiveness*. Nova Iorque, Chicago, São Francisco: Holt, Rinehart and Winston.

HONNETH, Axel. (1992). *Luta por reconhecimento*. Trad. L. Repa. São Paulo: Editora 34, 2003.

HONNETH, Axel; WHITEBOOK, Joel. Onipotência ou fusão? Uma conversa entre Axel Honneth e Joel Whitebook. *Dissonância:* Revista de teoria crítica, v. 1. n. 1, 2017. Disponível em: <https://www3.ifch.unicamp.br/ojs/index.php/teoriacritica/article/view/2819>. Acesso em: 10 janeiro 2022.

HONNETH, Axel; MARIN, Inara. Entrevista com Axel Honneth: da angústia de separação à luta por reconhecimento. Trad. M. Teixeira e O. Ximenes. *Dissonância* – Revista de teoria crítica, v. 1. n. 1, 2017. Disponível em: <>https://

www3.ifch.unicamp.br/ojs/index.php/teoriacritica/article/view/2820>. Acesso em: 10 janeiro 2022.

JAY, Martin. (1973). A integração da psicanálise. In: *A imaginação dialética*, História da Escola de Frankfurt e do Instituto de Pesquisas Sociais 1923-1950. Rio de Janeiro: Contraponto, 2008.

JULIEN, Philippe. (1990). *O retorno a Freud de Jacques Lacan:* A aplicação ao espelho. Trad. A. Jesuino e F. F. Setteneri. Porto Alegre: Artes Médicas, 1993.

KLEIN, Melanie. (1952). Algumas conclusões teóricas relativas à vida emocional dos bebês. In: KLEIN, M. *Inveja e gratidão e outros trabalhos (1946-1963)*. Trad. L. P. Chaves. Rio de Janeiro: Imago, 1991.

KLEIN, Melanie. (1958). Sobre o desenvolvimento do funcionamento mental. In: KLEIN, M. *Inveja e gratidão e outros trabalhos (1946-1963)*. Trad. L. P. Chaves. Rio de Janeiro: Imago, 1991.

KOJÈVE, Alexandre. *Introduction à la lecture de Hegel*. Paris: Gallimard, 1947.

LACAN, Jacques. (1948) L'agressivité en psychananlyse. In: *Écrits*. Paris: Éditions du Seuil, 1966.

LACAN, Jacques. (1975). *O seminário, livro 20:* mais, ainda (1972-1973). Trad. M. D. Magno. Rio de Janeiro: Jorge Zahar, 1985.

LACAN, Jacques. (1960). Subversão do sujeito e dialética do desejo no inconsciente freudiano. In: *Escritos*. Trad. V. Ribeiro. Rio de Janeiro: Jorge Zahar, 1998.

LACAN, Jacques. (1966). O estádio do espelho como formador da função do eu (1949). In: *Escritos*. Trad. V. Ribeiro. Rio de Janeiro: Jorge Zahar, 1998.

LACAN, Jacques. (1967). Proposição de 9 de outubro de 1967. In: *Outros escritos*. Trad. V. Ribeiro. Rio de Janeiro: Jorge Zahar Ed., 2003.

LACAN, Jacques. (1976). Joyce, o Sintoma. In: *Outros escritos*. Trad. V. Ribeiro. Rio de Janeiro: Jorge Zahar Ed., 2003.

LACAN, Jacques. (1986). *O seminário, livro 7:* A ética da psicanálise (1959-1960). Trad. A. Quinet. Rio de Janeiro: Jorge Zahar, 1997.

LACAN, Jacques. *Le séminaire. Livre V:* Les formations de l'inconscient (1957-58). Paris: Éditions du Seuil, 1998.

MARIN, Inara. Psicanálise e emancipação na teoria crítica. In: NOBRE, Marcos (Org.) *Curso livre de teoria crítica*. Campinas, SP: Papirus, 2013.

_______. *Narcisismo e Reconhecimento: Os Rumos da Psicanálise na Teoria Crítica*. São Paulo: Editora Unifesp, 2022.

MARCUSE, Herbert. (1955). Epílogo. In: *Eros e civilização:* Uma interpretação filosófica do pensamento de Freud. Tradução de Álvaro Cabral. Rio de Janeiro: LTC, 2015.

PACHECO, Mariana. Honneth e a pulsão: sobre as razões e as consequências para a crítica social da rejeição honnethiana à pulsão de morte freudiana. *Psicologia USP*, v. 27, n. 1, p.78-85, 2016. Disponível em: <http://www.scielo.br/pdf/pusp/v27n1/1678-5177-pusp-27-01-00078.pdf>. Acesso em: 10 janeiro 2022.

PACHECO, Mariana. A reconhecibilidade precede o reconhecimento? Acerca das críticas de Judith Butler a Axel Honneth. Dissertatio, n. 47, p. 203-221, 2018.

REICH, Wilhelm. (1929). Materialis*mo dialético e psicanálise*. São Paulo: Martins Fontes, 1977.

SAFATLE, Vladimir. Abaixo de zero: psicanálise, política e o 'deficit de negatividade' em Axel Honneth. *Discurso*, v. 43, n. 1, p. 191-228, 2013. Disponível em: <https://www.revistas.usp.br/discurso/article/view/84727>

SILVEIRA, Léa. Fantasia, analogia e narcisismo: um argumento contra a tradução de *Trieb* por instinto. *Cadernos de Filosofia Alemã*, v. 19, p. 189-204, 2014.

______. Lacan entre Politzer e Lévi-Strauss: Estratégias para pensar inconsciente e desejo sem psicologismo. In: Carvalho, M. e outros (Org.). *Fenomenologia, Religião e Psicanálise*. Coleção XVI Encontro ANPOF. São Paulo: Anpof, p. 380-400, 2015.

______. Pulsão de morte: um conceito reacionário ou revolucionário? *Cult*. São Paulo, n. 256, p. 19-22, 2020.

______. *A travessia da estrutura em Jacques Lacan*. São Paulo: Blucher, 2022.

WHITEBOOK, Joel. (2001). Reconhecimento mútuo e o trabalho do negativo. *Dissonância:* Revista de teoria crítica, v. 1. n. 1, 2017. Disponível em: <https://www3.ifch.unicamp.br/ojs/index.php/teoriacritica/article/view/2818>. Acesso em: 10 janeiro 2022.

A repetição como problema na transferência e nas neuroses traumáticas

Sergio Augusto Franco Fernandes

Introdução

Creio que, para o leitor minimamente familiarizado com a psicanálise, não seja necessário dizer que a repetição se apresenta, entre os tantos conceitos metapsicológicos, como um dos mais importantes. Vale a ressalva de que desde muito cedo Sigmund Freud relacionou as ideias de 'compulsão' (*Zwang*) e de 'repetição' (*Wiederholung*), mas somente em 1920, com a publicação de *Além do princípio do prazer* é que ele passa a desenvolver suas implicações teóricas, onde a repetição vai aparecer como 'compulsão'. No que diz respeito ao conceito de repetição, mesmo sendo este mencionado ao longo de toda teorização freudiana, só começa a ser especialmente trabalhado nos seus *Escritos sobre técnica* (1914), mais especificamente no ensaio intitulado *Recordar, repetir, elaborar*, onde a repetição nos é apresentada como 'retorno do recalcado'. Vale aqui a lembrança de que Jacques Lacan (1995), a partir dos seus estudos, aferiu à repetição o status de conceito fundamental da psicanálise (vide o livro 11 dos seus *Seminários*).

Em *Recordar, repetir, elaborar* (1914), o tema da repetição aparece já com ares de "conceito fundamental" da psicanálise, sobretudo no âmbito da clínica. De atendimento em atendimento, Freud perspicazmente observou que a repetição poderia ser uma maneira eficiente de fazer o paciente lembrar, dada a insistência do seu retorno. Constatando a permanência da repetição nas suas abordagens, ele passa, então, a investigá-la mais profundamente, vinculando-a à transferência. Compreendeu, também, a partir das suas observações clínicas, que uma certa resistência ia sendo criada, na medida em que as lembranças que vinham à tona carregavam uma conotação sexual que terminava por causar constrangimento naqueles que lembravam. Foi, portanto, a partir do manejo da transferência que Freud descobriu o principal meio de fazer barrar a compulsão à repetição. Como? Transformando-a numa razão para se obter uma lembrança. A repetição, então, passa a adquirir um lugar especial na clínica, onde a atenção de Freud se volta, nesse momento, para a interpretação do inconsciente, seja para revelar o recalcado, seja para decifrar os sonhos. Durante esse período, sua preocupação se dirigiu ao aparecimento da cena traumática, sendo inúmeras as tentativas de precisar o seu surgimento. Freud compreendeu também que, a partir daquilo que se repete, se produz um sintoma e suas implicações.

Alguns anos depois, em *Além do princípio do prazer* (1920), o psicanalista vienense passou a observar, com mais agudeza, duas coisas que lhe chamaram bastante a atenção: as brincadeiras de crianças – passando a observar, com acuidade, o que fazia o seu neto com um carretel (o famoso *fort-da*) – e, também, as neuroses de guerra, que não paravam de atormentar alguns dos seus pacientes, fazendo-os reviver, a todo instante, momentos traumáticos vivenciados durante a guerra. A partir desses acontecimentos, Freud, então, mergulhou profundamente nas suas reflexões. Se deu conta que certas formas de compulsão à repetição se configuravam como o verdadeiro aspecto apresentado pelo retorno do recalcado, concluindo que era praticamente impossível assegurar uma obediência única à busca do prazer.

Notou que um resíduo sempre era deixado para trás, algo "além do princípio do prazer". Isso o fez reconhecer que se encontrava imerso numa especulação, cujo interesse se manteria até o fim da sua vida. Foi justamente esse movimento regressivo, apontado pelo retorno do recalcado, que o fez postular a existência de uma tendência para uma volta à origem, um retorno ao estado inorgânico, de repouso, de não vida, pressupondo, desde então, a manifestação do que passou a designar como "pulsão de morte". Mas o que nos interessa, nesse trabalho, é dirigir o foco para o fenômeno da repetição, tanto na situação transferencial, quanto na série de eventos produzidos pelas neuroses traumáticas – séries essas que terminavam por colocar em questão a preeminência do princípio do prazer. Essas eram as neuroses que costumavam aparecer como consequência de vivências dolorosas inesperadas, demasiadamente intensas, capazes de abalar o aparelho psíquico e de produzir algum tipo de distúrbio. Observemos o que nos diz Oswaldo Giacoia Jr.:

> O fenômeno caracteristicamente decorrente dessas neuroses consiste na fixação da vivência traumática e na repetição frequente do mesmo episódio doloroso sob a forma de sonhos. O fator típico consiste, portanto, na repetição de vivências de intenso sofrimento, cuja ligação com a meta do prazer é dificilmente compreensível ou processável.[1]

Note-se a ênfase atribuída por Giacoia Jr. ao sofrimento que se manifesta concomitante ao fenômeno da repetição, sofrimento esse considerado fator típico das neuroses traumáticas. Portanto, como dito anteriormente, nosso intento é, pois, ressaltar o fenômeno da repetição e algumas das suas implicações tanto teóricas como clínicas, enfatizando a sua vertente "problemática", que se manifesta tanto na situação transferencial quanto nas neuroses traumáticas, mais especialmente nas chamadas neuroses de guerra, referendando, assim, que a ideia de repetição, próxima desde muito cedo à de compulsão, se apresenta para nós como "(...) uma das dimensões constitutivas da noção de inconsciente na doutrina freudiana."[2]

A repetição como problema na transferência

Certamente, a repetição não causaria maiores dificuldades, caso fizesse referência apenas a conquistas aprazíveis, como no episódio do *fort-da*, anteriormente mencionado. Apesar da criança, nesse caso, também reproduzir,

1 GIACOIA Jr., 2008, p. 36.

2 ROUDINESCO; PLON, 1998, p. 656

de modo repetitivo e compulsório suas experiências de desprazer, esse fenômeno não chega a ser situado no quadro das psicopatologias. Mas como entenderíamos os acontecimentos das neuroses traumáticas (as já referidas neuroses de guerra, por exemplo) ou a repetição de situações conflitivas, na transferência? Sabe-se que o paciente não pode se lembrar de tudo o que nele se encontra reprimido, recordando apenas partes do seu passado. Dada essa impossibilidade, ele é levado a repetir suas vivências anteriores como atuais, no âmbito da transferência. Como diz Freud: "(...) empurrar o máximo possível para a recordação e deixar o mínimo para a repetição."[3] Como regra, o analista não deve poupar o analisando dessa parte do tratamento. Nesse sentido, deve-se combater, primeiramente, as resistências, colocando em oposição o Eu coerente do indivíduo e o que nele se encontra reprimido e, não, o consciente e o inconsciente. Se a resistência do paciente procede do seu Eu, fica claro que a compulsão à repetição deverá ser atribuída ao reprimido inconsciente, sendo o trabalho terapêutico que fará afrouxar a repressão. Se a resistência do Eu consciente e pré-consciente se coloca à serviço do princípio do prazer, é porque se quer evitar o desprazer que pode ser produzido a partir da liberação do reprimido. Prestemos atenção ao que diz Freud:

> É claro que a maior parte do que a compulsão de repetição faz reviver causa necessariamente desprazer ao Eu, pois traz à luz atividades de impulsos instintuais reprimidos, mas é um desprazer que já consi-

3 FREUD, 1920/2010, p. 177

> deramos, que não contraria o princípio do prazer, é desprazer para um sistema e, ao mesmo tempo, satisfação para o outro. Mas o fato novo e digno de nota, que agora temos que descrever, é que a compulsão à repetição também traz de volta experiências do passado que não possibilitam prazer, que também naquele tempo não podem ter sido satisfações.[4]

A pergunta que se impõe é, portanto, a seguinte: qual a relação entre o princípio do prazer e a compulsão à repetição? Lembremos que o fato novo e digno de nota que Freud nos apresenta é a constatação de que também a compulsão à repetição faz retornar experiências do passado que não produzem prazer. Foi a partir dessas observações e com base no manejo transferencial que Freud sentiu-se encorajado a proferir a seguinte suposição: "(...) na vida psíquica há realmente uma compulsão à repetição, que sobrepuja o princípio do prazer. Também nos inclinaremos a ligar a essa compulsão os sonhos das vítimas de neurose traumática e o impulso que leva as crianças a brincar."[5] Freud percebe, aí, uma íntima relação entre a satisfação de um prazer e a compulsão à repetição. O que, então, justificaria a hipótese de uma compulsão à repetição mais elementar, mais primordial e, até mesmo, mais "instintiva" do que o princípio do prazer? Freud, num trecho de *Além do princípio do prazer* (1920) admite, pela primeira vez, uma exceção à ideia corrente de que o sonho é uma realização de desejo, ao perceber que os sonhos de

4 FREUD, 1920/2010, p. 179.

5 FREUD, 1920/2010, p. 183.

angústia e os sonhos de castigo, por exemplo, apareciam apenas para substituir uma realização proibida. Conclui, então, que estes tipos de sonhos "(...) obedecem antes à compulsão de repetição, que na análise, de fato, é favorecida pelo desejo (encorajado pela 'sugestão') de evocar o que foi esquecido e reprimido."[6]

Logo, o que se repete é o que se apresenta como "doloroso", que se situa completamente ao largo do princípio do prazer. É nesse sentido que o Eu se coloca no lugar do "guardião" desse princípio, assumindo uma função que não deveria ser a sua. Contra a repetição não existe defesa, visto que o Eu tem a sua própria estratégia para se defender; daí o caráter compulsivo da repetição e, consequentemente, sua apresentação como algo mais primitivo, mais pulsional até do que o princípio do prazer. A repetição se situa, portanto, 'mais aquém' do princípio do prazer. A repetição, por ser repetição da dor, se mostra independente do princípio do prazer, mesmo contribuindo, indiretamente, com este princípio. É por esta razão que Freud prefere não conceder privilégio aos fenômenos da repetição, visto que estes objetivam dominar a excitação, transformando a energia livre em energia ligada. A prova que o satisfaz, é a da já citada situação transferencial, onde a repetição aparece de forma clara, antagônica ao princípio do prazer, se mostrando de modo mais elementar e propriamente pulsional, como dito anteriormente.

Repetir, no dizer de Renato Mezan, significa "(...) procurar ganhar o controle da situação, e também preparar o

6 FREUD, 1920/2010, p. 196.

indivíduo para resistir melhor a traumas futuros, dotando-o na capacidade de desenvolver angústia e dessa forma estar prevenido quando eles ocorrerem."[7] Ao repetir, na transferência, momentos de desprazer vividos no passado, o paciente demonstra que aquilo que foi repetido não foi "ligado" (energia livre) e continua fluindo pelo aparelho psíquico, escapando ao processo secundário (energia ligada). A repetição, portanto, pode ser pensada como sendo a pulsão em seu estado livre. Se levarmos em conta que a transferência é um caso particular da repetição, então o tratamento psicanalítico somente consegue "dar a partida" no momento em que o paciente produz esse tipo de repetição com o seu analista.

A repetição, no entanto, impede que a lembrança venha à tona, atuando como mecanismo de defesa, reforçada pela resistência. Dizendo de outro modo, a repetição aparece como uma forma de resistência e, ao mesmo tempo, como o mais poderoso instrumento terapêutico. Ou seja, sinal irrecusável de que existe um conflito psíquico e que somente pelo manejo transferencial se pode conseguir algum sucesso na resolução desse conflito. Nesse sentido Lacan, no *Seminário 11*, faz uma observação interessante, chamando atenção para o fato de que a afirmação "a transferência é uma repetição" adquiriu lugar-comum no meio psicanalítico, mas que há um porém: embora a repetição esteja presente na transferência, ambos conceitos são distintos:

> É moeda corrente ouvir-se, por exemplo, que a transferência é repetição. Não digo que isto seja fal-

7 MEZAN, 2003, p. 256.

> so e que não haja repetição na transferência. Não digo que não tenha sido a propósito da transferência que Freud abordou a repetição. Digo que o conceito de repetição nada tem a ver com o de transferência. Sou forçado, por causa disso, a fazê-lo entrar primeiro em nossa explicação, a lhe dar o passo lógico. Pois seguir a cronologia seria favorecer as ambiguidades do conceito de repetição, que vêm do fato de sua descoberta ter sido feita no curso dos tateamentos necessitados pela experiência da transferência.[8]

Isto quer dizer que se há na transferência uma repetição de modelos da infância do paciente, essa repetição não seria uma reprodução de situações reais, mas, sim, de situações análogas, equivalentes simbólicos de um desejo inconsciente. De acordo com Luiz Alfredo Garcia-Roza, se o que se repete se produz num ato cujo sentido só pode ser dado em relação ao analista, isso implicaria, todavia, que, de antemão, houvesse uma diferenciação entre o que quer dizer "repetição do mesmo" e "repetição diferencial": "Se transferência é repetição, ela é uma repetição diferencial, e somente sob este aspecto a repetição toma um sentido positivo e pode constituir-se como um instrumento no sentido da cura."[9]

A repetição, tomada como resistência, transforma-se, na clínica, num importante instrumento terapêutico, certamente o mais poderoso, ao desempenhar uma função primordial no processo de cura. Tomada como resistência ou como "produtora de cura", a repetição nos apresenta

8 LACAN, 1995, p. 36.

9 GARCIA-ROZA, 1993, p. 23.

essa aparente contradição. Ainda de acordo com Garcia-Roza,[10] o que fica claro, a partir dos textos de Freud, é a possibilidade de existir estes dois tipos de repetição, a repetição do mesmo e a repetição diferencial. A primeira, se aproxima da reprodução, da cópia e, a segunda, aparece como produtora de coisas novas, servindo como fonte de transformações. Garcia-Roza nos lembra que Freud, em *Além do princípio do prazer*, ao falar da compulsão à repetição, se refere à repetição do mesmo, do idêntico, de caráter pulsional. No que diz respeito às crianças, sabe-se que ela, a repetição, não contradiz o princípio do prazer, mesmo quando se repetem experiências desagradáveis. Nesse caso, Freud supõe que vai estar presente na mente das crianças uma tentativa de dominar uma impressão forte, poderosa, ao invés de se deixar invadir por ela, não havendo, assim, contradição. Já com o adulto, o que acontece na repetição das experiências traumáticas, é que ela, a repetição, já não atende as exigências do princípio do prazer. Entretanto, como dissemos, não deixa de lado o seu caráter pulsional.

Por volta de 1915, Freud ainda não havia assinalado que a repetição seria considerada como uma das características da pulsão. Para nosso psicanalista, o que se repetia era o sexual, sendo que essa repetição jamais era desnudada, ficando sempre por detrás das 'máscaras'. Como bem diz Garcia-Roza, "A sexualidade humana é, essencialmente, disfarce."[11] Neste sentido, a repetição não se apresenta como

10 GARCIA-ROZA, 1993, p. 24.

11 GARCIA-ROZA, 1993, p. 51.

representação, na medida em que as máscaras não representam objetos, apenas significam algo. Se o que vai caracterizar o sexual é o diferencial prazer-desprazer, podemos, então, admitir a ideia de que o recalcamento originário é o que constitui a pulsão. Considerando o recalcamento como uma operação ou mecanismo pelo qual se inicia o jogo das máscaras, podemos pensar a repetição como sendo "(...) o ato pelo qual a pulsão é presentificada, mas, ao mesmo tempo, o ato pelo qual ela permanece oculta."[12] Freud, no já citado artigo *Recordar, repetir, elaborar*[13] ressalta que, na relação transferencial com o analista, o paciente, ao repetir, não rememora o que foi esquecido, mas, sim, atua. Lembro que Lacan, no seu *Seminário, livro 11*,[14] nos diz que o ato verdadeiro, por dizer respeito a um real que não é evidente, sempre retorna ao mesmo lugar, lugar esse onde o sujeito jamais o encontrará. Garcia-Roza, desta feita inspirado em Lacan, vai confirmar:

> O real é, portanto, essa presença silenciosa, à qual diz respeito toda a prática psicanalítica, e que transparece ou se faz presente pelas máscaras. As máscaras não ocultam o real, fazem-no aparecer. O real está além das máscaras, dos disfarces, dos significantes, está além do princípio de prazer. O real está além da repetição, não porque seja contrário a ela, mas porque a funda.[15]

12 GARCIA-ROZA, 1993, p. 52.

13 FREUD, 1914/2010, p. 196.

14 LACAN, 1995, p. 52.

15 GARCIA-ROZA, 1993, p. 52.

Para fazer referência a esse real, recorro a uma interessante definição do psicanalista Juan-David Nasio, que nos propõe a seguinte fórmula: "(...) por trás de um sintoma que se repete há uma fantasia que se exterioriza; e por trás da fantasia há... o real."[16] Nesse sentido, o real, aparece como um enigma, tanto do começo como do fim, sendo, ao mesmo tempo, o passado mais longínquo na origem de um sintoma e o seu futuro mais improvável. Numa perspectiva temporal, seria "o duplo enigma do passado e do futuro, da origem e do destino". Em outras palavras, o real é uma incógnita que serve de moldura para a repetição, seguindo uma ordem temporal. Ainda no dizer de Nasio, é o passado e o futuro que não se conhece, é o infinito do passado e o infinito do futuro. E acrescenta: "O real é também o cordão que liga as diversas miçangas da série repetitiva. Esclareço. Para Lacan, o real é 'o que retorna sempre no mesmo lugar', acrescentando que 'a ênfase deve ser colocada no retorna'."[17] Esse lugar seria o "mesmo" que se repete no processo repetitivo, sendo que esse "mesmo" nunca se repete idêntico a si mesmo.

Vale lembrar que estamos a discorrer sobre a repetição como problema na transferência. Sabemos que, durante uma análise, as vivências dolorosas, carregadas de intenso sofrimento, ao invés de serem evocadas como lembranças, acabam sendo repetidas compulsivamente, atrapalhando o desenvolvimento do processo analítico, na medida em que, tanto a lembrança como a sua elaboração,

16 NASIO, 2014, p. 82.

17 NASIO, 2014, p. 82.

são impedidas de serem realizadas. Todo esse processo termina por ser prejudicado pela repetição incontrolada de uma vivência que não se consegue elaborar, funcionando como instrumento de resistência e de defesa.

A repetição como problema nas neuroses traumáticas

Para entendermos melhor o motivo pelo qual a compulsão à repetição aponta para algo que não se coaduna com o princípio do prazer, vamos tentar nos situar melhor em relação às neuroses traumáticas. A compulsão à repetição certamente é o mais característico dos fenômenos relacionados a esse tipo de neurose. Foi interpretando sonhos oriundos das neuroses traumáticas que Freud, pela primeira vez, fez uma exceção à famosa fórmula paradigmática que afirmava que "o sonho é a realização de desejo". Freud, inicialmente, isolou os fenômenos apresentados a partir desse tipo de neurose, colocando em relevo a questão da compulsão à repetição. As neuroses provenientes das consequências de grandes desastres/acidentes, foram exemplares para que ele estabelecesse o conceito de neurose traumática.

Vamos tentar entender. Para o psicanalista vienense, o quadro clínico desse tipo de neurose se mostrava relativamente bem definido, sendo caracterizado pela presença de um sofrimento subjetivo, depressivo, muitas vezes engendrando preocupações hipocondríacas as mais variadas, inibindo, em muitos casos, as atividades que fazem parte da rotina de um indivíduo, cuja vida parece ser constituída por uma trama de acontecimentos que reproduzem, incessantemente, como que involuntariamente, o mesmo modelo de vivências fracassadas. Entretanto, o que realmente despertou o interesse de Freud, foi a sua percepção de uma inegável fixação dos seus pacientes no trauma, destacando-se, aí, os sintomas de repetição, fosse na lembrança do acidente causador do trauma, fosse nos sonhos. Em relação à origem desses sintomas, Luiz Roberto Monzani esclarece:

> Com relação à sua etiologia, trata-se, antes de mais nada, de um acidente realmente ocorrido (rodoviário, ferroviário ou qualquer outro acidente grave) que coloca claramente em perigo a vida do sujeito. No entanto, o inquietante nesse quadro é que, nesse acidente onde tudo parece desmoronar frente ao sujeito, é essencial que não haja uma grave lesão (um traumatismo físico) para que a neurose se desenvolva, de tal maneira, que (e Freud insiste nesse ponto) a existência de uma lesão física funciona como uma condição negativa em relação à neurose traumática. Em outros termos, um grave ferimento funciona como o antídoto contra o aparecimento da neurose traumática.[18]

A neurose traumática, concebida dessa maneira, se mostra de difícil entendimento, mas Monzani nos assegura que estamos diante de um problema apenas "aparentemente" difícil de ser entendido/resolvido. Sabemos que a principal tarefa do aparelho psíquico é vincular a energia livre que nos invade, transformando-a em energia ligada. Esse ato de ligação é tido como condição para se ter o do-

18 MONZANI, 1989, p. 169.

mínio do princípio do prazer. Isto quer dizer que o aparelho psíquico, enquanto não tiver dominado e "ligado" essa energia que o invade, não conseguirá conter o princípio do prazer. Nos casos de traumas físicos, é fácil saber a origem dessa energia, contudo, no caso de não ter havido uma lesão grave, de onde, então, viria o excesso de energia, quase sempre fora de controle? Vamos averiguar.

Busquemos no pequeno artigo *Introdução a psicanálise das neuroses de guerra*, de 1919, uma explicação para essa aparente incompatibilidade. No referido artigo, Freud diferencia as neuroses comuns, de "tempos de paz", das neuroses de guerra, em função de algumas peculiaridades. As neuroses de guerra, a princípio, devem ser vistas como neuroses traumáticas, autorizadas ou beneficiadas a partir de um conflito com o Eu. Diz Freud: "Ele se dá (o conflito) entre o velho Eu pacífico e o novo Eu guerreiro dos soldados, e torna-se agudo assim que o Eu-de-paz enxerga o enorme perigo de vida que lhe trazem as audácias de seu parasítico sósia recém-formado."[19] Sendo assim, tanto faz que o velho Eu se proteja do perigo de vida diante da fuga na neurose traumática, como tanto faz que o velho Eu se defenda do novo Eu, percebido enquanto ameaça para a sua vida. Outra coisa para a qual Freud chama a nossa atenção, são as neuroses traumáticas, que costumam acontecer também em tempos de paz, após, por exemplo, algum acidente grave, mesmo não havendo relação com os conflitos do Eu.

19 FREUD, 1919/2010, p. 385.

Nas neuroses traumáticas, incluindo nessa seara as neuroses de guerra, o Eu se defende das perigosas ameaças que vêm de fora ou que já vêm incorporadas a uma forma assumida pelo próprio Eu. Já nas neuroses de transferência, o Eu assume para si a sua própria libido como um inimigo, que lhe faz reivindicações que são tidas como ameaçadoras. Nos dois casos, o que se constata é que o Eu teme ser prejudicado, seja pela libido, seja pelas forças externas que o ameaçam:

> Poderíamos até dizer que nas neuroses de guerra, diferentemente da pura neurose traumática e analogamente às neuroses de transferência, o que se teme é, afinal, um inimigo interno. As dificuldades teóricas que se acham no caminho de uma tal concepção unificadora não parecem insuperáveis; afinal, a repressão subjacente a toda neurose pode ser entendida, com todo o direito, como reação a um trauma, como neurose traumática elementar.[20]

Vamos exemplificar. Um choque, provocado por um acidente, produziria num indivíduo um enorme susto, liberando um excesso de energia libidinal, que permaneceria livre, flutuante, por não encontrar ou por não ter um objeto para ser apaziguada. Sendo assim, como já sabemos, essa energia livre, flutuante, por não encontrar um canal adequado, acaba por se desestruturar, transformando-se em angústia. E o que caracterizaria essa angústia? No caso dos acidentes mais sérios sem lesão física, essa angústia seria caracterizada por uma invasão pulsional na

20 FREUD, 1919/2010, p. 388.

forma de um afeto puro, isto é, uma soma de estímulos sem vinculações, que acabaria surgindo como problema para o aparelho psíquico. Importante assinalar que seria esse o "inimigo interno" ao qual Freud faz referência. Reparemos que não é o acidente em si mesmo que provoca o trauma no aparelho psíquico, mas, sim, um afluxo pulsional, ocorrido internamente. Portanto, o que aparece novamente – o que se repete – nos sonhos dos indivíduos que são vitimados pela neurose traumática, é uma tentativa de ligar, retroativamente, o excesso de estímulos anunciado pela representação do acontecimento traumático. Quanto a isso, Monzani mais uma vez nos esclarece:

> Por isso mesmo, de agora em diante é preciso convir que a fórmula fundamental da elaboração onírica deve ser restrita: os sonhos são realizações de desejos a partir do momento em que o princípio do prazer passa a dominar o aparelho psíquico. Antes disso, porém, obedeciam a uma outra finalidade, já que essa não foi sua 'função original'. De fato, se existe algo que antecede o princípio do prazer é lógico também supor que nessa etapa a função dos sonhos não era a realização de desejos. E toda vez que, como já indicamos, mesmo após a vigência do princípio, certas condições forem violadas, os sonhos exercerão sua função original.[21]

Vimos, portanto, ao observar a neurose traumática, que nela também ocorre uma invasão de energia, de origem interna, provocada no instante do acontecimento

21 MONZANI, 1989, p. 173.

traumático (acidente). É, contudo, esse afluxo de energia que põe o aparelho psíquico em condição parecida com a que foi engendrada pelo traumatismo físico, haja vista que, nos dois casos, a situação do aparelho se mostra análoga. No caso da neurose traumática, não havendo meios de dominar a energia que flui no momento do trauma, o aparelho psíquico fará uma tentativa para realizar o seu objetivo de forma retrospectiva, repetindo a lembrança do acontecimento de maneira quase alucinatória, ou repetindo a lembrança nos sonhos, na tentativa de produzir uma angústia, sinalizando que, caso tivesse acompanhado o acontecimento, as ações defensivas teriam sido mobilizadas. Fica destacado, portanto, a importância e o papel da repetição nesses processos. E a questão da ligação? Como vimos, seu papel é vincular a energia livre, dominando-a, tornando-a quiescente, através de uma série de relações postas por Freud. Assim, as ideias de livre fluxo, energia livre e processos primários se articulam com as ideias de vinculação, energia ligada e processos secundários.

Conclusão

Nasio sugere uma definição geral da repetição, a partir de uma interessante série, formada por, basicamente, duas ocorrências: 1- na primeira, aparece um objeto; 2- na segunda, esse objeto desaparece e reaparece com mínimas diferenças, mas reconhecido sempre como sendo o mesmo objeto. A repetição, então, nessa perspectiva, pode ser considerada como repetição do mesmo, isto é, da mesma coisa que reaparece, mas nunca idêntica a si mesma, na medida em que, a cada vez que reaparece, reaparece minimamente modificada. Quando se fala em "repetição do mesmo", pode parecer confuso, contraditório, mas dá para esclarecer: a repetição é, no sentido exposto, a reprodução do mesmo objeto que jamais retorna idêntico a si mesmo, embora seja sempre reconhecido como o mesmo: "(...) a repetição é sempre repetição de uma coisa que nunca se verifica como idêntica a si mesma"[22]. Apesar de extremamente sucinta, essa definição acerca da repetição, de um ponto de vista mais geral, nos parece bastante razoável, mesmo conscientes da complexidade dos desdobramentos desse conceito fundamental.

Mesmo diante de tudo o que foi dito, não conseguimos constatar, de forma clara, os reais motivos que se encontram por detrás do mecanismo da repetição, quando desacompanhados de motivações que o conciliam com o princípio do prazer. No que tange às brincadeiras infantis, tal como o já referido *fort-da*, a repetição parece se conciliar com o objetivo do jogo, qual seja, reproduzir uma vivência de satisfação; no caso das neuroses traumáticas, vimos que o esforço em repetir se assujeita ao propósito de desenvolver, de forma retroativa, a angústia, que se mostra fundamental para que se possa ligar e dominar os estímulos que provém do momento traumático. Diante das mais diversas explicações, o que ficou patente foi o seguinte: a compulsão à repetição também traz de volta do passado vivências que causam intenso sofrimento. No que diz respeito à transferência, percebemos que o sofrimento se mostra ainda mais forte, visto que sempre remete o

---

22 NASIO, 2014, p. 26.

paciente a vivências que não apresentam nenhuma chance de extrair prazer.

Ao menos, diante de tantas dificuldades, pudemos constatar que a repetição, levando em conta o seu caráter compulsivo, se manifesta enquanto reprodução de uma vivência de desprazer, cuja finalidade muito dificilmente pode se remeter, de forma direta, ao princípio do prazer. Vimos que essa constatação poderia também confirmar duas suspeitas: 1- a de que o princípio do prazer agiria mais como uma tendência do que como um princípio regulador único do nosso aparelho psíquico; 2- que talvez seja legítimo suspeitar da existência de uma tendência ainda mais anterior ao domínio desse princípio.

Entretanto, a repetição, mesmo reproduzindo as experiências de desprazer, indo de encontro à meta do referido princípio, nos oferece a possibilidade de interpretá-la como expressão de uma tendência que visa o domínio das quantidades de estímulo que circulam livremente, modificando a energia livre, transformando-a em energia ligada. Admitida, portanto, a ideia de que existe uma compulsão à repetição, e que essa compulsão à repetição se encontra além e em oposição ao princípio do prazer, Monzani assim a define: "A repetição é um dos modos pelos quais o inconsciente trabalha seus conteúdos, é um dos operadores do inconsciente, ou melhor, é um dos seus modos de funcionamento. *Repetir é um dos modos de ser do psiquismo inconsciente.*"[23]

23 MONZANI, 1989, p. 184.

Diante de tudo isso, de toda essa complexidade, o que terminou por satisfazer o doutor Freud foi a constatação, a partir da clínica, que a repetição, ao menos na situação transferencial, consegue provar que se opõe ao princípio do prazer. Certamente, um ganho. Sendo assim, podemos também supor, com um pouco mais de segurança, que ela, a repetição, além de se provar, na relação transferencial, oposta ao princípio do prazer, é mais primária, mais original e necessariamente pulsional, em relação a esse mesmo princípio.

Referências

FREUD, Sigmund. (1914). Recordar, repetir, elaborar. In: *Obras Completas, volume 10* (1911-1913). Tradução de Paulo César de Souza. São Paulo: Companhia das Letras, 2010.

FREUD, Sigmund. (1920). Além do princípio do prazer. In: *Obras Completas, volume 14* (1917-1920). Tradução de Paulo César de Souza. São Paulo: Companhia das Letras, 2010.

FREUD, Sigmund. (1919). Introdução a psicanálise das neuroses de guerra. In: *Obras Completas, volume 14* (1917-1920). Tradução de Paulo César de Souza. São Paulo: Companhia das Letras, 2010.

GIACOIA Jr., Oswaldo. *Além do princípio do prazer: um dualismo incontornável*. Rio de Janeiro: Civilização Brasileira, 2008.

LACAN, Jacques. *O seminário, livro 11*. Os quatro conceitos fundamentais da psicanálise. Tradução de M. D. Magno. Rio de Janeiro: JZE, 1995.

GARCIA-ROZA, Luiz Alfredo. *Acaso e repetição em psicanálise: uma introdução à teoria das pulsões*. Rio de Janeiro: JZE, 1993.

MEZAN, Renato. *Freud: a trama dos conceitos*. São Paulo: Perspectiva, 2003.

MONZANI, Luiz Roberto. *Freud: o movimento de um pensamento*. Campinas: Unicamp, 1989.

NASIO, Juan-David. *Por que repetimos os mesmos erros*. Tradução de André Telles. Rio de Janeiro: Zahar, 2014.

ROUDINESCO, Elisabeth; PLON, Michel. *Dicionário de psicanálise*. Tradução de Vera Ribeiro. Rio de Janeiro: Zahar, 1998.

Pulsão de Morte: uma releitura lacaniana em três tempos

Suely Aires

O texto freudiano *Além do Princípio do Prazer* (1920) produziu diferentes reações junto à comunidade analítica no período em que foi lançado. Tendo vindo à luz após o fim da primeira guerra mundial e considerado, por um lado, uma problemática aproximação da teoria psicanalítica com a filosofia em seu caráter especulativo, e, por outro, uma descoberta revolucionária no campo científico, o texto freudiano produziu uma divisão no movimento psicanalítico. Tal dissensão se deu em função da noção de pulsão de morte, a qual foi rejeitada tanto por psicanalistas integrantes do círculo mais próximo de Freud,[1] quanto por psicanalistas de diferentes gerações, dentre os quais destacamos Herbert Marcuse e Donald Winnicott a fim de indicar como, por vias extremamente distintas, houve recusa da centralidade e validade desse conceito para pensar o psiquismo humano.

Um olhar retrospectivo, cem anos após a publicação de *Além do Princípio do Prazer* (1920), nos permite reconhecer sua permanência na teoria e clínica de dois autores tão heterogêneos como Melanie Klein e Jacques

1 OLIVEIRA; IANNINI, 2020

Lacan. Os ecos e ressonâncias do pensamento de Freud nos levam a reafirmar o dito de Foucault:[2] Freud é um fundador de discursividades e, por conseguinte, de sua interpretação decorrem linhas discursivas variadas e, por vezes, discordantes.

Ainda que Melanie Klein e Jacques Lacan tenham mantido e destacado a pulsão de morte como conceito operador na clínica, seus percursos interpretativos seguem vias radicalmente divergentes, as quais se dão a ver na crítica sistemática que Lacan fez à teoria kleiniana em seus primeiros seminários. Em meio a disputas políticas e de escola, Lacan buscou estabelecer um modo de leitura do texto freudiano que sustentava-se em bases diversas daquelas referidas por M. Klein. O famoso retorno a Freud, proposto por Lacan, reposicionava a teoria freudiana, destacando sua ligação com a linguagem, por meio do aforismo: "O inconsciente é estruturado como uma linguagem."[3]

No presente ensaio buscarei situar a releitura e interpretação da noção de pulsão de morte, tal como proposta por Lacan, em três momentos de seu ensino: nos anos 1954-1955, quando ministrou o Seminário *O eu na teoria de Freud e na técnica da psicanálise* – momento em que afirmava sua fidelidade a Freud e dedicava-se à leitura cerrada de seus textos; em 1959-1960, no Seminário "A ética da psicanálise", quando encontrava-se às voltas com a formulação da noção de objeto *a* por meio de *Das Ding*; e, por fim, em 1975-1976, ao abordar "O sinthoma" a par-

2 FOUCAULT, 1969/2001.

3 LACAN, 1957/1998.

tir da leitura de James Joyce, momento em que teorizava sobre a psicose sem ater-se tão propriamente à produção freudiana. Em cada um desses momentos Lacan revisita a noção de pulsão de morte e, em sua releitura, a toma de modo específico.

Pulsão de morte e compulsão à repetição

A proposta lacaniana no *Seminário 2, O eu na teoria de Freud e na técnica da psicanálise* consiste em analisar a teorização sobre o eu em psicanálise, diferenciando-a da compreensão filosófica clássica que equivale consciência e eu, de modo a destacar seu valor na clínica psicanalítica. É nesse contexto que Lacan busca situar o inconsciente e apresenta, a seu modo, a noção de sujeito em psicanálise – termo ausente da teorização freudiana. De certa forma, podemos dizer que Lacan ocupa-se de reafirmar a *revolução copernicana* decorrente da hipótese freudiana de que o eu não é senhor em sua própria casa.

Lacan intenta, portanto, destacar a excentricidade do sujeito em relação ao eu por meio da linguagem, visto que "(...) a presença do sujeito se faz sentir ainda mais porque o pronome eu (*je*) está ausente do enunciado, e porque esse eu designa o sujeito, mas não o significa."[4] Para articular sua argumentação e explicitar a originalidade da hipótese freudiana, ele retoma a teoria saussuriana da linguagem e distingue a dimensão imaginária e simbólica da experiência humana, o que amplia os modos de interpretação de noções centrais do *corpus* psicanalítico. Esse

4 SAFOUAN, 2006, p. 26.

percurso segue diferentes meandros, o que, de um lado, mostra-se fácil de acompanhar por apoiar-se diretamente nos textos freudianos, mas, de outro, revela sua complexidade pelo giro interpretativo que Lacan empenha-se em imprimir. Uma das noções freudianas reinterpretadas por Lacan é justamente a *pulsão de morte.*

Em sua releitura da noção de pulsão de morte, Lacan segue um percurso delicado: um primeiro passo é dado ao articular a noção de pulsão de morte ao conceito de inconsciente, o qual "não pode ser alcançado, e que faz-se ouvir de uma maneira paradoxal, dolorosa, irredutível ao princípio do prazer."[5] Por meio da apresentação da irredutibilidade do inconsciente ao princípio do prazer coloca-se em cena o além do princípio do prazer tal como se apresenta na clínica; ou seja, pela via da compulsão à repetição em sua relação com a transferência. A resistência, por sua vez, é exercida pelo eu, que não tem consciência desse movimento.

Contudo, o desenrolar do argumento lacaniano não se limita a tal apresentação, de natureza clínica, e dá mais um passo, pois explicita o princípio do prazer em sua relação com o princípio de realidade a fim de assinalar sua função como adiamento e manutenção do prazer. Ambos os argumentos iniciais – o recurso à clínica por meio da repetição e o desconhecimento do eu em relação à resistência – já estão presentes na teorização freudiana. Nesse sentido, Lacan mantém-se em fidelidade ao pensamento psicanalítico para, em seguida, ainda no movimento articulado ao segundo passo, fazer uma provocação e afirmar

5 LACAN, 1955-1956/1985, p. 88.

que, no jogo entre prazer e realidade, se revela o caráter não adaptativo da vivência humana. Em discordância à leitura corrente entre pós-freudianos, Lacan reafirma o prazer e o desejo e aponta para a dimensão ternária da relação entre sujeito e mundo por meio da palavra. Eis aqui a novidade lacaniana: inserir linguagem, de forma explícita, em sua relação com a pulsão de morte.

Nessa direção, Lacan assinala que o além do princípio do prazer, a repetição, só é introduzido em sua relação com a vida pelo registro da linguagem. Ou, em suas palavras: "A vida só está presa ao simbólico de maneira despedaçada, decomposta. O próprio ser humano se acha, em parte, fora da vida, ele participa do instinto de morte.[6] É só daí que ele pode abordar o registro da vida."[7] Pulsão de morte e vida mostram-se entrelaçadas, tendo a linguagem e seus limites valor fundamental nessa contenda por apontar para o que de real se coloca em jogo: "este algo diante do que todas as palavras estacam e todas as categorias fracassam, o objeto de angústia por excelência."[8] Embora, nesse período, ainda não tenha sido constituída propriamente a noção de real como impossível, Lacan indica o limite da linguagem e o articula à dimensão pulsional.

---

6 Talvez por uma questão em torno da tradução francesa dos textos freudianos, Lacan, nos primeiros seminários, utiliza a expressão *instinto de morte*. Como não há nada explicitado em relação à distinção entre os vocábulos, farei uso do termo pulsão nos comentários ao seminário lacaniano, ainda que o autor tenha utilizado o termo instinto.

7 LACAN, 1955-1956/1985, p. 119.

8 LACAN, 1955-1956/1985, p. 209.

O psicanalista francês chega, portanto, à sua formulação precisa – que articula pulsão, linguagem e inconsciente – e apresenta uma concepção de sujeito que não se encontra no texto freudiano: *a pulsão de morte relaciona-se com a fala que está no sujeito sem ser a fala do sujeito.* Desse modo, a pulsão – conceito limite entre o psíquico e o somático – ganha novo estatuto e se permite reconhecer por meio da fala, naquilo que, da repetição, não se deixa dizer. O artifício lacaniano, contudo, torna difícil reconhecer a dimensão somática da pulsão em função de sua articulação com a linguagem. Nesse contexto, o que se dá a escutar é a concepção de um sujeito dividido, visto que "se o eu como tal se orienta e se reconhece, é que existe um para além do ego, um inconsciente, um sujeito que fala, desconhecido pelo sujeito. Logo, carece supor um outro princípio."[9]

O outro princípio – como além do prazer – permite associar, na releitura lacaniana, pulsão de morte e linguagem, na condição de destacar a insistência significante e seu fracasso de significação em sua articulação com o desejo. O desejo, tal como afirmado por Lacan, articula-se para além de qualquer objeto natural ou concreto. Eis o último passo do argumento em torno do além do princípio do prazer nesse seminário. Vejamos o que Lacan ofertará cinco anos depois ao discutir a ética.

Pulsão, Gozo e *Das Ding*

Diferentes fios podem ser seguidos a fim de apresentar o Seminário de Lacan enunciado nos anos 1959-1960,

9 LACAN, 1955-1956/1985, p. 217.

mas acredito que todos levarão a reconhecer a originalidade da leitura proposta em relação ao termo *Das Ding*, o qual foi recortado da obra freudiana. "Foi durante esse seminário sobre a ética da psicanálise que Lacan introduziu a noção de Coisa, submetendo a exame a oposição entre o princípio de prazer e o princípio de realidade."[10]

Para os fins do presente ensaio, não abordarei diretamente *Das Ding*, mas seguirei o fio que articula a pulsão de morte ao paradoxo do gozo – expressão utilizada por Lacan para situar o que se coloca em relação ao prazer e ao desejo, não sem passar pela linguagem. Ou seja, se seguirmos a indicação de Safouan,[11] será a oposição entre princípio de prazer e princípio de realidade que guiará nossa leitura, pois, como apresentado em relação ao *Seminário 2*, é por meio dessa discussão que Lacan situa gozo e desejo.

Esse percurso carrega em si a marca impressa pelo giro interpretativo lacaniano que, por vezes, parece levar o leitor a confundir gozo e pulsão. Quando consideramos que "o gozo se apresenta não pura e simplesmente como a satisfação de uma necessidade, mas como a satisfação de uma pulsão",[12] reconhecemos que algo aí se faz compreender de forma ampliada em relação ao conceito freudiano. A satisfação pulsional, na perspectiva freudiana, coloca-se como meta (*Ziel*) e só pode ser alcançada pela "suspensão do estado de estimulação junto à fonte pulsional."[13] Afir-

10 SAFOUAN, 2006, p. 107.

11 SAFOUAN, 2006, p. 107

12 LACAN, 1959-1960/1988, p. 256.

13 FREUD, 1915/2013, p. 25.

mar, portanto, que o gozo é a satisfação da pulsão nos traz um novo problema a ser considerado, pois Lacan desconsidera, nesse momento, os aspectos somáticos, por assim dizer, da pulsão – como fonte (*Quelle*) e pressão (*Drang*).

O afastamento de Lacan em relação ao argumento freudiano se alarga. Ao longo do seminário, Lacan critica a ênfase dada à dimensão econômica e resgata a dimensão histórica, de modo a incluir a pulsão na vivência humana por meio da destrutividade. A dimensão histórica:

> se marca pela insistência com que ela se apresenta, uma vez que ela se refere a algo memorável porque memorizado. A rememoração, a historização, é coextensiva ao funcionamento da pulsão no que se chama de psiquismo humano. É igualmente lá que se grava, que entra no registro da experiência, a destruição[14].

Esse tema é resgatado por Lacan a partir da releitura de *Mal-Estar na Civilização*, texto escrito por Freud em 1930, em que a destrutividade humana é detidamente discutida na relação com o outro. Trata-se, portanto, da dimensão social da agressividade humana, voltada para fora, para o outro – semelhante e diferente –, que sustenta seu argumento. Embora Lacan também indique, em consonância com Freud, que a pulsão de morte, como destrutividade, pode voltar-se para o eu, a ênfase aqui colocada se dirige ao laço social. Nesse sentido, a historicização da pulsão apoia-se no texto freudiano de 1930 e afasta-se progressivamente do texto de 1915, quando as pulsões e seus destinos são

14 LACAN, 1959-1960/1988, p. 256.

discutidos em relação à preservação da vida e ao sexual. A pulsão de morte ganha, portanto, destaque.

O deslocamento do energético ao histórico produz como um de seus efeitos a atribuição de outro estatuto à pulsão de morte, a qual "é reformulada e alçada a modelo da própria pulsão."[15] Em sua inscrição paradoxal – acéfala e humana; econômica e histórica; repetição que busca produzir inscrição e que gira sobre seus próprios eixos – a pulsão não se coloca como tendência – demasiadamente incorpórea –, tampouco como instinto – demasiadamente biológico –, mantendo sua articulação com a linguagem, aquilo que define e corrompe o pequeno animal humano. No argumento lacaniano, a incidência da linguagem constitui o corpo como pulsional.

Não obstante Lacan reitere que "a pulsão de morte deve ser situada no âmbito histórico, uma vez que ela se articula num nível que só é definível em função da cadeia significante,"[16] isso não significa que ela é dizível; há algo que insiste *para além*. Sem recorrer ao argumento econômico, Lacan discute pulsão e gozo a fim de localizar o que escapa à palavra e se sustenta na linguagem. Em sua articulação com a palavra, é a compulsão à repetição que persiste no argumento lacaniano, o que torna difícil, nesse ponto e mais uma vez, diferenciar gozo e pulsão de morte, visto que o que se coloca em cena é tanto a experiência do sujeito, quanto a insistência da cadeia significante e seu silêncio.

---

15 OLIVEIRA; IANNINI, 2020, p. 09.

16 LACAN, 1959-1960/1988, p. 258.

Mas como dizer da *experiência pulsional*? Esse termo, inserido por Lacan, produz certa controvérsia. Só é possível falar em experiência pulsional a partir de uma posição de sujeito; ou, ao menos, de uma posição enunciativa. É nesse sentido que Lacan relê a teorização psicanalítica e afirma que Freud "indica aí, no horizonte de sua experiência, um campo onde o sujeito, se ele subsiste, é incontestavelmente um sujeito que não sabe, num ponto de ignorância limite, se não absoluta."[17] O sujeito não sabe sobre a Coisa, ponto de intransponível, bem como não sabe sobre a pulsão, a menos que, pela via da repetição, algo o convoque a falar. E o que ele coloca em palavras repete um circuito em torno de um ponto de impossível que pode vir a revelar o funcionamento da pulsão, mas não a descreve. O inconsciente, então, se reapresenta como conceito fundamental para pensar a problemática em questão e afirma-se como saber que não se sabe.

A pulsão de morte é o real

A distância temporal entre os argumentos construídos em torno de *Das Ding* e o momento em que Lacan apresenta a noção de sinthoma, dedicando-se à leitura da obra e vida de James Joyce, é extensa. Foram 15 anos de formulações diversas, dentre as quais destacarei o seminário sobre a angústia,[18] as aulas de 1964 sobre os quatro conceitos fundamentais da psicanálise[19] em que dá à

17 LACAN, 1959-1960/1988, p. 260.

18 LACAN, 1962-1963/2005.

19 LACAN, 1964/1990.

pulsão o estatuto de conceito fundamental[20] e o seminário sobre o ato analítico.[21] Os seminários 10, 11 e 15, respectivamente, não foram salientados por acaso, visto que dois conceitos propriamente lacanianos articulam essa indicação: gozo e objeto *a*, *a única invenção lacaniana*.[22] E cada um desses conceitos só pode ser suposto a partir da noção de real, a qual vem sendo paulatinamente construída.

O real em sua formulação tardia aparece justamente no *Seminário 23, O sinthoma* (1975-1976), em que Lacan não apenas faz uso do nó borromeu para pensar a encadeamento entre real, simbólico e imaginário – tema de seu seminário anterior – como define o real como sua resposta sintomática ao inconsciente, concebido como invenção própria a Freud. Ou seja, diante da invenção freudiana – inconsciente estruturado como linguagem no viés interpretativo da década de 1950 –, se faz a reação sintomática de Lacan com a afirmação do conceito de real – o que não cessa de não se inscrever, impossível.

Ora, a resposta lacaniana vem sendo tecida ao menos nos últimos quinze anos e, por meio da delimitação desse conceito, reorganiza o *corpus* conceitual psicanalítico: o real revela a incompletude do simbólico e aponta para o mais além. Nessa direção, cabe considerar que o movimento lacaniano de releitura dos textos freudianos man-

20 É curioso observar que no Seminário 11 Lacan não se detém sobre a pulsão de morte, embora inclua a pulsão como um dos conceitos fundamentais da psicanálise e busque fazer um estudo sobre os elementos da pulsão e sua relação com a linguagem e o desejo.

21 LACAN, 1967-1968.

22 PORGE, 2006.

tém-se na ordem do dia, ainda que tenha sofrido certa inflexão, e que sejam somadas invenções lacanianas e certa crítica a alguns argumentos freudianos. Da releitura por meio de uma teoria significante Lacan avança em direção ao que, tendo estrutura de linguagem, não pode se dizer. E é justo sobre esse ponto que a noção de pulsão de morte em sua articulação com o gozo se coloca.

Falar de gozo (*jouissance*) é remeter-se, de um lado, à dimensão do prazer e, de outro, ao desejo, o que implica retomar a discussão sobre princípio do prazer e princípio de realidade, indicar o mais além e redefinir o desejo pelas vias do significante. Ou seja, já estamos trabalhando diretamente com a intepretação lacaniana dos termos freudianos. O desejo (*désir*) não corresponde propriamente ao *Wunsch* freudiano; não se trata de um retorno a traços mnêmicos ligados às primeiras vivências de satisfação, tal como definido por Freud, mas de um trabalho com o significante que permite, em seu deslizamento metonímico, apontar para um objeto que, no entanto, mostra-se desde sempre perdido. O conceito de objeto *a* é proposto aí como modo de nomear aquilo que causa o desejo, objeto real.

Mas se associarmos conceitualmente desejo e gozo ao princípio de prazer, veremos que gozo e desejo se colocam em referência, avesso e continuidade. O gozo apresenta-se, portanto, como um tipo particular de satisfação que depende da repetição e que se opõe ao prazer entendido como redução das tensões; abarca o prazer e situa-se *para além*. Por sua vez, o desejo articula-se na dimensão significante, num desfiladeiro que se relança incessantemente em torno de um objeto real. Cabe atentar para a repetição de uso da expressão *para além* em diferentes momentos do argumento lacaniano, o que parece indicar aquilo que *não tem medida, nem nunca terá*, ainda que dependa de alguma referência para situar-se. O gozo como para além da palavra, da medida, insiste.[23]

Retornemos, portanto, à noção de pulsão de morte e como ela se coloca na teorização lacaniana em 1975-1976. Embaraçado entre nós, buscando situar Joyce em sua singularidade radical na relação com a linguagem, Lacan reapresenta a noção de real, bem como o conceito de inconsciente. Ao abordar o sinthoma, compreendido como arranjo ou artifício que permite enodamento e estabilização da realidade, Lacan afirma que, como humanos, andamos em círculo, sem progresso, o que permite a cada vez encontrar o objeto, mas jamais reencontrá-lo.

Vemos aqui que o conceito de objeto *a* – esse objeto 'encontrado' como fragmento de real – desloca e altera, por assim dizer, a concepção de repetição, a qual, com Lacan, traz em seu bojo o impossível. A repetição situa-se fora da ideia de progresso, visto que "só há progresso marcado pela morte."[24] É esse pequeno detalhe que permite ao psicanalista francês fazer uma breve digressão sobre as pulsões e – para surpresa de tradutores e leitores – afirmar que o termo *deriva* serviria melhor à tradução de *Trieb*, pois implica esse rumo ao real, como impossível.

---

23 Aqui cabe lembrar que Lacan, ao longo de seu ensino, refere-se de diferentes modos ao gozo. O mais de gozar ou gozo Outro pode ser associado à 'ausência de medida', visto que o gozo fálico tem como medida justamente o falo.

24 LACAN, 1975-1976/2007, p. 121.

"A meta de toda vida é a morte", diz Freud (1920/2020). E Lacan complementa: "A pulsão de morte é o real na medida em que ele só pode ser pensado como impossível. (...) O fato de a morte não poder ser pensada é o fundamento do real."[25] Articulam-se, desse modo, pulsão de morte, inconsciente, corpo e linguagem por meio da noção de real, sendo o objeto *a* o conceito que comparece para articular, em avesso e continuidade, desejo e gozo.

Breves considerações

Podemos situar a releitura proposta por Lacan sobre o conceito de pulsão de morte como um jogo de deslocamentos e reverberações em relação à teorização de Freud. Um primeiro deslocamento se fez por meio da ruptura do dualismo freudiano: Lacan destaca a pulsão de morte e dá a ela um estatuto diferenciado, tornando-a modelo, por assim dizer, do funcionamento pulsional. O jogo tensional entre pulsões de vida e pulsões de morte – escritas no plural por Freud – não se mostra tão claramente e a discussão gira em torno da pulsão de morte, no singular.

Um segundo deslocamento se dá a ver por meio da associação direta entre pulsão e linguagem, de tal modo que a pulsão de morte pode ser apresentada em sua relação com o indizível, entendido como o que de real insiste no funcionamento pulsional. Uma das consequências da introdução do real na releitura lacaniana diz respeito ao objeto da pulsão, o qual é situado a partir da noção de objeto *a*, em suas diferentes roupagens. Nesse sentido, entre os objetos pul-

25 LACAN, 1975-1976/2007, p. 121.

sionais, Lacan insere a voz e o olhar, ampliando a série referida por Freud (1905/2016): seio, fezes, falo. A referência aos objetos voz e olhar tem relevância clínica significativa, visto colocar em questão a presença do analista,[26] a fantasia e, por outra via, o manejo clínico com psicóticos.

A conceituação de gozo em sua relação com o desejo, tal como proposta por Lacan, pode ser considerada uma formulação que incide sobre a noção de pulsão de morte, ao mesmo tempo em que se apresenta como efeito da releitura sobre a pulsão em relação à repetição. É nesse sentido que se torna por vezes difícil diferenciar pulsão de morte e gozo, ao menos em sua versão desmedida e destrutiva. De certo modo, o avanço da argumentação lacaniana em suas invenções e rearranjos conceituais desloca a teoria e a clínica freudianas, mas ainda assim faz reverberar o que de desconcertante se mantém na hipótese freudiana de *Trieb*, como conceito limite entre o psíquico e o somático. Sob certo ângulo podemos considerar que a pulsão de morte é uma hipótese-conceito ainda mais subversiva do que a noção de inconsciente, o que talvez venha a justificar a divisão que provocou no movimento psicanalítico, mesmo entre lacanianos.

Referências

FOUCAULT, Michel. (1969). O que é um autor? In: FOUCAULT, M. *Ditos e Escritos III: Estética: Literatura e*

26 Em especial em tempos de atendimentos virtuais, cabe discutir clinicamente os efeitos da ausência da materialidade corpórea do analista em relação aos objetos voz e olhar.

Pintura, Música e Cinema. Organização e seleção de textos Manoel Barrosa da Motta. Tradução Inês Autran Dourado Barbosa. Rio de Janeiro: Forense, 2001.

FREUD, Sigmund. (1905). Três ensaios sobre a teoria da sexualidade. In: FREUD, S. *Obras Completas, volume 6: Três ensaios sobre a teoria da sexualidade, análise fragmentária de uma histeria ("O caso Dora") e outros textos (1901-1905).* Tradução de Paulo César de Souza. São Paulo: Companhia das Letras, 2016.

FREUD, Sigmund. (1915). *As Pulsões e seus Destinos.* Tradução Pedro Heliodoro Tavares. Edição Bilíngue. Belo Horizonte: Autêntica Editora, 2013.

FREUD, Sigmund. (1920). *Além do princípio de prazer.* Tradução Maria, Rita Salzano Moraes. Edição Bilíngue. Belo Horizonte: Autêntica Editora, 2020.

FREUD, Sigmund. (1920). Além do princípio de prazer. In: FREUD, S. *Obras Completas, volume 14. História de uma neurose infantil ("O homem dos lobos"), Além do princípio do prazer e outros textos.* Tradução e notas Paulo César de Souza. São Paulo: Companhia das Letras, 2010.

FREUD, Sigmund. (1930). O mal-estar na civilização. In: FREUD, S. *Obras Completas, volume 18: O mal-estar na civilização, novas conferências introdutórias à Psicanálise e outros textos (1930-1936).* Tradução e notas: Paulo César de Souza. São Paulo: Companhia das Letras, 2010.

LACAN, Jacques. (1954-1955). *Seminário 2: O eu na teoria de Freud e na técnica da psicanálise.* Tradução Marie Christine Laznik Penot, com a colaboração de Antônio Quinet. Rio de Janeiro: Jorge Zahar, 1985.

LACAN, Jacques. (1957). A instância da letra no inconsciente ou a razão desde Freud. Em: LACAN, J. *Escritos*. Tradução: Vera Ribeiro. Rio de Janeiro: Jorge Zahar, 1998.

LACAN, Jacques. (1959-1960). *Seminário 7: a ética da psicanálise*. Tradução de Antônio Quinet. Rio de Janeiro: Jorge Zahar, 1988.

LACAN, Jacques. (1962-1963). *Seminário 10: a angústia*. Tradução: Vera Ribeiro. Rio de Janeiro: Jorge Zahar, 2005.

LACAN, Jacques. (1964). *Seminário 11: os quatro conceitos fundamentais da psicanálise*. Tradução: M. D. Magno. Rio de Janeiro: Jorge Zahar, 1990.

LACAN, Jacques. (1967-1968). *Le séminaire 15: l'acte psychanalytique*. Inédito. Disponível em: <https://ecole--lacanienne.net>. Acesso em: 10 janeiro de 2022.

LACAN, Jacques. (1975-1976). *Seminário 23: O Sinthoma*. Tradução: Sérgio Laia. Rio de Janeiro: Jorge Zahar, 2007.

OLIVEIRA, Luiz Eduardo Prado de; IANNINI, Gilson. Prefácio. In: FREUD, Sigmund. *Além do princípio de prazer*. Tradução Maria Rita Salzano Moraes. Edição Bilíngue. Belo Horizonte: Autêntica Editora, 2020.

PORGE, Érik. *Jacques Lacan, um psicanalista*: percurso de um ensinamento. Tradução Cláudia de Lemos, Nina Leite e Viviane Veras. Brasília: Ed. Univ. Brasília, 2006.

SAFOUAN, Moustapha. *Lacaniana I*. Tradução: Procópio Abreu. Rio de Janeiro: Companhia de Freud, 2006.

Sobre os autores e as autoras

Aline Sanches

Professora Adjunta do Departamento de Psicologia da UEM-PR. Psicóloga pela UNESP/Assis. Mestre em Filosofia pela UFSCar. Doutora em Filosofia pela UFSCAR e em Psicanálise e Psicopatologia pela Université Denis Diderot - Paris 7 (cotutela com a École Doctorale Recherches en Psychanalyse). Membro do GT Filosofia e Psicanálise (ANPOF). Formação em Psicanálise pelo GTEP - Instituto *Sedes Sapientae.*

Ana Carolina Soliva Soria

Bacharel, mestre e doutora em Filosofia pela Universidade de São Paulo. É Professora associada do Departamento de Filosofia da Universidade Federal de São Carlos (UFSCar) e bolsista de Produtividade em Pesquisa do CNPq. Realizou estágio pós-doutoral na Universidade Johannes Gutenberg (Mainz, Alemanha). Membro do GT de Filosofia e Psicanálise e do GT Schopenhauer da ANPOF e da seção brasileira da Schopenhauer-Gesellschaft. Autora de artigos e capítulos de livros sobre Filosofia da Psicanálise e Schopenhauer e do livro *Do indivíduo à cultura:*

um estudo sobre Freud (Paco, 2011). Organizou, com o prof. Luiz Roberto Monzani, a coletânea *Freud: filosofia e psicanálise* (EdUFSCar, 2019).

Carlota Ibertis

Graduada em Filosofia pela Universidade de Buenos Aires, mestre e doutora em Filosofia pela Universidade Estadual de Campinas realizou estudos pós-doutorais nas Universidades de Paris 1 / Panthéon-Sorbonne e de Málaga. Atualmente é Professora Associada do Departamento de Filosofia da Universidade Federal da Bahia. Ex-coordenadora do GT de Filosofia e Psicanálise da ANPOF é membro do Colégio de Psicanálise da Bahia, da Associação Brasileira de Estudos do Século XVIII e da Associação Brasileira de Estética. Autora de artigos e capítulos de livros sobre filosofia da psicanálise e a vinculação com o pensamento moderno, a arte e a literatura organizou junto com Rosa Gabriella Gonçalves de Castro a coletânea *Filosofia e Psicanálise: olhares sobre Arte e Literatura*.

Eduardo Ribeiro da Fonseca

Psicanalista. Doutor em filosofia moderna e contemporânea pela USP (2010). Professor e coordenador da linha de pesquisa Filosofia da Psicanálise do PPGF da PUCPR. Prêmio Jabuti (2013) com *Psiquismo e vida: A noção de* Trieb *nas obras de Freud, Schopenhauer e Nietzsche* (2012). Tradutor de *O Mundo como Vontade e Representação: Complementos*, de Arthur Schopenhauer (2014), Prêmio Jabuti (2015). Coordenador do GT de Filosofia e Psicanálise da ANPOF (2019-2022).

Fátima Caropreso

Psicóloga pela Universidade Federal de São Carlos. Mestre em Filosofia e Metodologia das Ciências e Doutora em Filosofia pela mesma instituição. Realizou estágio de pós-doutoramento no Departamento de Filosofia da Universidade Estadual de Campinas. É autora, entre outros trabalhos, de *O nascimento da metapsicologia: representação e consciência na obra inicial de Freud* (EDUFSCar, 2008), *Freud e a natureza do psíquico* (Anna Blume, 2010) e *Entre corpo e consciência: ensaios de interpretação da metapsicologia freudiana* (EDUFSCar, 2011, coautoria com R. T. Simanke). Atualmente é Professora Associada do Departamento de Psicologia e do Programa de Pós-Graduação em Psicologia da Universidade Federal de Juiz de Fora (UFJF), atuando na linha de pesquisa em História e Filosofia da Psicologia. Pesquisadora e coordenadora do "Centro de Estudos de História e Filosofia das Ciências Humanas", da UFJF. Bolsista de Produtividade em Pesquisa do CNPQ, nível 2, desde 2015. Editora-chefe da Revista Psicologia em Pesquisa.

Fernanda Silveira Corrêa

Psicóloga formada pela PUC-SP, mestre e doutora com pós-doutorado em Filosofia da Psicanálise pela Unicamp, especialista (*Lato Sensu*) em Psicoterapia Psicodinâmica dos Transtornos da Personalidade, pelo departamento de Psiquiatria da Unifesp. Psicanalista com consultório particular, supervisora e prestadora de serviço ambulatorial em centro médico. Autora do livro *Filogênese na metapsicologia freudiana* (Ed. Unicamp) e de diversos artigos sobre Filosofia da psicanálise. Foi professora em universidades privadas por 25 anos e supervisora em clínica escola. É membro do núcleo de sustentação do Grupo de Trabalho de Filosofia e Psicanálise da ANPOF (Associação Nacional de Pós-graduação em Filosofia).

Janaína Namba

Professora do departamento de Filosofia DFil – UFSCar, membro do GT de Filosofia e Psicanálise da ANPOF, do conselho de resenhas da Revista Percurso do Instituto *Sedes Sapientiae*, autora do livro *Expressão e Linguagem* (Blucher, 2020) e vários artigos na área de Psicanálise.

João José R. L. de Almeida

Doutor e livre-docente em filosofia, com pós-doutorado no MIT. Atualmente ocupa a cadeira de lógica na Faculdade de Ciências Aplicadas da Unicamp, e tem publicado no Brasil e em Portugal traduções de textos de Wittgenstein, bem como artigos sobre o autor em periódicos internacionais. Filosofia da psicanálise e filosofia da psiquiatria também ocupam boa parte da sua produção bibliográfica.

Josiane Cristina Bocchi

Psicóloga pela FFCLRP-USP (1999). Doutora em Filosofia pela UFSCar (2010), com estágio doutoral na Paris 7, na École Doctorale Recherches en Psychopathologie et Psychanalyse (2008-2009). Tem pós-doutoramento no Departamento de Psicologia (UFSCar, 2010-2012), onde foi docente colaboradora (2011-2012). É Professora Assistente Doutora na Universidade Estadual Paulista (Unesp), no Departamento de Psicologia da Faculdade de Ciências (FC, campus Bauru) e docente do Programa de Pós-Graduação em Educação Sexual (FCLAr, campus Araraquara). É coautora de *Ontologie sans miroirs - Essai sur la réalité Borges. Descartes. Locke. Berkeley. Kant. Freud* (L'Harmattan, 2019). É membro do GT "Filosofia e Psicanálise", da ANPOF, e do GT "Psicanálise e Clínica Ampliada", da ANPEPP.

Léa Silveira

Docente de Filosofia da Universidade Federal de Lavras, bolsista produtividade em pesquisa do CNPQ, membra do GT de Filosofia e Psicanálise da ANPOF, da International Society of Psychoanalysis and Philosophy (SIPP-ISPP) e do Grupo de Estudos, Pesquisas e Escritas Feministas (GEPEF). Autora de *A travessia da estrutura em Jacques Lacan* (Blucher, 2022).

Sergio Augusto Franco Fernandes

Professor associado do Centro de Artes, Humanidades e Letras (CAHL) da Universidade Federal do Recôncavo da Bahia e professor colaborador do Programa de Pós-Graduação em Estudos Interdisciplinares sobre a Universidade (PPGEISU/IHAC/UFBA). Membro do Colégio de Psicanálise da Bahia e membro do núcleo de sustentação do GT Filosofia e Psicanálise (ANPOF). É autor do livro *Freud, Lacan e o chiste: a dimensão do prazer e do significante* (Editora CRV, 2020).

Suely Aires

Psicanalista, mestre e doutora em Filosofia da Psicanálise (Unicamp). Atualmente é professora adjunta no Instituto de Psicologia da Universidade Federal da Bahia e compõe o quadro docente permanente do mestrado profissional em Psicologia da Saúde (IMS-UFBA) e do mestrado acadêmico em Psicologia (IPS-UFBA). É professora-tutora na Residência Multiprofissional em Saúde HUPES/UFBA. É membro do Colégio de Psicanálise da Bahia e membro fundador do Centro de Pesquisa Outrarte: psicanálise entre ciência e arte (Unicamp). Faz parte do grupo de sustentação do GT de Filosofia e Psicanálise (ANPOF). Autora de *Sujeito, Clínica e Psicose: entrelaçamentos* (Mercado de Letras, 2016) e de diversos artigos na interface entre psicanálise, clínica e saúde mental; filosofia e psicanálise; psicanálise, arte e literatura.

Alameda nas redes sociais:
Site: www.alamedaeditorial.com.br
Facebook.com/alamedaeditorial/
Twitter.com/editoraalameda
Instagram.com/editora_alameda/

Esta obra foi impressa em São Paulo no outono de 2023. No texto foi utilizada a fonte Georgia em corpo 10,5 e entrelinha de 15,5 pontos.